Karl Schuster

Einführung in die Fachdidaktik Deutsch

Schneider Verlag Hohengehren

Titelgestaltung

Wolfgang H. Ariwald, BDG, 4773 Möhnesee

Die Deutsche Bibliothek – CIP-Einheitsaufnahme

Schuster, Karl:
Einführung in die Fachdidaktik Deutsch / Karl Schuster.
2., korrigierte Aufl.
– Baltmannsweiler: Schneider-Verl. Hohengehren, 1993
  ISBN 3-87116-459-3

© Schneider Verlag Hohengehren GmbH., Baltmannsweiler, 1993.
Printed in Germany – Druck: Wilhelm Jungmann, Göppingen

Inhaltsverzeichnis

Vorwort

Schon lange habe ich mich mit dem Gedanken beschäftigt, eine Einführung in die Fachdidaktik Deutsch zu verfassen, da eine völlig neu konzipierte seit vielen Jahren nicht mehr erschienen ist. Besonders die neueren Entwicklungen in den 80/90er Jahren bieten genügend Stoff und Anlaß, eine Zwischenbilanz zu ziehen. Die steigenden Studentenzahlen in den letzten Semestern mit der Notwendigkeit, Berge von Xerokopien für die Einführungsveranstaltungen bereitzustellen, gaben einen letzten Anstoß.

Danken möchte ich Prof. Dr. Otto Schober und Dr. Bernhard Meier für die vielfältigen Gespräche und Anregungen und auch Frau Erika Langer, die mit großem Engagement das Manuskript auf verlagsgerechte Disketten übertragen und dabei die auftauchenden Probleme mit viel Phantasie gelöst hat.

Nürnberg / Bamberg, September 1991   Karl Schuster

Bemerkung zur 2. Auflage

Daß nach so kurzer Zeit schon die zweite Auflage notwendig geworden ist, zeigt deutlich, wie groß das Interesse an einer neu konzipierten Einführung ist. Es wurden keine prinzipiellen Veränderungen vorgenommen, nur einige Kleinigkeiten beseitigt, die in der Schlußredaktion der ersten Auflage übersehen worden sind. Allerdings wurde die Chance genutzt, noch einige inzwischen erschienene Titel in die *Auswahlbibliographie* aufzunehmen.

Nürnberg / Bamberg, Oktober 1992   Karl Schuster

Einleitung

In den letzten zweieinhalb Jahrzehnten hat man den Deutschunterricht als komplexen schulischen Handlungsraum zu erforschen versucht (siehe auch das Literaturverzeichnis S. 236 ff.). Denn seit der zweiten Hälfte der 60er Jahre konnte sich die Didaktik der deutschen Sprache und Literatur mit eigenen Lehrstühlen und wissenschaftlichen Apparaten an den Universitäten etablieren.

Es gibt selbstverständlich schon eine lange Tradition von didaktischen Reflexionen und Veröffentlichungen zum Deutschunterricht, die aber meist von Praktikern für Praktiker geschrieben worden sind. Kaum ein Fach steht so im Zentrum der Entwicklung der Persönlichkeit des Kindes bzw. des Jugendlichen wie der Deutschunterricht. Eine umfassende kommunikative Kompetenz trägt bei zur Lebensbewältigung und ist gleichzeitig unverzichtbare Ausstattung einer Lebensqualität, die die Mündigkeit des einzelnen erst ermöglicht.

Diese vorliegende Einführung hat verschiedene persönliche Bezüge:

- Ich bin selbst jahrelang Deutschlehrer an Schulen gewesen und habe damit den Alltag kennengelernt. So werden auch aus dieser Zeit Beobachtungen, Erlebnisse und Erfahrungen in die Darstellung eingehen.

- Ich halte seit 1973 an der Universität regelmäßig Einführungsveranstaltungen und Kolloquien (für Examenskandidaten) zur Deutschdidaktik und kenne dadurch ganz besonders die Probleme der Studenten, die sich zu Beginn des Studiums einen Überblick verschaffen möchten und die derjenigen, die vor dem Staatsexamen eine Wiederholung suchen.

- Durch die Betreuung von Praktika und durch eigene Schulversuche habe ich auch heute Kontakt zur Schule (Grund-, Haupt-, Realschule und Gymnasium); aus dieser Arbeit werde ich jeweils an geeigneter Stelle berichten, Ergebnisse referieren und gegebenenfalls Schülerprodukte präsentieren. Ich bin häufig in der Lehrerfort- und -weiterbildung tätig, so daß ich dadurch mit den Problemen und Wünschen des Lehrers „vor Ort" vertraut bin.

– Eigene Forschungsschwerpunkte werden ebenfalls einbezogen (z. B. im Bereich des Literaturunterrichts, des mündlichen Sprachgebrauchs, des Spiels).

Ich verzichte absichtlich meist auf eine sehr detaillierte Tiefengliederung, die Systematik und Abgeschlossenheit vortäuschen könnte, die dem Gegenstand nicht angemessen ist. Wegen der besseren Einprägsamkeit werden, wo dies immer auch sinnvoll möglich ist, optische Gliederungs- und Strukturierungshilfen geboten.

Nicht zuletzt soll dieses Buch dem in der täglichen Praxis stehenden Lehrer helfen, seinen Unterricht kritisch zu reflektieren und neuere Entwicklungstendenzen kennenzulernen. Es soll Mut machen, die tägliche Routine in Frage zu stellen und den eigenen Unterricht zu verändern.

Das Buch muß nicht unbedingt chronologisch durchgearbeitet, sondern es können durchaus einzelne Kapitel je nach Interesse herausgelöst werden.

Man könnte mir vorwerfen, zu sehr referierend, kompilatorisch vorgegangen zu sein. Dem ist zu entgegnen, daß eine Einführung die gesamte Breite des Faches (selbstverständlich mit Verzicht auf die Nebenaspekte) in Ansätzen darstellen soll. Jeder Wissenschaftler konzentriert sich auf bestimmte vertiefende Forschungsbereiche. Der „einführende" Dozent muß wohl aus seiner Übersicht, diese zu einem Ganzen zusammenfügen. Dabei wird seine Perspektive sicher jeweils auch bei aller Anstrengung, objektiv zu sein, eine *subjektive Handschrift* tragen.

Eine Auswahlbibliographie finden Sie am Schluß der Darstellung. Im Text wurde in der Regel die bibliographische Kurzform gewählt. Ausnahmen werden gemacht, wenn eine Abhandlung wissenschaftsgeschichtlich von besonderer Bedeutung gewesen ist, wenn der Titel eines Aufsatzes oder Buches eine besondere Beleuchtung auf die Argumentation wirft oder wenn eine weniger wichtige Schrift nur einmal erwähnt wird. Im 1. Kapitel werden die für die Deutschdidaktik wichtigen Zeitschriften, Bibliographien, Einführungen, Handbücher und Lexika aufgeführt (S. 14–18).

Noch ein Wort zum geschlechtsspezifischen Sprachgebrauch. Aus vereinfachenden Gründen werde ich die männliche Form (z. B. *der* Lehrer) benutzen, im vollen Bewußtsein, daß selbstverständlich viele Frauen unter den Lehrkräften sind. Manche engagierte Leserinnen mögen mir dies nachsehen.

Abschließend noch ein Bild, das mein Vorgehen charakterisieren soll. Ich vergleiche die Didaktik, die ich Ihnen vorstelle, mit einem Haus, das mehrere Stockwerke mit vielen Zimmern aufweist. Es soll der zukünftige Bewohner des Gebäudes vom Keller bis zum Dachgeschoß die verschiedenen Räume besichtigen, ohne sich um Details zu kümmern, ohne einzelne Schränke und Möbel genauer zu besichtigen, ohne Schubladen zu öffnen und deren Inhalt zu kontrollieren.

Nur ab und zu wird auf besonders „verführerische" Objekte ein intensiverer Blick geworfen. Das Haus soll zunächst vorrangig in seiner Gesamtheit besichtigt werden.

1 Wissenschaftliches Arbeiten in der Fachdidaktik Deutsch

In diesem Kapitel sollen die Grundlagen des wissenschaftlichen Arbeitens in der Deutschdidaktik dargestellt werden; die Arbeits- und Hilfsmittel, wie Zeitschriften, wichtige Bibliographien.

1.1 Wissenschaftstheoretische Vorbemerkungen

In Ansätzen soll die **wissenschaftstheoretische Basis** erläutert werden. ROMBACH (1974) definiert, *„unter Wissenschaft verstehen wir das Gesamt der objektiven, allgemeingültigen und überprüfbaren Erkenntnisse über das Seiende nach seiner Beschaffenheit und seinem Aufbau, seinem Zusammenhang und seiner Entwicklung, wobei die Einzelerkenntnisse distinkt und klar in einem Akt methodisch gesicherten Zugangs auf die Objekte, also in der Weise der **Forschung** gewonnen und in einen durchschaubaren Zusammenhang gebracht werden, in der Gestalt einer schlüssigen **Theorie**, die in sich logisch und kohärent ist und sich dergestalt auf angebbaren Grundlagen aufbaut, daß jede Einzelaussage ihren definierten Sinn und angebbaren Geltungshorizont hat.“* (H.ROMBACH: Wissenschaftstheorie 2. Freiburg: Herder 1974, S. 7)
Dieser Definitionsversuch ROMBACHs ist sehr allgemein gehalten, enthält aber schon alle Einzelelemente, die ernsthafte Forschung charakterisiert. Zunächst soll aber ein Blick auf die historische Entwicklung der letzten zwei bis drei Jahrzehnte geworfen werden, da diese auch für die Deutschdidaktik bedeutsam geworden ist.
In den 60er und in der ersten Hälfte der 70er Jahre sind vor allem die **naturwissenschaftlichen Verfahrensweisen** anerkannt worden, die auch Eingang in viele Geisteswissenschaf-

ten, vor allem auch in die Psychologie und Sozialpsychologie gefunden haben. So hat sich der **Behaviorismus und Positivismus** (die Wissenschaft vom Verhalten des Menschen) die **empirisch-analytische** Wissenschaftsauffassung zu eigen gemacht. Und bis fast in die zweite Hälfte der 70er Jahre hatte man für andere Verfahren fast nur ein müdes Lächeln übrig. Gegenstand der Forschung kann danach *„nur das an den Äußerungen eines Menschen sein, was für die direkte Beobachtung durch andere Personen, für Meßgeräte und sonstige außerhalb des Subjekts liegende Instanzen zugänglich ist."* (SEIFFERT, Bd. 2 1977[7], S. 14)

SEIFFERT zeigt diese Haltung am Phänomen „Liebe" auf, das zunächst lediglich ein bloßes Konstrukt sei, nicht etwas direkt Beobachtbares. Dieses Konstrukt „Liebe" müsse daher operational definiert, d. h. in Begriffe für beobachtbare Gegenstände umgesetzt werden.

Folglich wird der behavioristische Psychologe sagen, ob *„ein Mensch 'verliebt' ist, können wir nicht direkt sagen, sondern nur mit Hilfe beobachtbarer Indizien feststellen."* (S. 14) Solche beobachtbare Indizien könnten sein, daß diese beiden Menschen häufiger zusammen sind, daß sie Hand in Hand gehen, daß sie beim Anblick des Partners erröten, daß die Pulsfrequenz erhöht ist, daß sich die Pupillen weiten, die Individualdistanz verringert ist usw.

Freilich müßte dazu eine nicht verliebte Kontrollgruppe parallel untersucht werden, damit die Abweichungen signifikant festgestellt werden könnten. Der Wissenschaftler trennt strikt zwischen seiner persönlichen Erfahrung und seiner Untersuchung. *„Der Behaviorist trennt zwischen 'Schnaps' und 'Dienst', Privatleben und Beruf, persönlicher Erfahrung und Wissenschaft."* (SEIFFERT, Bd. 2, S. 14) Man will beide Bereiche nicht vermischen, weil man diese Vermischung moralisch-ethisch für unzulässig erachtet.

SEIFFERT hält eine solche wissenschaftliche Einstellung für

problematisch: *„Man denke an einen Arzt, der sich weigert, einem Kranken zu helfen, weil er gerade keinen Dienst hat. Und vielleicht ist der Wissenschaftler ein Arzt, der immer im Dienst ist."* (S. 15)

Nach SEIFFERT stünden sich zwei Wissenschaftsbegriffe **unversöhnlich** gegenüber. Für die erste Hälfte der 70er Jahre hat er sicherlich recht, nur hat sich in den 80er Jahren Entscheidendes geändert; aber darauf werde ich später noch eingehen.

– Der **„positivistische"** Wissenschaftsbegriff, *„der nur bestimmte Gegenstände unserer Welt als Gegenstände der Wissenschaft und alle übrigen Gegenstände vor- und außerwissenschaftlicher Auseinandersetzung anheim gibt;"*

– der (im weitesten Sinne) **„lebenswissenschaftliche"**, *„der die Äußerungen der menschlichen Subjektivität als grundlegend für jede wissenschaftliche Betätigung ansieht und dadurch das Leben selbst – in doppelter Weise: als Voraussetzung und Gegenstand der Wissenschaft – unter die Kontrolle der wissenschaftlichen Vernunft stellt."* (S. 17) Darin liege das Recht der zahlreichen (im weitesten Sinne), lebensphilosophischen Strömungen in der Geschichte der Wissenschaft und der Philosophie, von denen hier nur die historisch-hermeneutische Geschichtsphilosophie, die Psychoanalyse, die Humanistische Psychologie und nicht zuletzt die **Phänomenologie** genannt seien.

„Phänomenologisch" ist nach SEIFFERT eine Methode, *„die die Lebenswelt des Menschen unmittelbar durch 'ganzheitliche' Interpretation alltäglicher Situationen versteht. Der Phänomenologe ist demnach ein Wissenschaftler, der selbst an dieser Lebenswelt teilhat, und der diese Alltagserfahrungen für seine wissenschaftliche Arbeit auswertet."* (S. 26)

Ist die Stellungnahme SEIFFERTs in den 70er Jahren für die Phänomenologie noch eher die Ausnahme, so hat sich dieser Trend in den 80er Jahren durchgesetzt, die Naturwissenschaften sind unter Beschuß geraten. So schreibt WOLFGANG WILD (Professor an der TU München, zeitweise deren Rektor und dann kurze Zeit Wissenschaftsminister Bayerns): *„Wie ich schon erwähnt habe, waren die Naturwissenschaftler lange Zeit davon überzeugt, daß sie stringent bewiesene, objektiv wahre Erkenntnis zu Tage fördern. Von dieser Überzeugung ist die Mehrzahl der Naturwissenschaftler heute abgerückt."* (W. WILD: Naturwissenschaften. Die Kluft des Nichtverstehens muß überbrückt werden. In: academia. 3/87, S. 118) Erst als durch die Revolution der modernen Physik – insbesondere durch Relativitäts- und Quantentheorie – die schcinbar sichersten Grundlagen ins Wanken gerieten, hätte man sich auf das fragwürdige erkenntnistheoretische Fundament besonnen, auf dem das stolze Gebäude der neuzeitlichen Naturwissenschaften errichtet worden sei. Auch die Naturwissenschaft habe eine historische und geisteswissenschaftliche Dimension. Selbst der überzeugendste Anhänger der technischen Zivilisation werde zugeben müssen, *„daß diese technische Zivilisation die Umwelt schwer belastet und daß wir von den komplizierten Ökosystemen viel zu wenig verstehen, um Umweltschäden in tolerablen Grenzen zu halten."* (S. 119)

Es sei vernünftig, sich zunächst Phänomenen zuzuwenden, die sich relativ leicht isolieren ließen und die man durch wohl definierte Experimente und relativ einfache Erklärungsmodelle gut erfassen könne. Heute dürften wir allerdings an die Grenzen des auf diese Weise Erreichbaren angelangt sein.

„Die Systeme schwacher Koppelung sind verstanden, während wir im Begreifen der Systeme mit starker Koppelung und hoher Komplexität noch in den Anfängen stecken. Solche Systeme starker Koppelung und hoher Komplexität finden wir vor allem in lebenden Organismen im ganzen Ökosystem." (S. 122) Damit sei eine rationale Welterfassung nicht unmöglich geworden, die großen Fortschritte der Synergetik (die

Lehre vom Zusammenwirken) und unser wachsendes Verständnis für kooperative Phänomene bewiesen das Gegenteil. (Vgl. dazu D. DÖRNER: Die Logik des Mißlingens. Hamburg: Reinbek 1989; H. v. DITFURTH: Innenansichten eines Artgenossen. Düsseldorf: Claassen 1989)

„Mit der Betonung des Systemaspekts wird der Brückenbau von den Natur- zu den Geisteswissenschaften erleichtert." (WILD, S. 122)

Und WOLFHART PANNENBERG schreibt dazu: *„Der im Selbstverständnis der Geisteswissenschaften entscheidende Gesichtspunkt für die Sonderstellung gegenüber den Naturwissenschaften ist [...] seit Dilthey die Sinnthematik menschlicher Erfahrung, die Tatsache sinnhaften Handelns wie auch des Erlebens von sinnhaften, bedeutsamen Gehalten. Da das Erleben von Sinn und Bedeutung sowohl objektiv wie subjektiv die Würdigung des einzelnen Phänomens im Zusammenhang des zugehörigen Ganzen erfordert, ist hier eine Ganzheitsbetrachtung nötig, die durch kausalanalytische Beschreibung nicht ersetzbar ist."* (Wissenschaftstheorie und Theologie. Frankfurt 1977, S. 18)

1.2 Die Fachdidaktik Deutsch und der wissenschaftstheoretische Bezugsrahmen

Einige grundsätzliche Entwicklungen, die Krise der Naturwissenschaften, das neue Bewußtsein der Geistes- und Sozialwissenschaften habe ich relativ ausführlich angesprochen – soweit dies in einer Einführung vertretbar erscheint –, da die Wissenschaft vom **Deutschunterricht ein hochkomplexes System** darstellt, das einer ganzheitlichen Erforschung bedarf; Norm- und Wertfragen müssen geklärt werden, die sich in Lehr- und Lernzielen niederschlagen und in diskursiven Verfahren aus einem möglichst breiten gesellschaftlichen Konsens gewonnen werden sollten.

In den 70er Jahren wurde bevorzugt auch in der Deutschdidaktik mit **empirisch-analytischen Methoden**, die quantitative Aspekte haben, gearbeitet. Solange damit nicht der Versuch verbunden ist, diese Vorgehensweisen als allein mögliche zu fordern, ist dagegen nichts einzuwenden. So wurden und werden dabei **Fragebogen und Interviewverfahren, pädagogische Experimente, Testverfahren** (z. B. Schulleistungstests) verwendet. (Vgl. SCHIEFELE / STOCKER, 1990)

Den Übergang von der quantitativ orientierten Forschung zur qualitativen fordern 1977 schon DIEGRITZ / ROSENBUSCH: *„So liegen uns heute zusammenhanglos hauptsächlich Ergebnisse aus der Effektforschung bzw. Input-Output-Messungen vor. Wichtige strukturelle, prozessuale, soziale Vorgänge wurden kaum erfaßt. Außerdem neigt die aktuelle Unterrichtsforschung bis heute dazu, die Klassen nur als Kollektiv aufzufassen und Wechselwirkungen wie Lehrer – Klasse, Klasse – Stoff, Stoff – Sozialform der Klasse zu überprüfen, Einzelschüler jedoch kaum zu berücksichtigen."* (S. 1)

MAYRING (1990) stellt fest: *„Die **qualitative** Wende, der Trend zu qualitativen Erkenntnismethoden, stellt eine tiefgreifende Veränderung der Sozialwissenschaften in diesem Jahrhundert dar."* (S. 1)

MAYRING formuliert einige **Postulate**, die mir für unseren Forschungsbereich besonders wichtig erscheinen:

Postulat 1: Gegenstand humanwissenschaftlicher Forschung sind immer Menschen, Subjekte. Die von der Forschungsfrage betroffenen Subjekte müssen Ausgangspunkt und Ziel der Untersuchungen sein.

Postulat 2: Am Anfang jeder Analyse muß eine genaue und umfassende Beschreibung (Deskription) des Gegenstandsbereiches stehen.

Postulat 3: Der Untersuchungsgegenstand der Humanwissenschaften liegt nie völlig offen, er muß immer auch durch Interpretation erschlossen werden.

Postulat 4: Humanwissenschaftliche Gegenstände müssen immer möglichst in ihrem natürlichen, alltäglichen Umfeld untersucht werden.

Postulat 5: Die Verallgemeinerbarkeit der Ergebnisse humanwissenschaft-
licher Forschung stellt sich nicht automatisch über bestimmte Verfahren
her; sie muß im Einzelfall schrittweise begründet werden.
(S. 9–12)

Danach könnten Untersuchungen als ausreichend qualitativ abgesichert gelten,

– *wenn auch Einzelfallanalysen in den Forschungsprozeß eingebaut sind;*

– *wenn der Forschungsprozeß grundsätzlich für Ergänzungen und Revisio-*
  nen offen gehalten wird;

– *wenn methodisch kontrolliert, d. h. die Verfahrensschritte explizierend*
  und regelgeleitet vorgegangen wird;

– *wenn das Vorverständnis des Forschers offengelegt wird;*

– *wenn grundsätzlich auch introspektives Material zur Analyse zugelassen*
  wird;

– *wenn der Forschungsprozeß als Interaktion betrachtet wird;*

– *wenn auch eine ganzheitliche Gegenstandsauffassung ersichtlich ist;*

– *wenn der Gegenstand auch in seinem historischen Kontext gesehen wird;*

– *wenn an konkreten praktischen Problemstellungen angeknüpft wird;*

– *wenn die Verallgemeinerbarkeit der Ergebnisse argumentativ begründet*
  ist;

– *wenn zur Stützung und Verallgemeinerung der Ergebnisse auch induktive*
  Verfahren zugelassen werden;

– *wenn die Gleichförmigkeiten im Gegenstandsbereich mit kontextgebun-*
  denen Regeln abgebildet werden, ein starrer Gesetzesbegriff vermieden
  wird;

– *wenn durch qualitative Analyseschritte die Voraussetzungen für sinnvolle*
  Quantifizierungen bedacht wurden. (S. 25)

Da für die Deutschdidaktik die **Handlungsorientierung** besondere Bedeutung erlangt hat, sowohl in der Sprach- wie auch in der Literaturdidaktik, sollen die wissenschaftlichen Grundsätze hier aufgeführt werden:

Grundgedanke: Handlungsforschung hat drei Ziele:

– Direktes Ansetzen an konkreten sozialen Problemen, an Problemen des Unterrichtens (z. B. mangelnde Motivation im Literaturunterricht);

– Praxisverändernde Umsetzung der Ergebnisse im Forschungsprozeß;
– Gleichberechtigter Diskurs Forscher – Betroffene.

Vorgehensweise: Handlungsforschung beginnt immer mit Problem- und Zieldefinition und pendelt in ihrem Verlauf zwischen Informationssammlung, Diskurs mit den Betroffenen und praktischen Handlungen.

Anwendungsgebiete: Immer wenn an konkreten Praxisproblemen angesetzt wird, um Veränderungsmöglichkeiten zu erarbeiten, ist Handlungsforschung einsetzbar. Aber auch bei praxisferneren Fragestellungen lassen sich Elemente von Handlungsforschung sinnvoll einbauen, wie die Rückmeldung der Ergebnisse an die Betroffenen.
(nach MAYRING, S. 34–37)

Daneben werden von MAYRING beschrieben: die **Einzelfallanalyse** (z. B. einer Unterrichtssequenz, der Schreibentwicklung eines Schülers, der Biographie eines Lehrers, von verhaltensauffälligen Schülern), die **Dokumentenanalyse** (z. B. von Lehrplänen früherer Epochen, von Lesebüchern), die **deskriptive Feldforschung** (in möglichst natürlichem Kontext, im Gegensatz zum Laborexperiment, z. B. aggressives Verhalten während der Pause auf dem Schulhof) und das **qualitative Experiment** (im Gegensatz zum quantitativen Laborexperiment).

	Nicht-Anwesenheit im Feld	Anwesenheit im Feld	Befragung von Gewährspersonen
Faktenwissen ("Tatsachen")	statistische Erhebungen über sozioökonomische Daten standardisierte bzw. offene Fragebögen Inhaltsanalysen Quasi-Experimente informelle Tests 1	Quasi-Experiment strukturierte bzw. unstrukturierte Beobachtung 2	standardisiertes bzw. offenes Interview von Betroffenen Expertenbefragung Literaturanalysen Quellenanalysen Dokumentenanalyse 3
Ereigniswissen (singuläre Ereignisse, Prozeßabläufe)	Inhaltsanalyse sich wiederholender Ereignisse Selbst- bzw. Fremdeinschätzung von Ereignissen durch schriftliche Befragung (Interview) 4	Aufnahme von Prozessen mittels Medien (Tonband, Video) im Sinne der strukturierten bzw. unstrukturierten Beobachtung Protokolle unmittelbare Prozeßreflexion mit schriftlicher Fixierung (z. B. gruppendynamische Reflexion), Krisenexperimente 5	Befragung nach Einschätzung durch Betroffene Expertenbefragung Dokumentenanalysen (Briefe, Zeitungen) Literaturanalysen Quelleninterpretation 6
Regelwissen (Normen)	Soziometrie Inhaltsanalysen Quasi-Experiment standardisierter bzw. offener Fragebogen semantisches Differential 7	strukturierte bzw. unstrukturierte Beobachtung Quasi-Experiment Krisenexperiment (Garfinkel) Gruppendynamische Reflexion Rollenspiel, Planspiel 8	standardisiertes bzw. offenes Interview Einschätzung durch Experten Rollenspiel, Planspiel Literaturanalysen Quelleninterpretation Dokumentenanalyse 9

Zentrale Methoden der Handlungsforschung (MOSER, H.: Methoden der Aktionsforschung. München: Kösel 1977, S. 26)

Wie jede Wissenschaft liegt die Deutschdidaktik in einem Umfeld von Bezugswissenschaften:

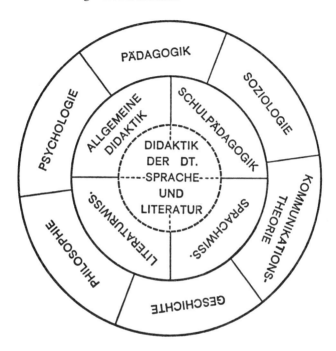

(KREJCI, 1975, S. 84)

Enger im Kreis sind die Literaturwissenschaft, Sprachwissenschaft, und die Allgemeine Didaktik / Schulpädagogik ange-
siedelt. Je nach Fragestellung kommen weitere Wissenschaften in Betracht (z.B. Religionswissenschaften, Sport- und
Kunstdidaktik). Die Ergebnisse und Erkenntnisse (auch Verfahren) werden auf die Bedürfnisse der Deutschdidaktik ausgerichtet und können sich damit qualitativ und quantitativ verändern. (Vgl. auch HELMERS, 1969, S. 28)

Die Forschungsbereiche der Deutschdidaktik sind:
- die Lehr- und Lernprozesse im Deutschunterricht,
- nicht nur der Primärmutterspracherwerb (vom Kindes- bis ins Erwachsenenalter), sondern auch der Sekundärspracherwerb, (Gastarbeiterkinder z. B.),
- sprachliche, literarische Vermittlungsprozesse außerhalb von Schule im engeren Sinne:
  - an Hochschulen
  - in der Erwachsenenbildung (z. B. in der Volkshochschule, der Lehrerfortbildung)
  - in den vorschulischen Einrichtungen
- das literarische „Leben" (Vermittlungsprozesse bei Autorenlesungen, bei Theaterbesuchen u. a., Bibliotheken und Buchhandlungen)
- die Biblio- und Poesietherapie (außerschulische Literaturbewegungen, therapeutische Arbeit mit Texten usw.)

Deshalb ist es nur konsequent, daß an den meisten Universitäten der Diplomgermanist auch die Fachdidaktik Deutsch als Teilbereich wählen kann.

1.3 Arbeits- und Hilfsmittel der Fachdidaktik Deutsch

Jede Wissenschaft entwickelt Publikationsmöglichkeiten, damit wissenschaftliche Erkenntnisse allgemein zugänglich und diskutiert werden können.

Zeitschriften

Fachdidaktische Zeitschriften (chronologisch geordnet)

Der Deutschunterricht. Beiträge zu seiner Praxis und wissenschaftlichen Grundlegung. Jg. 1, 1947/49 ff. (Klett und Friedrich)

Deutschunterricht. Jg. 1, 1947 ff. (VEB Volk u. Wissen, ab 1990 Volk u. Wissen GmbH, seit 1991 im Päd. Zeitschriftenverlag Berlin)

Blätter für den Deutschlehrer. Jg. 1, 1956 ff. (Diesterweg) (Erscheinen mit Jg. 33, H. 4, 1989, eingestellt!)

Diskussion Deutsch. Jg. 1, 1970 ff. (Diesterweg)

Praxis Deutsch. Jg. 1, 1973 ff. (Friedrich)

Informationen zur Deutschdidaktik. Zeitschrift für den Deutschunterricht in Wissenschaft und Schule. Jg. 1, 1976 ff. (Carinthia)
st. H. 4, 1977 (Neugebauer), st. Jg. 9, 1984 (Schroedel), st. Jg. 10, 1985/86 (VWGÖ-Verlag)

LUSD Literatur und Sprache – didaktisch.Bamberger Schriftenreihe zur Deutschdidaktik. (Hrsg.): Lehrstuhl für Didaktik der deutschen Sprache und Literatur der Universität Bamberg, Jg. 1, 1990 ff.

Zeitschriften zur Jugendliteratur

Das gute Jugendbuch. (Hrsg.): Arbeitskreis 'Das gute Jugendbuch', Essen Jg. 1, 1950 ff.
bis Jg. 28, 1978, Fortführung st. 1979: Jugendbuchmagazin

Jugend und Buch. Vierteljahresschrift für Leseerziehung und Jugendliteratur. (Hrsg.): Österreichischer Buchklub der Jugend und Internationales Institut für Jugendliteratur und Leseforschung. Jg. 1, 1952 ff. bis Jg. 34, 1985, Fortführung st. 1986 ff.

1000 und 1 Buch. Zeitschrift für Kinder- und Jugendliteratur. (Hrsg.): Bundesministerium für Unterricht, Kunst, Sport – A – Wien

Beiträge zur Kinder- und Jugendliteratur. (Hrsg.): Kuratorium sozialistischer Kinderliteratur der DDR. Jg. 1, 1962 ff.

JuLit Informationen des Arbeitskreises für Jugendliteratur in München, Jg. 1, 1964 ff.

Zeitschriften mit gelegentlichen deutschdidaktischen Beiträgen

Bezugswissenschaft 'Germanistik'

Wirkendes Wort. Jg. 1, 1950 ff. (Schwann)
st. Jg. 38, 1988 (nunmehr ohne didaktische Beiträge) (Bouvier)

Mitteilungen des Deutschen Germanistenverbandes. Jg. 1, 1954 ff. (Diesterweg)

Literatur in Wissenschaft und Unterricht. Jg. 1, 1968 ff. (Engl. Seminar d. Univ. Kiel)
st. Jg.87 (Königshausen & Neumann)

Linguistik und Didaktik. Jg. 1, 1970 ff. (Bayer. Schulbuchverlag)
st. 1978 (Fink), st. 1981 (Fink-Schöningh), ab Jg. 14, 1983 u. d. Titel:

Sprache und Literatur in Wissenschaft und Unterricht. Literatur für Leser. Zeitschrift für Interpretationspraxis und geschichtliche Texterkenntnis. Jg. 1, 1978 ff. (Oldenbourg)

Bezugswissenschaft 'Pädagogik'

Pädagogische Welt. Monatsschrift für Unterricht und Erziehung. Jg. 1, 1947 ff. (Auer)

Westermanns Pädagogische Beiträge. Jg. 1, 1949 ff. (Westermann) Jg. 39, 1987, H 7-12 u. d. Titel:

Pädagogik. (Pädagogische Beiträge) (früher b:e) st. Jg. 40, 1988 vereinigt mit 'Pädagogik heute' zu Pädagogik.

Schulartspezifische Zeitschriften

Die Grundschulzeitschrift. Jg. 1, 1960 ff. (Friedrich / Klett)

Grundschule. Zeitschrift für die Grundstufe des Schulwesens. Jg. 1, 1969 ff. (Westermann). st. Jg. 10, 1978 verbunden mit

Grundschulmagazin – Lehrerjournal. Jg. 1, 1986 ff. (Ehrenwirth / Olden-bourg / Prögel)

Hauptschulmagazin – Lehrerjournal. Jg. 1, 1986 ff. (Ehrenwirth / Olden-bourg / Prögel)

In dieses Kapitel möchte ich auch **Bibliographien, Handbü-cher und Lexika** einbringen. Alle übrige Literatur finden Sie in der Auswahlbibliographie am Ende des Buches, die aber aus benutzerpraktischen Gründen insgesamt alphabetisch geordnet sein muß. Grundlegende Werke werden im folgenden fett ausgezeichnet.

Bibliographien

Boueke, D. u. a.: Bibliographie Deutschunterricht. Ein Auswahlverzeich-nis. Paderborn: Schöningh 1973, 3. bearb. u. erg. Aufl. 1978

Boueke, D. u. a.: Ergänzungsband zur Bibliographie Deutschunterricht 1978–83. Paderborn: Schöningh 1984

Informationen zur Deutschdidaktik. Zeitschrift für den Deutschunterricht in Wissenschaft und Schule. 10. Jg. 1985/86, H. 1/2, S. 3-178

Maier, E. / Sahr, M.: Sekundärliteratur zur Kinder- und Jugendbuchtheo-rie. Baltmannsweiler: Burgbücherei Schneider 1979

Schlepper, R.: Was ist wo interpretiert? Eine bibliographische Handrei-chung für das Lehrfach Deutsch. Paderborn: Schöningh, 7. erw. Aufl. 1986

Schmidt, H.: Bibliographie zur literarischen Erziehung. Gesamtverzeichnis 1900 bis 1965. Zürich / Einsiedeln / Köln: Benziger 1967

Einführungen, Handbücher und Lexika

Baurmann, J. / Hoppe, O. (Hrsg.): Handbuch für Deutschlehrer. Stuttgart u. a.: Kohlhammer 1985

Behr, K. u. a.: Grundkurs für Deutschlehrer: Sprachliche Kommunikation. Analyse der Voraussetzungen und Bedingungen des Faches Deutsch in Schule und Hochschule. Weinheim: Beltz (1972), 5. überarb. Aufl. 1980

Behr, K. u. a.: Folgekurs für Deutschlehrer: Didaktik und Methodik der sprachlichen Kommunikation. Weinheim: Beltz 1975

Beisbart, O. / Marenbach, D.: Einführung in die Didaktik der deutschen Sprache und Literatur. Donauwörth: Auer, 5. veränd. und erw. Aufl. 1990

Braun, P. / Krallmann, D. (Hrsg.): Handbuch Deutschunterricht 2 Bde. Wien: Österreichischer Bundesverlag 1979

Donnenberg, J.: Deutsch-Didaktik. Grundkurs. Darstellung, Materialien und Arbeitsvorschläge. Düsseldorf: Schwann 1983

Hopster, N. (Hrsg.): Handbuch „Deutsch" für Schule und Hochschule. Sekundarstufe I. Paderborn: Schöningh 1984

Krejci, M.: Deutschunterricht. Einführung in Theorie und Praxis. Baltmannsweiler: Schneider 1981

Lange, G. / Neumann, K. / Ziesenis, W. (Hrsg.): Taschenbuch des Deutschunterrichts. Grundfragen und Praxis der Sprach- und Literaturdidaktik. Begr. von Erich Wolfrum. 2 Bde. Baltmannsweiler: Burgbücherei Schneider, (1986), 1990, 4. Aufl.

Lehmann, J. / Stocker, K. (Hrsg.): Fachdidaktisches Studium. Deutsch. 2 Bde. München: Oldenbourg, 2. Aufl. 1987

Nündel, E. (Hrsg.): Lexikon zum Deutschunterricht mit einem Glossar. München: Urban u. Schwarzenberg 1979

Nündel, E.: Kompendium Didaktik Deutsch. München: Ehrenwirth 1980

Sowinski, B. (Hrsg.): Fachdidaktik Deutsch. Köln / Wien: Böhlau 1975

Stocker, K. (Hrsg.): Taschenlexikon der Literatur- und Sprachdidaktik. Kronberg/Ts. / Frankfurt/M.: Scriptor u. Hirschgraben (1976), 2. Aufl. 1987

Ulrich, W.: Wörterbuch. Grundbegriffe des Deutschunterrichts. Sprachdidaktik und Literaturdidaktik. Kiel: Hirt (1972), 4. Aufl. 1987

Vogel, H. (Hrsg.): Der Deutschunterricht in der Grundschule. Konzepte und Modelle zu seiner didaktischen Begründung und Praxis. Baltmannsweiler: Burgbücherei Schneider 1980

Wolfrum, E. (Hrsg.): Taschenbuch des Deutschunterrichts. Grundfragen und Praxis der Sprach- und Literaturpädagogik. 2 Bde. Bd. 1: Sprachdidaktik und Mediendidaktik, Bd. 2: Literaturdidaktik. Baltmannsweiler: Schneider, 3. neubearb. und erw. Aufl. (4. neubearb. Aufl. s. Lange, G. u. a., oben), 1980

Zabel, H. (Hrsg.): Studienbuch: Einführung in die Didaktik der deutschen Sprache und Literatur. Paderborn / München / Wien / Zürich: Schöningh 1981

2 Aufgaben und Ziele des Deutschunterrichts

2.1 Zum Leitziel

Der Deutschunterricht hat sich einzuordnen in einen gesellschaftlichen Gesamtzusammenhang, d. h. in einer Demokratie ist das oberste **Leitziel** der Erziehung die **Mündigkeit des Staatsbürgers**. HASTENTEUFEL (1969) hat diese Leitvorstellung differenziert in:

Selbst – Fähigkeit

Du – Fähigkeit

Welt – Fähigkeit

(S. 5)

Dies bedeutet, daß der einzelne sich als Persönlichkeit mit seinem Potential entwickeln soll, daß er im kleineren Rahmen einer Partnerschaft (oder Ehe) und in Freundeskreisen Verantwortung übernehmen kann und schließlich bereit ist, sich auch in größeren gesellschaftlichen Zusammenhängen einzubringen.

„*Die Leitvorstellung des mündigen, emanzipierten Menschen zugrundegelegt, bedeutet dies, daß erzieherische und unterrichtliche Einflußnahmen auf die Prozesse der* **Enkulturation** [Aneignung der für eine Gesellschaft charakteristischen Lebensweise], **Sozialisation** [Erwerb der Normen und Werte einer Gesellschaft bzw. Gruppe] *und* **Personalisation** [Selbstformung und Selbststeuerung der eigenen Triebstruktur] *nicht nur hinsichtlich ihrer Zielsetzung, sondern auch hinsichtlich der Themen (Inhalte, Gegenstände), die dem zu Erziehenden anzubieten sind, emanzipatorischen Charakter haben sollten.*" (KREJCI, 1981, S. 9) Vgl. dazu das Schaubild!

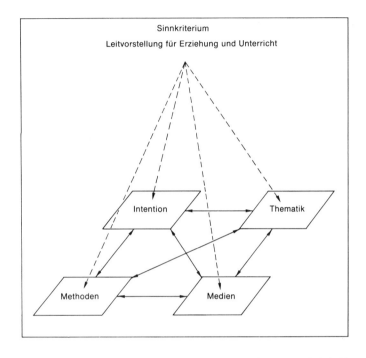

(KREJCI, 1981, S. 9)

In der bayerischen Verfassung sind für das Bildungswesen folgende Grundsätze festgelegt:

(1) Die Schulen sollen nicht nur Wissen und Können vermitteln, sondern auch Herz und Charakter bilden.

(2) Oberste Bildungsziele sind Ehrfurcht vor Gott, Achtung vor religiöser Überzeugung und vor der Würde des Menschen, Selbstbeherrschung, Verantwortungsgefühl und Verantwortungsfreudigkeit, Hilfsbereitschaft und Aufgeschlossenheit für alles Wahre, Gute und Schöne.

(3) Die Schüler sind im Geiste der Demokratie, in der Liebe zur bayerischen Heimat und zum deutschen Volk und im Sinne der Völkerversöhnung zu erziehen. (Art. 131 Verfassung des Freistaates Bayern)

Die öffentlichen Volksschulen sind gemeinsame Schulen für alle volksschulpflichtigen Kinder. In ihnen werden die Schüler nach den Grundsätzen der christlichen Bekenntnisse unterrichtet und erzogen. Das Nähere bestimmt das Volksschulgesetz. (Art. 135 der Verfassung des Freistaates Bayern)

Ganz unproblematisch sind diese Artikel der Verfassung insofern nicht, als „Ehrfurcht vor Gott" oder die „Grundsätze der christlichen Bekenntnisse" nicht für jeden Lehrer als verbindlich betrachtet werden können. Denn auch er hat Anspruch auf Glaubens- und Gewissensfreiheit, d. h. er kann möglicherweise atheistisch eingestellt sein. Auch die „Liebe zur bayerischen Heimat" anzubahnen, wird einem „zugewanderten" norddeutschen Lehrer u. U. nicht unbedingt leicht fallen. Die Erziehung zur „Aufgeschlossenheit für alles Wahre, Gute und Schöne" dürfte sich als nicht operationalisierbare Absichtserklärung herausstellen. Denn schon diese Begriffe selbst sind definitorisch kaum eingrenzbar.

Daß es unter diesen Voraussetzungen nicht zu mehr Verfassungsklagen kommt, zeigt eigentlich den Pragmatismus der Lehrer, die auch unter solchen Voraussetzungen den Freiraum für ihre didaktischen Entscheidungen wahrnehmen, da sie in einer demokratischen Ordnung selbstverantwortlich im Unterricht handeln können.

Leitvorstellungen von dem, was Erziehung vom Kindergarten bis zur Universität bewirken soll, müssen **gesamtgesellschaftlich** getragen sein; ein **Grundkonsens**, bei aller individuellen Abweichung in einer pluralistischen Gesellschaft, muß vorhanden sein. Und solche Ziele lassen sich nicht von oben autoritär verordnen.

So war die **Weimarer Republik** in der Bevölkerung nicht verankert. Die Lesebücher aus dieser Zeit lesen sich schon wie nationalsozialistische Pamphlete. Die Herausgeber stellen im Vorwort eines Lesebuchs fest:

> *„Die kulturelle Vielgestalt ist Deutschlands Stärke und – Deutschlands Schwäche. Auf die Zersplitterung der staatlichen Einheit, auf die Vernichtung des Bismarckschen Werkes hat es sein wütendster Feind abgesehen. Da ist es unerläßlich, das gewaltige Bild des Schöpfers und Wahrers des Reiches* [Bismarcks Bild findet man auf dem Umschlag] *in die jugendliche Seele hineinzuarbeiten.*
>
> *Der Kampf um die deutsche Zukunft ist eine Lebensnotwendigkeit nicht nur für Deutschland, sondern für die Welt. Die deutsche Innerlichkeit, in Klassik und Romantik, in Kunst und Dichtung besonders deutlich ausgeprägt, ist ein unersetzlicher Eigenwert. Gerade heute, bei der überwiegend wirtschaftlichen oder politischen Einstellung ganzer Völker, ist dieses deutsche Gut eines warmen, tiefen Empfindens und eines auf hohe, übersinnliche Ziele gerichteten Willens ein Wesensbestandteil der Weltkultur. Es ist vielleicht noch nie so wahr gewesen wie in der Gegenwart:* **am deutschen Wesen soll die Welt genesen***.*
>
> *Gerade darauf – und das ist in Einem der Sinn des Buches und das soll allen jungen Seelen eingeprägt werden – sind wir Deutschen am meisten stolz, daß wir Deutsche sind.“*

(LESEBUCH: Deutsche Ehr' und Wehr. Bd. 6. München: Oldenbourg 1924, S. 2)

Die inhaltliche Gliederung mit den Texten entspricht dann ganz dieser Intention: **Deutsche Städtebilder – Deutsche Arbeit – Brüder in der Fremde – Deutsche Wehr: Um die Befreiung – Die Gründung des Reiches – Gegen eine Welt von Feinden.**

Die Demokratie der Weimarer Zeit wird nicht erwähnt, so, als existierte sie überhaupt nicht. Schon aus dem Vorwort läßt sich ableiten, was Ziel der Arbeit im Unterricht ist. Der **Rassengedanke** wird besonders greifbar an der arrogant überheblichen Formulierung *„am deutschen Wesen soll die Welt genesen“.*

Solch Gedankengut beschränkt sich aber nicht nur auf dieses Lesebuch, sondern ist durchgängig auch in anderen zu finden.

Andere Gesellschaften haben andere Zielvorstellungen; wenn wir an die ehemalige DDR denken, so sollte dort die „Erziehung zur allseitig gebildeten und harmonisch entwickelten sozialistischen Persönlichkeit" im Mittelpunkt stehen (vgl. dazu KOCH, H., 1986; BÜTOW, W., 1977). Aber gerade in den 80er Jahren entsprachen totalitär verordnete und proklamierte Sollensforderungen der staatlichen Spitze längst nicht mehr der gesellschaftlichen Realität.

Wenn wir Kulturkreise betrachten, die uns fremder sind, wird dieser Zusammenhang noch deutlicher, z. B. die vom Islam oder vom Buddhismus und Hinduismus geprägten Länder des Nahen und Fernen Ostens.

2.2 Fachübergreifende Lernziele

Neben diesem **obersten Leitziel** oder **Sinnkriterium**, wie es KREJCI nennt, gibt es noch weitere fachübergreifende Lernziele; für die Grundschule wird im Vorspann des Bayerischen Lehrplans von 1981 formuliert:

Die Grundschule betreut jedes Kind mit dem Ziel seiner allseitigen Förderung. Sie sucht individuelle Begabungen bestmöglich zu entfalten, bemüht sich, Rückstände aufzuholen, Schwächen zu beheben oder anderweitig auszugleichen und leitet – wenn dies nicht möglich ist – dazu an, mit ihnen zu leben. Sie vermittelt nicht nur Grundtechniken und ein aus der Erfahrung gewonnenes Wissen; sie weckt und stärkt auch die gestalterischen und schöpferischen Fähigkeiten, spricht das Erleben an und fördert die Ausdrucksbereitschaft. Dabei berücksichtigt sie das dem Kind dieser Altersstufe eigene, zunächst nicht nach Schulfächern gegliederte Erfahren seiner Umwelt sowie sein Ausdrucks- und Bewegungsbedürfnis. (S. 550)

Und im Hauptschullehrplan heißt es:

Als allgemeinbildende Schule erschließt sie jedem Schüler nach dem Maße seiner Fähigkeiten die wesentlichen Bereiche der Kultur und verhilft ihm dadurch zur vielseitigen persönlichen Entfaltung. Sie vermittelt ihm einen Grundbestand an Wissen und Können und fördert seine individuellen Begabungen und Neigungen. In Anknüpfung an vorhandene Interessen und Erfahrungen weckt sie neue Interessen und ermöglicht Erfahrungen, die der junge Mensch ohne das schulische Angebot nicht machen würde. Indem sie ihn zu einer verantwortlichen Gestaltung seines Lebens und zur Wahrnehmung von Rechten und Pflichten in der Gemeinschaft befähigt, bereitet sie ihn auf das zukünftige Erwachsenenleben vor und ist zugleich Stätte jugendlichen Lebens, sinnerfüllte Gegenwart. (1985, S. 251)

Obige Ausführungen betreffen den **Erziehungsauftrag der Schule**, und in ähnlicher Form gilt dieser auch für die weiterführenden Schulen. Dieser Erziehungsauftrag hat selbstverständlich noch eine enge Verbindung zu den Leitzielvorstellungen. Aber daneben wird deutlich, daß alle Fächer an der Ausbildung von spezifischen Fähigkeiten und Fertigkeiten beteiligt sein sollen. Besonders wichtig ist die Förderung der **kreativen Potentiale**, denn die gewaltigen Herausforderungen der modernen Industriegesellschaft brauchen immer mehr Menschen, die zu **problemlösendem, kreativem Denken** und Verhalten (andere Begriffe dafür, z. B. produktives – imaginatives – geniales und originelles – erfindendes und entdeckendes – schöpferisches – laterales – divergentes – spontanes Denken) fähig sind.

„Kreativität ist die Fähigkeit des Menschen, Denkergebnisse beliebiger Art hervorzubringen, die im wesentlichen neu sind und demjenigen, der sie hervorgebracht hat, vorher unbekannt waren. Es kann sich dabei um Imagination oder um eine Gedankensynthese, die mehr als eine bloße Zusammenfassung ist, handeln.“ (DREVDAHL, J. E., zitiert nach SCHIFFLER, H.: Fragen zur Kreativität. Ravensburg: Maier 1973, S. 11)

„Kreativität ist die Fähigkeit, neue Zusammenhänge aufzuzeigen, bestehende Normen sinnvoll zu verändern und damit zur allgemeinen Problemlösung in der gesellschaftlichen Realität beizutragen.“ (WOLLSCHLÄGER, G.: Kreativität und Gesellschaft. Frankfurt a. M.: Fischer 1972, S. 25)

Diese beiden Definitionen zeigen, daß im allgemeinen schon von Kreativität gesprochen wird, wenn etwas Neues hervorgebracht wird, und zwar bezogen auf das einzelne Individuum und nicht auf die gesamte Menschheit. Damit ist diese Auffassung für schulische Belange gut geeignet.

Deutlich wird auch immer wieder angesprochen, wie schon ROBINSOHN in den 70er Jahren formuliert hat, *„daß in der*

Erziehung Ausstattung zur Bewältigung von Lebenssituationen geleistet wird." (1971, S. 45) Allerdings dürfen nicht nur die zukünftigen Lebenssituationen eine Rolle spielen, sondern auch die gegenwärtigen, denn in einer Zeit, in der die Ausbildungsdauer oft bis weit in das Erwachsenenalter hineinreicht, muß die Kindheit und Jugend als zu bewältigende eigene Lebensphase begriffen werden und nicht nur als Vorbereitungszeit auf das Leben als Erwachsener.

Zu diesen fächerübergreifenden Aufgaben gehört auch umfassende Förderung der kommunikativen Kompetenz, die allerdings schon ein fachspezifisches Lernziel darstellt. So nimmt damit der **Deutschunterricht eine zentrale Stellung** ein, da Kommunikation explizit und implizit (also Prinzip) Gegenstand ist.

2.3 Fachspezifische Lernziele und Aufgaben des Deutschunterrichts

Zur Lernzielorientierung des Unterrichts

Gegen Ende der 60er Jahre wurde in enger Verbindung mit der Verhaltenstherapie bzw. -psychologie der alte Lehrplan, der nur Inhalte auflistete, abgelöst durch die Forderung nach **Lernzielorientierung** des Unterrichts. Im Laufe der 70er Jahre wurden dann in allen Bundesländern **Curricula** entwickelt, in Bayern sprach man vom curricularen Lehrplan, dem sog. **CULP**.

Die Ministerialbürokratie glaubte endlich ein Instrumentarium in Händen zu haben, mit dem man den „gewünschten" Schüler, bzw. Staatsbürger „herstellen" konnte.

In der amerikanischen Lernzieltaxonomie wurde (und wird auch heute noch) unterschieden nach:

Richt- (Leit-), Grob- und Feinzielen unterschiedlichen Abstraktionsgrades. Die Lehrpläne wurden damit übersichtlich gegliedert. Dabei kann man **deduktiv** verfahren, vom obersten Ziel ausgehend, bis in die konkrete Ebene hinein strukturieren. Wichtig ist es, welches Sinnkriterium vorgegeben wird. Das Lesebuch „Kritisches Lesen" (Diesterweg Verlag 1974, 5. Schuljahr) will die Schüler zur **Kritikfähigkeit** erziehen und alle Entscheidungen werden dieser Prämisse untergeordnet. So erklären die Herausgeber in ihrem Vorwort:

Dieses Lesebuch hat den Titel „Kritisches Lesen". Da wir uns etwas dabei gedacht haben, als wir das Buch so nannten, möchten wir auch gleich zu Anfang zu erklären versuchen, was wir damit meinen. Bisher habt ihr vor allem lesen gelernt in dem Sinne, daß ihr versteht, was jemand durch geschriebene Wörter und Sätze mitteilen will. Dagegen soll dieses Buch euch helfen, ein anderes Lesen zu lernen: durch diese andere Art des Lesens soll euch klar werden, welche nicht direkt ausgesprochenen Bedeutungen sich hinter Wörtern und Sätzen verstecken können und welche Wirkungen davon ausgehen. „Kritisch" lesen heißt also: Texte durchschauen können, selbst dann, wenn sie auf den ersten Blick über ihre eigentliche Absicht hinwegtäuschen. Das ist allerdings nicht ganz einfach. Ihr müßt eine Menge wissen und häufig scharf nachdenken. [...]
Wenn wir euch zu kritischem Lesen auffordern, sollte dieses Lesebuch selbst keine Ausnahme machen. Wir rechnen sogar damit, daß ihr auch unsere Ausdrucksweise, unsere Textauswahl oder unsere Arbeitsvorschläge kritisch unter die Lupe nehmt; wir sind damit einverstanden, denn das zeigt uns doch, daß ihr darüber nachdenkt, euch damit auseinandersetzt. Zugleich versuchen wir, nicht mit unseren Ansichten hinter dem Berg zu halten. Deshalb dieses Vorwort und deshalb auch z.B. der Bericht über die Entstehung eines Lesebuches.

Die Herausgeber stellen sich im folgenden mit einem Paßbild vor, schlagen vor, *„Wenn ihr euere Meinung zu dem Buch äußern wollt, schreibt an den Verlag."* (S. XI) Ja und *„den Lehrer solltet ihr ruhig mitdiskutieren lassen."* (S. X).

Wenn wir das Lesebuch genauer anschauen, stellen wir fest, daß die **Sagen** fehlen, da sie nach CHRISTA BÜRGER (1970, S. 28) angeblich der Systemstabilisierung dienen; derjenige, der die Norm verletzt, wird brutal bestraft. Ich meine, die historische Dimension wird dabei vergessen. Im 20. Jahrhundert wird ein Kind wohl kaum an den Einbruch des Numinosen glauben. Das **Märchen** dagegen findet Gnade, da es an-

geblich einen emanzipatorischen Charakter aufweist; der Unterlegene, Schwächere trägt häufig den Sieg davon.
CHRISTA BÜRGER nimmt als Beispiel „Das tapfere Schneiderlein". Und wird nicht „Hans im Glück" geraten, sich bescheiden in sein Schicksal zu ergeben, da Reichtum nur Sorge und Ärger bereite? Dazu kommt, daß der Lehrer in der Vermittlungssituation der Textintention identifikatorisch entsprechend, ihr widersprechend oder vermittelnd zwischen den beiden Positionen agieren kann. Auch findet man keine Naturgedichte, da sie unmittelbar zur Kritikfähigkeit nichts beitragen. Charakteristisch ist die Sequenz **„Erziehung = Manipulation?"**, in der sich ein Text von ALEXANDER S. NEILL: *„Antiautoritäre Erziehung"* befindet. Man bedenke, daß das Lesebuch für Zehnjährige gedacht ist. Die meisten Herausgeber gehörten dem Bremer Kollektiv an, die in den Schülern ein notwendiges revolutionäres Potential sahen (vgl. auch 4.1.5 Literaturunterricht als Ideologiekritik, S. 107).

Das induktive Vorgehen darf deshalb nicht ausgeschlossen werden. Denn die Gegenstände der Literatur müssen überprüft werden, inwieweit sie für Schüler bedeutsam sein können (wie z. B. Naturgedichte).

Horizontal unterscheidet man verschiedene „**Dimensionen**" von **Lernzielen: kognitive – affektive – psychomotorische** und gliedert diese hierarchisch in **Taxonomien** (= theoretisch begründete Klassifikationen: z. B. Kenntnisse – Verstehen – Anwenden – Analyse – Synthese – Bewertung, d. h. dies bedeutet ein Fortschreiten von einfachen Fähigkeiten zu komplexen Operationen).

Durch die **Operationalisierung der Lernziele** sollte bis in die konkrete Ebene ein rational nachprüfbares Verfahren entwickelt werden.

„Man versteht darunter die Angabe des zu erreichenden Zieles in Form eines durch den Lehrer beobachtbaren und meßbaren Verhaltens. Ein Lehrziel ist dann operationalisiert,

wenn in seiner Formulierung zum Ausdruck kommt, was der Lernende als Indiz für den erfolgreich stattgefundenen Lernprozeß tun soll. Beispiele: Ein Testdiktat mit höchstens vier einschlägigen Fehlern schreiben [...]; Sage und Märchen durch mindestens fünf Unterscheidungsmerkmale gegeneinander abgrenzen, woran Textsortenkenntnis erkennbar wird." (KREJCI, S. 23/24)

Die Euphorie der 70er Jahre ist längst verflogen, und man mußte feststellen, daß die Idee der Lernzielorientierung nicht das hielt, was sie versprochen hatte.

JANK / MEYER (1990) kritisieren in bezug auf die verschiedenen Dimensionen:

„Es gibt überhaupt kein rein kognitives Lernen – auch dann nicht, wenn der unterrichtende Lehrer sich ausdrücklich vornimmt, lediglich kognitive Ziele zu verfolgen. Denn beim Lernen werden immer auch Einstellungen und Gefühle zum Unterrichtsinhalt vermittelt. Selbst dann, wenn Schüler gelernt haben sollten, neue Themen nüchtern und vorurteilslos, also scheinbar ohne Gefühle zur Kenntnis zu nehmen, haben sie doch in Wirklichkeit ein affektives Lernziel erreicht, nämlich das der Gefühllosigkeit." (S. 340)

Auch GLÖCKEL (1990) kritisiert **„fragwürdige Taxonomien"**:

„Unglücklicherweise erhielten jedoch von allen Klassifikationen, ehe man sie auf ihre Brauchbarkeit gründlich überprüft hatte, ausgerechnet die Taxonomien [In der Literatur wird manchmal zwischen Taxonomie und Dimensionierung nicht genau unterschieden.] *von BLOOM, KRATHWOHL und DAVE größte Popularität, ja bisweilen den Rang eines Dogmas."* (S. 136) Und er fährt fort: *„Die Klassifikation ist nicht nur kaum praktikabel. Sie leidet unter dem grundsätzlichen Fehler, daß sie – in Neuauflage einer überholten psychologischen Vermögenslehre – **Funktionsbereiche** der Psyche trennen will, die in Wirklichkeit nur **Aspekte** der als ganzes han-*

delnden Person sind. Sie eignet sich allenfalls für analytische, nicht aber für planend konstruktive Zwecke." (S. 137)

Die Kritik an der starren Lernzielorientierung ist zweifellos berechtigt, hat man doch oft mit „*ellenlangen Lernziellisten mit fragwürdigen Formulierungen und nahezu willkürlichen Einordnungen [...]*", was „*oft zum Selbstzweck wurde und dem tatsächlichen Geschehen beim Lernen nicht entsprach*" (GLÖCKEL, S. 137), die Grundidee pervertiert. Die Lernziele erwiesen sich als **Leitschienen**, auf denen man in kleinsten Lernschritten den Schüler zur Erkenntnis führte; ein Abweichen wurde nicht gestattet, auch wenn Aktionen der Schüler dies eigentlich erforderlich machten.

Dennoch ist es ein Verdienst dieser Lernzieldiskussion, daß zunächst einmal der Unterrichtende sich darüber klar werden muß, was er im Unterricht **erreichen** will. Und die Unterscheidung in verschiedene Dimensionen (kognitiv / affektiv / psychomotorisch) kann durchaus das Bewußtsein schärfen, daß wir Lehrer eben häufig auf die kognitiven Vermittlungsprozesse setzen, ohne zu reflektieren, wie sehr damit auch emotionale Elemente berührt sind. Heuristischen (erkenntnistheoretischen) Wert hat die Unterscheidung wohl doch. Dies deutet auch GLÖCKEL an. Komplexe synchron ablaufende Lernvorgänge können durch ihre **Hauptintention** charakterisiert werden. In den curricularen Lehrplänen findet man recht selten affektive Lernzielformulierungen. So wird im bayerischen CULP für die Hauptschule der Lernbereich **„Lesen"** jeweils für die Klassen 5–9 mit der einzigen affektiven Zielangabe begonnen: „*Literarische Texte lesen, erschließen und als Bereicherung des eigenen Lebens schätzen lernen.*"

Da sich diese Absichtserklärungen nicht überprüfen lassen, sich nicht für eine Lernzielkontrolle eignen, hält man insgesamt an kognitiv formulierten Zielen fest. Auch der Blick in die Curricula der anderen Bundesländer bringt dieselben Erkenntnisse. Am ehesten wird dieser emotionale Bereich noch im jeweiligen Vorspann angesprochen.

DANIELS und MEHN (1985) haben sich mit dem **emotionellen Lernen** im Deutschunterricht auseinandergesetzt: *„Der Schüler soll im Sprachunterricht* [ich meine, auch in anderen Lernbereichen] *die Gelegenheit bekommen, über seine Erwartungen, Bedürfnisse und Gefühle zu sprechen, und zwar nicht nur in prekären Ausnahmesituationen, sondern als normale alltägliche Praxis, oder sollten in der Institution Schule, in welcher der junge Mensch einen beachtlichen Teil seines Lebens verbringt, Bedürfnisse, Wünsche, Gefühle offiziell suspendiert sein und sich nur auf Anerkennung von Leistung verwiesen sehen oder aber in disziplinarischen Ausrutschern Luft machen dürfen? Disziplinarische Probleme sind immer auch ein Indiz für emotionale Defizite, gipfelnd im Clown der Klasse, der sich nur auf diese Weise Aufmerksamkeit / Anerkennung verschaffen zu können glaubt."* (S. 175/176)

Ich bin der Überzeugung, daß unterrichtliches Handeln so organisiert werden muß, daß **Emotionelles** immer Bestandteil (implizit und explizit) des Geschehens im Klassenraum ist. In der folgenden Darstellung der Lernbereiche wird dieser Aspekt besonders berücksichtigt.

So haben THEODOR DIEGRITZ, HELGA BLECKWENN und ich im Vorspann zu einem Unterrichtsmodell (In: GLÖCKEL u.a., 1989) folgende **Thesen** zu einem **offenen Deutschunterricht** aufgestellt:

„Wir beabsichtigten, in enger Anlehnung an die Konzeptionen von schüler-, situations- und projektorientiertem Deutschunterricht, unser Konzept von 'offenem Deutschunterricht' in einer Unterrichtseinheit zu verwirklichen. Dabei handelt es sich vor allem um folgende Merkmale:

1. Generelle Ziele eines solchen Unterrichts sind in sozialer Hinsicht Kooperationsfähigkeit und -bereitschaft, Verantwortlichkeit und Empathie, unter individualem Aspekt Kreativität, Spontaneität und die Fähigkeit zu divergierendem Denken.

2. Eine vorgängige Unterrichtsvorbereitung ist nur begrenzt möglich. Unterrichtsplanung und Unterrichtsdurchführung durchdringen sich wechselseitig. Das Schülerverhalten im aktuellen Unterrichtsablauf bedingt immer wieder Unterrichtsplanrevision.

3. Ebenso sind die Schüler an der Stoff- und Themenauswahl aktiv zu beteiligen. Offener Unterricht sollte möglichst von Schülerinteressen und -bedürfnissen ausgehen. So kann es bei den Schülern eher zu intrinsischer (statt extrinsischer) Motivation kommen.

4. Die Lehrziele des Lehrers müssen so beschaffen sein, daß sie als Lernziele auch von den Schülern akzeptiert werden können. Sie dürfen nicht starr verfolgt werden, sondern müssen im aktuellen Unterrichtsgeschehen revidierbar sein.

5. Vor allem für die Gelenkstellen des Unterrichts sind Handlungsalternativen einzuplanen. Nur so kann die notwendige Flexibilität der Unterrichtsführung 'vor Ort' gewährleistet werden.

6. Der Lehrer macht in einem offenen Deutschunterricht den Schülern, so weit wie möglich, ein symmetrisches Kommunikationsangebot. Seine Unterrichtsführung ist flexibel und variabel den Erfordernissen der jeweiligen (unvorhersehbaren) Situation angemessen. Störungen des geplanten Unterrichtsverlaufs begegnet er, sofern und soweit angemessen, nicht mit Sanktionen, sondern macht sie zum Gegenstand von Metakommunikation.

7. Die Schülerkommunikation soll die Qualität von Aktion und nicht von bloßer Reaktion auf Lehrerimpulse haben; sie soll sich als verantwortliches und zielstrebiges Verhalten, also als Handeln, darstellen. Und in diesem kommunikativen Handeln kann zeitweise der Inhaltsaspekt und zeitweise der Beziehungsaspekt besonders hervortreten.

8. Dieses Konzept von Deutschunterricht schließt nicht aus, daß bei Unterrichtsthemen, wenn subjektive Schülerbedürfnisse

*und Emotionen nicht zentral betroffen sind, mit vergleichs-
weise festliegender Planung verfahren werden kann.*

*Aus den angeführten Merkmalen geht hervor, daß jede Unter-
richtseinheit zum offenen Deutschunterricht besonders sorgfältig vorbereitet werden muß; denn ein flexibles Eingehen
auf die Schülerreaktionen und die daraus resultierende Revision von Lernzielen und des Unterrichtsverlaufs verlangt vom
Lehrer ein souveränes Verfügen über den Stoff und mögliche
Handlungsalternativen.* (S. 139/140)

Zur Lernzielgewinnung im Deutschunterricht

Die Frage nach der **Legitimation** der Erstellung von Lehrplänen wurde Ende der 60er / Anfang der 70er Jahre mit großem
Nachdruck gestellt. Idealtypisch sollten alle gesellschaftlich
relevanten Gruppen in unterschiedlicher Weise daran beteiligt
werden. KREJCI (1981) hat den Bedingungsrahmen der Lehr-
zielgewinnung schematisch so dargestellt:

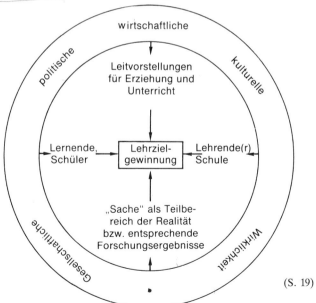

(S. 19)

In einem zweiten Schaubild tauscht er den Begriff „Lehrzielge-
winnung" gegen den Begriff „Auswahl von Unterrichtsgegen-
ständen" aus, der denselben Prinzipien folgt.

KREJCI sieht dabei folgende Gefahren: bei einer Betonung
der Leitvorstellungen von Erziehung und Unterricht eine **Ideo-
logisierung**, bei einer Überbewertung der Lehrenden und der
Schule die Gefahr der **Technisierung und Bürokratisierung**.
Trete die Sache und diesbezügliche Forschungsergebnisse un-
angemessen in den Vordergrund, so ergebe sich die Gefahr der
zu starken **Verwissenschaftlichung**, und werde den augenblick-
lichen Bedürfnissen der Lernenden zu sehr Rechnung getragen, könne es zu einer nicht mehr vertretbaren **Pädagogisie-
rung** kommen.

Man wird also eine ausgewogene, vermittelnde Strategie anstreben müssen. Einseitigkeiten welcher Art auch immer sind
zu vermeiden.

Die Ministerialbürokratie überträgt sehr häufig die Erstellung
von Curricula erfahrenen, meist älteren, in der Schulhierarchie
erfolgreichen Lehrern, die weisungsgebunden Vorgaben akzeptieren müssen. Hinter verschlossenen Türen wird dann ein
Konzept entwickelt, das dann nur noch abgesegnet werden
muß. Manchmal werden aber auch vor der gesetzlichen Veröffentlichung Gutachten und Expertenmeinungen eingeholt (so
etwa der Hochschuldidaktiker). Politisch abgesicherte, strin-
gente Handlungsvorgaben existieren aber nicht.

Zu den fachspezifischen Lernzielen

GLÖCKEL unterscheidet **Lehrziel** und **Lernziel**. Das **Lehrziel**
sei formuliert aus der Perspektive des Lehrers und aus Sicht des
Schülers sei es das Lernziel. (S. 136)

Seit Beginn der 70er Jahre ist man sich weitgehend auch heute
noch einig, daß es Aufgabe des Deutschunterrichts sei, die
kommunikative Kompetenz zu entwickeln. So formuliert
KREJCI (1981): *„Der Deutschunterricht will die Schüler befä-*

higen, mittels deutscher Sprache mündlich und schriftlich,
produktiv wie rezeptiv bestmöglich zu kommunizieren."
(S. 13) Diese Grobzielformulierung enthält schon Aussagen
in bezug auf verschiedene Lernbereiche, wie den mündlichen
und schriftlichen Sprachgebrauch, aber auch der Literaturunterricht ist mit dem Begriff „rezeptiv" angesprochen. „Bestmöglich" bedeutet eine Zielgerichtetheit insofern, als damit
die Qualität der Lernprozesse betont wird. Ich möchte in diesem Zusammenhang nicht weiter ausdifferenzieren, da in den
folgenden Kapiteln diese Lernbereiche auch unter dem
Aspekt dieser Grobzielformulierung erörtert werden.
Nicht allein die Lernziele sind entscheidend für das **Handlungsfeld Deutschunterricht**, sondern ein komplexer Rahmen
von **Bedingungs- und Entscheidungsfeldern**.

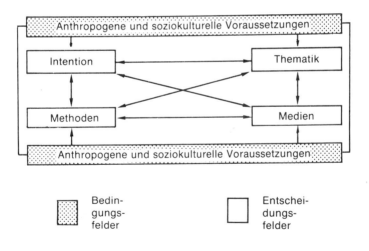

(KREJCI, S. 6)

Dieses Schaubild basiert auf dem Didaktik-Modell der sog. Berliner-Schule (P. HEIMANN, G. OTTO, W. SCHULZ: Unterricht. Analyse und Planung. Hannover 1976[8]).

Zwischen den einzelnen Entscheidungsfeldern **Intention** (oder Lernziele), **Thematik** (oder Inhalt), **Methoden** und **Medien** besteht ein enger Zusammenhang, der sog. **Implikationszusammenhang** (BLANKERTZ: Theorien und Modelle der Didaktik. München 1977[10], vgl. auch H. MEYER, 1987, Bd. I, S. 92 ff.). Dies bedeutet, daß je nachdem, welche **Zielentscheidungen** getroffen wurden, sich Inhalte, Methoden und Medien danach richten werden. Wenn ich kritisches Lesen fördern will, werde ich einen Text aussuchen, an dem dies besonders leicht zu erfassen ist, also z. B. einen Trivialtext oder einen Text aus der Boulevardpresse. Pragmatisch kann aber der Lehrer auch von **Inhalten** ausgehen und dazu die entsprechenden Konsequenzen in den anderen Bereichen ziehen. Selbstverständlich können auch **Methoden** oder **Medien** primär gesetzt werden mit denselben didaktischen Folgen. So behauptet H. MEYER (1987, Bd. I): *„Die Methode des Unterrichts bestimmt den Inhalt."* (S. 74) Dies bedeute, daß aufgrund der Entscheidung des Lehrers für bestimmte, für wichtig gehaltene Methoden Inhaltsentscheidungen variiert werden könnten; sie besage aber vor allem, daß durch die Art und Weise der methodischen Gestaltung des Unterrichts der Inhalt selbst verändert werde, so daß auch andere Unterrichtsergebnisse zustande kämen. MEYER bringt dazu Beispiele, eines sei hier angeführt: *„Unterricht zum Thema Demokratie, der sich gegenüber dem schulischen Umfeld öffnet und die Schüler z. B. im Rahmen eines Projekts miterleben läßt, wie gesellschaftliche Interessengruppen um ihre Rechte kämpfen, führt notwendig zu anderen Unterrichtsergebnissen als eine verkopfte Belehrung der Schüler über denselben Inhalt."* (S. 75)

Wenn ich das **Medium Fernsehen** zum Gegenstand des Deutschunterrichts wähle, werden die Ergebnisse ganz anders

aussehen, wenn ich ein Fernsehspiel passiv rezipieren lasse
oder wenn ich mit den Schülern ein solches selbst produziere
und dieses evtl. anderen Klassen oder den Eltern vorführe.
(Vgl. dazu die Ausführungen zum produktionsorientierten Literaturunterricht)

Unter den **anthropogenen** Bedingungen versteht man solche,
die sich auf den Schüler als sich entwickelnde Person beziehen,
z. B. die Phasen des Kindes- und Jugendalters sind mit gewissen individuellen Schwankungen für alle dieselben. So beginnt
z. B. die Pubertät bei europäischen Mädchen etwa mit 10 (Vor-
pubertät) bis 11, bei Jungen etwa mit 12 Jahren. Solche entwick-
lungspsychologische Tatsachen müssen berücksichtigt werden.

Die **soziokulturellen** Bedingungen beziehen sich auf gesellschaftlich vermittelte Faktoren: wie das Einzugsgebiet der
Schule bzw. der Klasse, welcher Schicht gehören die Eltern an,
wie sind die schulischen institutionellen Rahmenbedingungen,
kommen die Schüler aus einem alleinerziehenden Elternhaus
usw. Diese Umstände können den Unterricht entscheidend
mitbestimmen. Als wir in Erlangen in einer 10. Klasse das
„Heidenröslein" von Goethe umgestalten ließen, haben zwei
Schülergruppen unabhängig voneinander statt des Heidenrös-
chens ein Atomkraftwerk eingesetzt: „Sah ein Knab ein
Atomkraftwerk stehn, Atomkraftwerk auf der Heiden …". Am
Ende verstrahlt das Atomkraftwerk den Knaben, „daß Du ewig
denkst an mich." Die Studenten und auch ich waren von dieser
Übertragung überrascht, wären wir selbst doch nie auf diese
Parallele gekommen. Der Lehrer klärte uns auf und berichtete,
daß die Eltern der meisten Schüler bei Siemens arbeiteten, und
zwar in der KWU (= Kraftwerksunion), die Atomkraftwerke
produziert. Und in der Schule und zu Hause gäbe es häufig heiße Diskussionen zu diesem Thema. Nachdem ich durch Praktika im Erlanger-Nürnberger Großraum die verschiedensten
Schulen mit den unterschiedlichsten soziokulturellen Bedingungen kennenlerne, wird mir immer wieder hautnah bewußt,

welcher Einfluß struktureller Art auf das gesamte Unterrichtsgeschehen davon ausgeht. Aus meinem Erfahrungsbereich
könnten viele Beispiele ähnlicher Art berichtet werden, so
auch aus der Zeit, als ich drei Jahre an der Deutschen Schule
von Paris unterrichtete.

Selbstverständlich muß der Lehrer auch über seinen eigenen
soziokulturellen Hintergrund reflektieren. Denn er, als Ange-
höriger einer bürgerlichen Mittelschicht, bringt seine gesellschaftlichen und individuellen Lebenszusammenhänge in den
Unterricht ein.

2.4 Lernbereichsgliederungen des Deutschunterrichts

Wenn man jemanden nach den **Lernbereichen** (manchmal
wird auch von Teilbereichen gesprochen) des Deutschunterrichts fragt, der sich nicht intensiver damit befaßt hat, so werden spontan diejenigen genannt, die dem einzelnen noch aus
seiner Schulzeit als Erfahrung einfallen: **Literaturunterricht**,
Sprachunterricht, **Rechtschreibunterricht** und **Aufsatzunterricht**. Sicherlich bieten diese Kategorien schon einen ersten
Zugang. Dennoch läßt sich der Deutschunterricht erkenntnis-
theoretisch unterschiedlich gliedern.

So schreibt HELMERS (1972[7]): „*Auf der Suche nach syste-
matisch, logisch und pragmatisch vertretbaren Kategorien der
sprachlichen Kommunikation in der gesellschaftlichen Praxis
stößt die Didaktik zunächst auf die vier wissenschaftlich gesicherten fundamentalen Kategorien: Sprechen, Lesen, Schreiben und Verstehen. Das ist die von der modernen Sprachpsychologie bestätigte Fächerung der sprachlichen Kommunikation. Sprechen und Schreiben bedeuten den aktiven Sprach-
vorgang, Lesen und Verstehen den rezeptiven Sprachvor-
gang.*" (S. 33/34)

Schematisch stellt HELMERS diese sieben Lernbereiche so
dar:

obligatorisch   *fakultativ*

	Repertoire	Gestaltung
Sprechen	grammatisch richtiges Sprechen: *Sprachtraining*	lautreines und gestaltetes Sprechen: *Sprecherziehung*
Lesen	Technik des lauten und des stillen Lesens: *Leselehre*	
Schreiben	orthographisch richtiges Schreiben: *Rechtschreibunterricht*	schriftliches Gestalten von Sprache: *Gestaltungslehre*
Verstehen	Verstehen des Repertoires: *Sprachbetrachtung*	Verstehen der gestalteten Sprache: *Literaturunterricht*

(S. 35)

Diese vier fundamentalen Kategorien der Sprachkompetenz (Sprechen, Lesen, Schreiben, Verstehen) könnten sich jeweils entweder auf das „Obligatorische" (das Repertoire) oder auf das „Fakultative" (die Gestaltung) beziehen. Damit ergäben sich acht Teilziele der Sprachbildung, also acht Lernbereiche des Deutschunterrichts.

HELMERS kommt das Verdienst zu, eine solche kategoriale Ordnung versucht zu haben, die dann auch wieder heftig kritisiert worden ist. In seinem Modell ist das **Hören**, Zuhören nicht vorgesehen. Und Lesen ist wohl auch kaum denkbar, ohne gleichzeitig zu verstehen. Einzelelemente des HELMERS-schen Gliederungssystems sind auch heute noch in den Lehrplänen zu finden. BAURMANN (1984) hat auf dieser Grundlage folgende Skizze entwickelt:

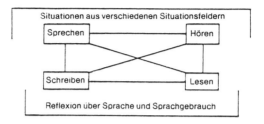

(S. 175)

Er ersetzt **Verstehen** durch **Hören** und ergänzt diese Bereichs-
felder durch *„Situationen aus verschiedenen Situationsfel-
dern"* und *„Reflexion über Sprache und Sprachgebrauch"*.
SCHOBER (in: HIERDEIS, 1986) meint, daß sich weitgehend das „funktionale" Teilbereichsmodell, wie es u. a. KO-
CHAN entwickelte, (BÜNTIG / KOCHAN, 1973) durchgesetzt habe. *„Es geht im Zeichen der Curriculumforschung und
kommunikativen Didaktik von den Anforderungen aus, die
der einzelne in seinem Sprachhandeln produktiv, rezeptiv und
reflektierend erfüllen muß, und kommt so zu den vier Teilbereichen* **mündliche Kommunikation**, **schriftliche Kommunikation** *(mit Rechtschreiben als Trainingsbereich)*, **Reflexion
über Sprache** *(und Kommunikation) und* **Umgang mit Texten**.*"* (SCHOBER, S. 109)
So habe ich mich in diesem Buch in etwa an diese Aufgliede-
rung gehalten. Die mündliche Kommunikation wird zu **Kommunikation als Prinzip des Deutschunterrichts**, der Umgang
mit Texten zur **Textrezeption und Produktionsorientierung**.
Beim Umgang mit Texten scheint mir das reflexive Element
(mit den diskursiv-analytischen Methoden) zu gering berücksichtigt. Statt *schriftlicher Kommunikation* verwende ich den
Begriff **Textproduktion**, da manche Schreibformen nicht primär kommunikationsorientiert verwendet werden. Die **Refle-**

xion über Sprache habe ich unverändert übernommen; in diesen Bereich wird auch das **Rechtschreiben** eingeordnet.
Die traditionellen Begriffe, wie Literaturunterricht, Aufsatzunterricht, Grammatikunterricht werden meist nur mit Vorbehalten gebraucht, da sie mit bestimmten Vorstellungskontexten durch die geschichtliche Entwicklung belastet sind. So werden sie auch in den Lehrplänen vermieden. Der Grundschullehrplan in Bayern wird gegliedert in: *Erstlesen – Weiterführendes Lesen – Erstschreiben – Weiterführendes Schreiben – Rechtschreiben – Sprachbetrachtung – Mündlicher Sprachgebrauch – Schriftlicher Sprachgebrauch;*
der Hauptschullehrplan in: *Mündlicher Sprachgebrauch – Schriftlicher Sprachgebrauch – Rechtschreiben – Lesen – Sprachbetrachtung.*

Für die Lehrpläne an Grund- und Hauptschulen können diese obigen Muster mit einigen Varianten für das ganze Bundesgebiet als charakteristisch angenommen werden. Vor allem an den größeren weiterführenden Schulen wird oft stärker aufgefächert, um bestimmte Aufgaben zu betonen. So findet man im Lehrplan der Kollegstufe Grundkurs für Nordrhein-Westfalen: *Kursziel: Der Schüler lernt in verschiedenen kommunikativen Situationen und mit Hilfe geeigneter Texte Formen mündlicher und schriftlicher Argumentation kennen und verwenden.* Dem wird *Rede und Gespräch* untergeordnet.
(Dazu: Richtlinien Deutsch. Gymnasiale Oberstufe. Schriftenreihe des Kultusministers Nordrhein-Westfalen. 1982. S. 91 ff.).

Oft werden, vor allem in der Kollegstufe, die Großbereiche nicht mehr genannt, sondern Spezialfertigkeiten innerhalb dieser verlangt (auch z. B. *Arbeitstechniken, Kommunikationsübungen;* oder es wird versucht, einer möglichen Abwertung des Schreibens, im Sinne der Schriftpflege, des Rechtschreibens, oder sprachgeschichtlicher Bezüge entgegenzutreten).

BAURMANN (1985) stützt sich in seinem Aufsatz „*Zur Gliederung des Schulfachs*" auf eine Umfrage bei Lehrern der Grundschule und der Sekundarstufe I. „*Insgesamt fällt auf,*

daß Lehrer im Blick auf den Schüler jene Aufteilung **nennen,**
die ihnen vom jeweiligen Lehrplan nahegelegt wird." (S. 170)
Eine weiterreichende Herleitung von einer übergreifenden
Zielsetzung, vom Bildungsauftrag der Schule oder von der
Fachsystematik sei in keinem Fall vorgenommen worden.
Dies habe man erst dann versucht, wenn die Lehrer nach der
Grobplanung des Unterrichts oder der Gewichtung einzelner
sprachlicher Leistungen gefragt wurden. Drei Ansätze hätten
sich dabei ergeben:

– Eine größere Gruppe hätte die einzelnen „Tätigkeitsfelder"
des Unterrichts genannt, wie Rechtschreiben und Lesen, denen sie ein erhebliches Eigengewicht zuschrieben und die einfach zu addieren seien.

– Eine zahlenmäßig kleinere Gruppe versuche, der für die
Schüler als nachteilig empfundenen Aufsplitterung des Faches
durch eine ständige Integration von Aufgaben und Zielen zu
begegnen.

– Einen Kompromiß stelle jener Ansatz dar, bei dem in der
Unterrichtspraxis ein Arbeitsbereich betont, nachhaltig berücksichtigt und zudem als verbindende Klammer des gesamten Deutschunterrichts gesehen werde. Solche Bereiche seien
z. B. die Bereiche „Literatur" oder „Texte erfassen".

BAURMANN macht sich auch Gedanken zur Gewichtung
der Lernbereiche. So meint er, daß die *Reflexion über Spra-*
che und Sprachgebrauch nur begrenzt denkbar und sinnvoll
sei. „*Um Konventionen und Regeln von Sprache und Sprach-*
gebrauch untersuchen zu können, bedarf es vielfältiger Eigen-
erfahrungen im Sprechen, Hören, Schreiben und Lesen. Ein-
sichtig und motivierend ist es immer dann, wenn Schwierigkei-
ten und Zweifelsfälle im sprachlichen Bereich auftauchen."
(S. 175)

Dem Sprechen und Hören sollte dagegen im gesamten Unterricht mehr Raum gegeben werden als dem Schreiben und Lesen (vor allem in den ersten Schuljahren). Er begründet dies

damit, daß 30% des gesamten Sprachgebrauchs auf das Sprechen und 45% auf das Hören entfallen.

Er widmet sich auch den *Wechselwirkungen* der Lernbereiche, die ich jeweils an den entsprechenden Stellen in diesem Buch selbst erörtern werde, so z. B. die zwischen Sprechen und Schreiben, wobei man heute eher die Eigengesetzlichkeit des Sprech- bzw. Schreibprozesses betont (siehe S. 151 ff.).

In diesem Zusammenhang muß auch der **Projektgedanke** oder zumindest der **verbundene Deutschunterricht** gesehen werden; beide wollen lernbereichs- oder sogar fächerübergreifend arbeiten (siehe Kap. 7).

2.5 Zur Artikulation von Unterrichtsstunden im Fach Deutsch

„Die Unterrichtseinheit gliedert sich in **Stufen***. In diesem Bild drückt sich die Erkenntnis aus, daß unterschiedliche Fragestellungen gegenüber dem Unterrichtsgegenstand eingenommen, daß unterschiedliche Lernakte vollzogen werden müssen, wenn der Lernprozeß einen (relativen) Abschluß erreichen soll. Immer, wenn die Fragestellung wechselt, ist eine andere Stufe erreicht. Jede Stufe hat eine eigene* **didaktische Funktion** *bzw. verfolgt eine eigene* **didaktische Absicht***. Die Stufung wird als* **Artikulation** *bezeichnet."* (GLÖCKEL u. a., 1989, S. 39/40) Dieses Zitat stammt aus dem Buch „Vorbereitung des Unterrichts", an dem die Schulpädagogen und alle fachdidaktischen Disziplinen der Erziehungswissenschaftlichen Fakultät der Universität Erlangen-Nürnberg mitgearbeitet und versucht haben, zu einem Konsens der Prinzipien der Unterrichtsvorbereitung zu gelangen. Deutlich wurde dabei, daß man zunächst zwischen weitgehend *„geschlossenen"*, in Aufbau und Fortgang relativ streng festgelegten, wie auch eher *„offenen"*, flexibleren Grundstrukturen unterscheidet (siehe auch unser Konzept vom *offenen Deutschunterricht* in diesem Buch S. 30 ff.)

In der Praxis sind reine, eindeutige Formen ziemlich selten, häufig sind Mischformen zu beobachten.

Bei der gemeinsamen Arbeit wurde uns eindringlich bewußt, daß jedes Fach seine ihm spezifischen Artikulationsschemata suchen muß, die nun wiederum selbst für ein und denselben Gegenstand nicht verbindlich sein können. Wie problematisch solche angebotenen Schemata sind, zeigen die Vorschläge von D. DAVIDSON und H. J. JENCHEN (1980) für alle Schulfächer. Das Strukturmodell einer Gedichtstunde (5. Klasse) sieht folgendermaßen aus: *Artikulation → Einstimmung – Begegnung mit dem Gedicht, Rezeption – Arbeit am Gedicht, Reflexion – Inhalt, Form, Gehalt – Nachgestaltung des Gedichts – Rezitation – Produktion.*

Selbstverständlich kann **einmal** eine Stunde so strukturiert sein. Das **Schema** darf aber jedoch nicht als endgültiges Rezept begriffen werden. Dies suggerieren jedoch diese handlichen Muster, die im übrigen für fast alle Gegenstände des Deutschunterrichts vorgeschlagen werden, z. B. zur *Erschließung fiktionaler und expositorischer Texte, oder zu einer Grammatikstunde.*

Wir haben z. B. in einem Praktikum in einer 8. Klasse das Gedicht „Reklame" von Ingeborg Bachmann auf völlig andere Weise erarbeitet. Wir teilten die Klasse zu Beginn der Stundeneinheit, und die eine Hälfte der Klasse sollte in Kleingruppen zum Gedicht eine Collage erstellen; wir hatten dazu Papier und Illustriertenmaterial mitgebracht. Die andere Hälfte sollte jeweils in Partnerarbeit eine Hörfassung (klanggestaltendes Lesen) erstellen. Die dichotomische Struktur des Gedichts fordert dazu heraus. Ohne sich vorher diskursiv-analytisch mit dem Text befaßt zu haben, entwickelte sich auf der Grundlage der Arbeitsergebnisse, die ein erstaunliches Niveau aufwiesen, eine intensive Diskussion, die zu einem neuartigen Verständnis des Sinngehalts führte. Für den Schüler ist eine immer gleich ablaufende Strukturierung motivationstötend.

Aufgabe der Schule ist es auch – und dabei steht das Fach Deutsch ganz besonders im Mittelpunkt – sich den gesellschaftlichen und politischen Herausforderungen zu stellen. Deshalb darf die Schule nicht erstarren, sondern sie muß in einem prozeßorientierten, handelnden Forschen sich weiterentwickeln.

So meint ZIEHE (1985),

– Unterricht könnte gelingen, „*wenn gerade trotz wachsenden sozialökonomischen Zukunftsdruck die administrative und die innere Kontrolle gelockert würde.*" (S. 27)

Für die Schüler werde es mittlerweile unerläßlich, die Aufdringlichkeit des Zukunftshorizonts situativ auch einmal stillstellen zu können (was kein Verdrängen sein müsse). Nur dann entstehe Spielraum, zumindest „Inseln", eigene Interessen wahrnehmen zu können. Das heiße aber, gerade heute, die administrative Logik zurückzudrängen, „*die da meine, durch ständige Verfeinerungen des Regelsatzes würden pädagogische Erfolge sichergestellt werden können.*"

– Unterricht könnte gelingen, „*wenn er gelegentlich vergessen machen könnte, daß dies alles nur 'Schule' ist. Die Produktivität von Lernerfahrungen stellt sich eigenartigerweise oft dann her, wenn der so aufdringliche Kontext wenigstens momentenlang aus dem Blick kommt. Die Schüler äußern nach meinem Eindruck durchaus Erwartungen in dieser Richtung; 'Schule' kann doch nicht immer bloß 'Schule' sein. – Das blanke Gegenteil müssen wir gleichwohl in Rechnung stellen, ohne gleich moralisch zu disqualifizieren. Das ist die instrumentelle Perspektive, die Schüler auch immer haben; in diesem Fall geht es ihnen wie mit einer Fahrschule – den begehrten Schein will man haben, ansonsten aber in Ruhe gelassen werden mit Identifikationsforderungen. Das heißt dann: 'Schule' soll bloß 'Schule' bleiben!*" (S. 28)

Die erstgenannte Perspektive, nämlich die, einmal vergessen zu können, in der Schule zu sein, stelle ein Moment der atmosphärischen Verdichtung dar, das ZIEHE mit dem ästhetischen

Begriff der „**Intensität**" kennzeichnet (und nicht mit dem sozialpsychologischen der Nähe).

Wenn ein Schüler eines Leistungskurses Deutsch – ein Studienrat berichtete mir dieses Beispiel vor kurzem – keine Antworten mehr gibt, weil er inzwischen seine Punkte „zusammen" habe, dann wird die Perversion eines Systems deutlich, das Schule reduziert auf ständig zu kontrollierende Leistungsnachweise.

– Unterricht könnte nach ZIEHE gelingen, „*wenn Schüler wie Lehrer in den Situationen eine* **Sozialität** *erfahren könnten.* '*Sozialität' ist für mich die eigentümliche Erfahrung einer begrenzten, gleichwohl intensiven Gemeinsamkeit unter (im Prinzip) Fremden. Sozialität ist also der Gegenbegriff der Verbehördung und Verapparatung der Schule, aber auch ein Gegenbegriff zu ihrer Familialisierung und Veralltäglichung.*" (S. 28)

Das hieße, die Schule wieder als öffentlichen Raum zu sehen, ihr zwischen der administrativ-systemfunktionalen Dimension auf der einen und den individuellen psychischen Realitäten auf der anderen Seite eine symbolische Struktur zu sichern: ein Feld von Prozeduren, Formen, Ritualen, das Bedeutsamkeit stiften könnte – ein „Drittes", nicht Sachzwang und nicht Psychologisierung. Schule wäre dann, wie gesagt, Repräsentation eines „Anderen", weder schlechte Kopie der Verwaltung noch hilflose Kopie subkultureller Tendenzen. Sie wäre dann bisweilen sogar attraktiv.

3   Kommunikation als Prinzip des Deutschunterrichts

3.1 Allgemeines

„Erziehungsvorgänge können als Kommunikationsprozesse angesehen werden, weil die an ihnen Beteiligten, nämlich Erzieher und zu Erziehender, Lehrender und Lernender durch sie einander teilhaben lassen bzw. Anteil gewinnen an Gegebenheiten, die zunächst jeweils nur auf seiten des einen bestanden." (KREJCI, M., in HIERDEIS, H., 1977, S. 69)

KREJCI versteht jeden Erziehungsvorgang als eine Form von **Kommunikation**. Dabei wird diese in zweifacher Hinsicht im Deutschunterricht einbezogen. Wenn Unterrichten gleichzeitig Kommunizieren ist, dann muß die Lehrperson ein umfassendes Wissen von diesen Zusammenhängen haben, damit die Lernprozesse optimal organisiert werden können. Es ist daher notwendig, immer wieder zu kontrollieren, inwieweit der Lehrer Bedingungen schafft, die diese Voraussetzungen und Folgen ermöglichen. Darüber hinaus muß der Lehrer Kommunikation **explizit** thematisieren. Deshalb muß er über ein wissenschaftliches Repertoire verfügen können.

In der Deutschdidaktik sprechen wir seit Ende der 60er, Anfang der 70er Jahre von der sogenannten **kommunikativen Wende**, die sich auf fast alle Lernbereiche des Deutschunterrichts auswirkte.

In diesen Zusammenhang ist auch KARL BÜHLER einzuordnen (mit seinem Buch **„Sprachtheorie"** 1934, neu aufgelegt 1965). Er hat die verschiedenen Funktionen der Sprache auszudifferenzieren versucht:

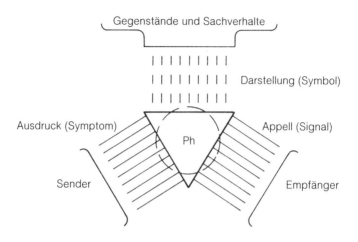

Gegenstände und Sachverhalte

Darstellung (Symbol)

Ausdruck (Symptom)

Ph

Appell (Signal)

Sender

Empfänger

KLAUS BEHR / P. GRÖNWOLDT u. a.:Sprachliche Kommunikation. Belz V., Weinheim 1972, S. 42.

Darstellung (die informative, referierende, darstellende Funktion), **Ausdruck** (expressive, kommentierende, wertende Funktion) und **Appell** (agitierende, werbende, appellative Funktion) sind danach die wesentlichen Leistungen der Sprache. Die **Darstellung** wird auf die Gegenstände und Sachverhalte bezogen (im Aufsatzunterricht z. B. die Gegenstandsbeschreibung). Der **Ausdruck** wird vor allem dem Sprecher/ Schreiber zugeordnet, er gibt Auskunft über die seelische Gestimmtheit (Schreibformen: Tagebucheintrag, lyrisches Sprechen, personales Schreiben S. 146 ff.). Der **Appell** ist auf einen Empfänger / Hörer gerichtet mit der Intention zu überzeugen, zu werben und zu helfen (Schreibformen: Werbetexte, Flugblätter, Briefe). Bühler möchte mit der Einordnung jeweils die Hauptintention des Sprechens / Schreibens bezeichnen in dem Bewußtsein, daß in der Realität häufig Mischformen zu beobachten sind (vgl. GNIFFKE-HUBRIG, CH.: Textsorten –

Erarbeitung einer Typologie von Gebrauchstexten. In: Der Deutschunterricht. Jg. 24, 1972, Heft 1, S. 39–52). So kann ein Briefschreiber über die eigene Lage **informieren**, dem eigenen seelischen Zustand **Ausdruck geben** und gleichzeitig an den Partner **appellieren**, ihm zu helfen. BÜHLER bezog sich auf mündliche und schriftliche Formen des Sprachgebrauchs. Es ist festzustellen, daß zwischen gesprochener und geschriebener Sprache ein erheblicher Unterschied besteht (vgl. dazu auch das Kapitel zur Textproduktion, in dem auf diese Fragen näher eingegangen wird). Abweichungen von der schriftsprachlichen Norm werden in der mündlichen Kommunikation – wenn sie überhaupt bemerkt werden – nicht als „Fehler" registriert und „bestraft"; so **darf**, ja so **muß** der Dialektsprecher seine regionaltypischen Abweichungen benutzen, wenn er verstanden und akzeptiert werden will. Freilich ist für viele Schüler das Erlernen der Standardsprache mit erheblichen Schwierigkeiten verbunden.

3.2 Kommunikationsmodell und Erläuterungen

Im folgenden Schaubild wird dargestellt, wie menschliche Kommunikation abläuft (dabei wieder mündliche und schriftliche). LEHMANN schreibt dazu: „*In der Sprache sehen wir heute ein System von funktionierenden Zeichen im Dienste der Kommunikation, die mündlich oder schriftlich erfolgen kann. Aber mit der Sprache benennen und unterscheiden wir auch die Dinge der Welt und schaffen uns so eine Grundlage für Erkenntnis und Verständnis von Zusammenhängen, für Urteil und Wertung. Mit ihrer Hilfe drücken wir Empfundenes und Erlebtes, Gedachtes und Gewünschtes aus und nehmen wir Einfluß auf andere.*" (S. 516)

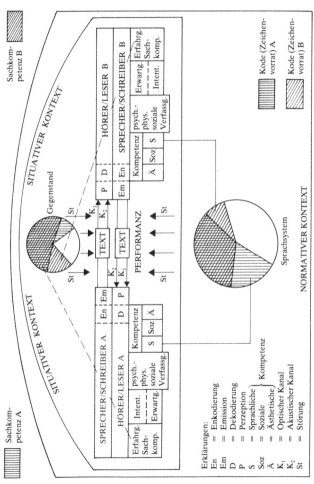

Abb. 16: Erweitertes Kommunikationsmodell

Erklärungen zur schematischen Darstellung

Enkodierung: Auswahl aus einem Code, der ein Reservoir von Zeichen darstellt, mit deren Hilfe die Mitteilung eines Sprechers / Schreibers an einen Hörer / Leser erfolgt.

Dekodierung: Auf der anderen Seite wird die Mitteilung dekodiert (aufgenommen, „entschlüsselt") unter ähnlichen persönlichen Bedingungen wie auf der Senderseite. Dabei ist dieser Vorgang reversibel (umkehrbar), d. h. der Hörer / Leser, der nun dem Sprecher antwortet, ist seinerseits derjenige, der auf die Sprecher- / Schreiberseite wechselt.

Intention: Der Sprecher / Schreiber verfolgte bestimmte Intentionen (Absichten). Dabei bringt er seine Erfahrung und Sachkompetenz (-wissen) ein. Seine physische (körperliche), psychische (seelisch-geistige) und soziale (die Umwelt betreffende) Verfassung bestimmt den Kommunikationsakt mit. Ob jemand gesund oder krank (physisch), traurig oder heiter (psychisch) ist, in geordneten familiären Verhältnissen lebt, geht in irgendeiner Form in die Kommunikationssituation (Performanz) mit ein.

Kanäle:

Akustischer K.:   Klangmäßige Übermittlung (durch die Stimme, die aber auch auf Tonträger gespeichert sein kann), Hörsinn

Optischer K.:   Den Sehsinn betreffende Übertragung, z. B. Blickkontakt

Taktiler K.: Den Tastsinn betreffende Übertragung, z. B. Händedruck, Kuß

Olfaktorischer K.: Den Geruch betreffende Übertragung (Körpergeruch). Im Schaubild fehlt dieser Kanal noch.

Emission: Schicken / Senden der Mitteilung

Perzeption: Aufnahme / Verarbeitung der Mitteilung

Damit Kommunikation zustande kommen kann, sind verschiedene Kompetenzen (Fähigkeiten) notwendig:

Linguistische K.: Die allgemeine Fähigkeit (Können) eines Sprechers / Hörers, der aufgrund eines abstrakten Systems spracherzeugender Regeln die Sätze seiner Sprache zu bilden und zu verstehen in der Lage ist.

Kommunikative K.: Sie bezeichnet die Fähigkeit des Sprechers / Hörers, Sätze, die er aufgrund seiner linguistischen K. erzeugen kann, in sprachlichen Kommunikationssituationen (Performanz) so zu verwenden, daß Verstehen (Aufeinander-Eingehen, Zuhören usw.) möglich wird. Dazu tragen auch oft nichtsprachliche Mittel bei (Mimik, Gestik, die Körpersprache vgl. S. 79 ff.).

Ästhetische K.: Fähigkeit, poetisch kodierte sprachliche Gebilde zu verstehen.

Störungen: In der konkreten Kommunikationssituation können Störungen auftreten, die auf unterschiedliche Ursachen zurückzuführen sind. Sie können im Übertragungskanal (z. B. Fremdgeräusche beim Telefonieren) liegen, aber auch im Bereich der zwischenmenschlichen Beziehungen (siehe S. 53 ff.).

Damit Verstehen erfolgen kann, müssen die Sachkompetenz und Sprachkompetenz Überschneidungen aufweisen (siehe das Schaubild).

3.3 Die menschliche Kommunikation
(nach WATZLAWICK)

Im Alltag ist unsere Fähigkeit wichtig, uns mit anderen Menschen (in unserer nächsten und weiteren Umgebung) bestmöglich verständigen zu können. Daß dies häufig nicht gelingt, haben wir alle schon erfahren. Denn die gesellschaftlichen und auch die persönlichen Umstände des Erlernens von Kommunikation sind oft so gestaltet, daß wir dabei auch Verhaltensweisen einüben, die uns hinderlich sind. Je besser der Verständigungsprozeß von uns organisiert werden kann, desto befriedigender wird meist das psychische und physische Wohlbefinden sein. Dieser **„menschlichen Kommunikation"** wurde seit der zweiten Hälfte der 60er Jahre besondere Beachtung geschenkt. WATZLAWICK (geb. 1921, ein Österreicher, der in den USA lehrt) hat für diese „menschliche Kommunikation" (sein Buch zusammen mit BEAVIN, J. H. und JACKSON, O. D. mit demselben Titel erschien 1969, jetzt 1990 unverändert in der 14. Auflage!) Grundsätze erarbeitet.

Obwohl seit dem Erscheinen dieser Abhandlung Kommunikation in den verschiedensten Formen weiter ausdifferenziert wurde und neue Forschungsergebnisse uns ein genaueres Bild von den Prozessen vermitteln, möchte ich dennoch kurz auf diese **Axiome** von WATZLAWICK eingehen. Den Ausdruck Axiom halte ich für diese Zusammenhänge (vgl. auch RUTH COHN, S. 60ff.) für nicht sehr geeignet, scheint er doch eine Ordnung wiederzugeben, die hier nicht zutreffen kann. Wenn ich diesen Begriff dennoch benutze, dann deshalb, weil er allgemein verwendet wird. In der Deutschdidaktik wurde gerade dieses Buch in den 70er Jahren heftig rezipiert, ganze Einführungsseminare bezogen sich darauf (vgl. BEHR u.a.: Grundkurs für Deutschlehrer: Sprachliche Kommunikation. Weinheim: Beltz 1972 und dieselben: Folgekurs für Deutschlehrer: Didaktik und Methodik der sprachlichen Kommunikation. Weinheim: Beltz 1975). Gerade entwickelte Sprachbücher lasen sich in ihren Inhaltsangaben (z. B. für 5./6. Klassen die Diesterweg-Sprachbücher) wie verkappte kommunikationstheoretische Proseminare. Es muß allerdings vom Lehrer dieses Wissen didaktisch schülergerecht umgesetzt werden.

Auch wenn sich menschliche Kommunikation simultan in komplexer Form ereignet, kann es doch einen hohen heuristischen Wert darstellen, sie in Einzelaspekte aufzulösen.

Die Axiome

(Ich kommentiere sie selbst, da ich sie damit stärker auf die Deutschdidaktik beziehen kann.)

– *Man kann nicht nicht kommunizieren.*

WATZLAWICK setzt damit Kommunikation mit dem Verhaltensbegriff identisch. So wie man sich *nicht nicht* verhalten kann, kann man auch *nicht nicht* kommunizieren. Diese Gleichsetzung ist nicht ganz unproblematisch, da ich mich auch „verhalte", wenn ich mich allein in einem Raum befinde, ohne zu kommunizieren. Was WATZLAWICK meint, ist folgendes, daß es auch eine Form von Kommunikation ist, wenn ein Bekannter an Ihnen vorbeigeht, ohne Sie zu beachten und zu grüßen. Es kann sein, daß er wütend auf Sie ist und im Moment nichts mit Ihnen zu tun haben will (aus irgendeinem Grund) oder auch, daß er Sie einfach übersehen hat. Sie aber müssen dieses Verhalten deuten. Der erfahrene Lehrer weiß meistens sehr gut, daß er z. B. einen Schüler durch Nichtbeachtung besonders strafen kann.

Aber auch im Schriftlichen gibt es solche Phänomene. Wenn ein Dichter für sein Gedicht eine sehr schwierige Form wählt, so daß ihn kaum noch jemand verstehen kann, vielleicht mit

Ausnahme eines kleinen Kreises, so will er eine Botschaft eben nur einer kleinen Elite zukommen lassen, die große Masse ist ihm gleichgültig (z. B. STEFAN GEORGE und sein Kreis).

– *Jede Kommunikation hat einen Inhalts- und Beziehungsaspekt, derart, daß letzterer den ersteren bestimmt und daher eine Metakommunikation ist.*

Mit jedem Inhalt, der übermittelt wird, wird in der mündlichen Kommunikation gleichzeitig auch die Beziehung bestimmt. Dabei definiert der Beziehungsaspekt, wie der Inhalt verstanden werden soll. Ein Lehrer, der in eine tobende Klasse kommt und feststellt „Ihr seid mir eine schöne Klasse", meint damit genau das Gegenteil dessen, was er inhaltlich ausdrückt. Es handelt sich hier um das Stilmittel der Ironie, wobei in einem solchen Fall Inhalts- und Beziehungsaspekt eines kommunikativen Aktes nicht kongruent (deckungsgleich) sind. Ein Bekannter, der zu Ihnen sagt „Heute ist aber ein schönes Wetter", kann damit Unterschiedliches auf der Beziehungsebene andeuten. Es ist für ihn/sie eine Verlegenheitsfloskel, er/sie will nichts weiter von Ihnen, oder es beinhaltet eine Aufforderung, mit ihm/ihr spazierenzugehen, sich ins Schwimmbad zu begeben usw.

Auch wenn wir scheinbar Sachverhalte vermitteln (etwa in einem Referat), deuten wir unseren Zuhörern (durch Gestik, Mimik, Körperhaltung) an, ob wir sie schätzen, lieben, verachten, ob sie uns gleichgültig sind.

Beispiel: Das **Prüfungsgespräch:**

Zwei Schüler werden vor die Tür geschickt. Der Lehrer vereinbart mit der Klasse, den verbal geschickteren Schüler in einem Prüfungsgespräch nicht positiv zu verstärken (z. B. ihm nicht in die Augen zu schauen, nicht bestätigend zu nicken, nicht zu lächeln usw.), d.h. es wird dem Kandidaten eine negative Beziehung signalisiert. Die Folge eines solchen Verhaltens des Prüfers ist in der Regel eine totale Verunsicherung des Schülers, der unter der Belastung eines negativen Beziehungskontextes bald verstummt. Umgekehrt wird dem schwächeren Schüler eine positive Beziehung signalisiert (Lächeln, zustimmendes Nicken, in die Augen schauen usw.) bei in etwa gleichen Fragen. Die Folgen davon sind meist, daß dieser Schüler sich wohl fühlt und sein Wissen reproduzieren kann. Die beiden Schüler berichten über ihre Gefühle und machen damit deutlich, wie sehr in solchen Situationen der einzelne von der positiven oder negativen Beziehung abhängig ist. Der Schüler erfährt durch ein solches „Spiel", wie sehr auch seine Leistung abhängig sein kann von seiner Beziehung zum Lehrer, oder umgekehrt des Lehrers zu ihm.

Ich habe diese Übung häufig mit Studenten durchgeführt, und es war immer erstaunlich, wie sehr die Verweigerung einer positiven Rückmeldung die geforderte Leistung beeinträchtigte. Da ich auch Staatsexamensprüfungen abnehmen muß, gerate ich dabei oft selbst in ein Dilemma. Auf der einen Seite möchte ich dem/der Kandidaten/Kandidatin einen positiven Beziehungskontext signalisieren, um die tatsächliche Leistung zu mobilisieren, andererseits sollte Mimik und Gestik nun der später erteilten Beurteilung nicht entgegengesetzt sein, was sich in dem Vorwurf äußern könnte: *„Sic haben ja so freundlich gelächelt und jetzt verpassen Sie mir eine Mangelhaft."*

Häufig werden aber Auseinandersetzungen (oft in Paarbeziehungen) auf der **Inhaltsebene** ausgetragen, die ihre **Ursachen in der Beziehungsebene** haben.

– Ein Paar streitet sich vor Freunden, wann es gestern nach Hause gekommen sei; die Differenz der Auffassung beträgt lediglich 15 Minuten und ist für die Mitteilung unwichtig. Sehr häufig verbirgt sich dahinter ein tiefsitzender Beziehungskonflikt.

– Meist aber bleibt ein solcher Streit nicht auf der Inhaltsebene beschränkt, sondern eskaliert in die Beziehungsebene: „Immer verbesserst Du mich vor Freunden. Du bist ekelhaft."

– Die reifste Form der Streitdiskussion (wie Schüler sie in der Schule lernen sollten) ist eine Auseinandersetzung auf der Inhaltsebene, die die Beziehung nicht beeinträchtigt, was oft metakommunikative Bemerkungen notwendig macht. „Verstehe mich nicht falsch, ich möchte Dich nicht verletzen, aber ich bin in dieser Frage ganz anderer Meinung als Du."

Die Eltern/Erzieher und Lehrer sollten **eine Kongruenz von Inhalts- und Beziehungsaspekt** in der Kommunikation anstreben. Besonders für das Kleinkind ist dies wichtig, damit es ein stabiles Realitätsbewußtsein herstellen kann. Eine Mutter, die ihr Kind lächelnd mit einem freundlichen „Komm nur her, mein Liebling" auf den Arm nimmt und es gleichzeitig schlägt, weil es etwas angestellt hat, stürzt das Kind in einen tiefen Zwiespalt; ebenso wenn sie das Kind liebkost (durch Streicheln und In-den-Arm-Nehmen), aber gleichzeitig es verbal ausschimpft „Du bist aber ganz schlimm, weil Du Deine Schwester geärgert hast." Wenn der Realität entsprechende Wahrnehmungen von Kindern durch wichtige Bezugspersonen in Frage gestellt werden, dann spricht WATZLAWICK von der Doppelbindung (**„double bind",** S. 195 ff.).

In Familien, in denen eine paradoxe Kommunikation durchgängig üblich ist, könnte nach WATZLAWICK sogar Schizophrenie auftreten. Dies muß man mit Vorsicht aufnehmen, da heute für diese Krankheit auch Stoffwechselstörungen im Gehirn verantwortlich gemacht werden.

> Mitteilung = Inhalt + Beziehung
> oder
> Mitteilung = Botschaft +
> wie sie verstanden werden soll.

(MOLTER / BILLERBECK, 1978, S. 57)

– *Die Natur einer Beziehung ist durch die Interpunktion der Kommunikationsabläufe seitens der Partner bedingt.*

„Diskrepanzen auf dem Gebiet der Interpunktion sind die Wurzel vieler Beziehungskonflikte." (WATZLAWICK S. 58) WATZLAWICK beschreibt das Beispiel einer nörgelnden Ehefrau und eines Ehemannes, der eine *„passiv zurückgezogene Haltung"* an den Tag legt. *„Im wesentlichen erweisen sich ihre Streitereien als monotones Hin und Her der gegenseitigen Vorwürfe und Selbstverteidigungen: 'Ich meide dich, weil*

du nörgelst' und 'Ich nörgele, weil du mich meidest'. " (S. 58)
Jeder für sich sieht die Ursache für das eigene Verhalten in der
Aktion des Partners. Der Streit weist eine Zirkelstruktur auf,
da der Beginn der eigenen Reaktion zeitlich unterschiedlich
gesetzt wird. Um eine so ablaufende Kommunikation zu verändern, sind metakommunikative Kompetenzen erforderlich.

*– Menschliche Kommunikation bedient sich digitaler [verba-
ler] und analoger [nonverbaler, nicht-sprachlicher] Modalitä-
ten [Ausdrucksmittel]. Digitale Kommunikationen haben eine komplexe logische Syntax, aber auf dem Gebiet der Beziehungen unzulängliche Semantik [Bedeutungslehre]. Analoge
Kommunikationen dagegen besitzen dieses semantische Potential, ermangeln aber der für eindeutige Kommunikationen
erforderlichen logischen Syntax.*
Unter **verbaler Kommunikation** sind dabei die **sprachlichen**
Möglichkeiten zu verstehen; manchmal werden auch paralinguistische (parasprachliche) Elemente festgestellt; das sind
solche, die mit dem Sprechen verbunden sind: Tonfall, Tonhö-
he, Sprechgeschwindigkeit, Modulation der Stimme usw.
Nonverbale Ausdrucksmittel sind: Gestik, Mimik, Körperhaltung, Blick usw. Beziehungen werden nach WATZLAWICK
vor allem nonverbal und paralinguistisch vermittelt. Jemand,
der seelisch erschüttert ist, kann vielleicht sprachlich seine
Verfassung verschleiern, der Tränenausbruch gibt dem Gesprächspartner aber über die Gefühlslage eindeutig Auskunft.
Dennoch sind nonverbale Äußerungen oft vieldeutig und können nur im Zusammenwirken mit sprachlichen verstanden
werden.
Besonders die analoge, die nonverbale Kommunikation ist in
den letzten zweieinhalb Jahrzehnten intensiv erforscht worden. Deshalb soll dieser Bereich später noch ausdifferenziert
werden.

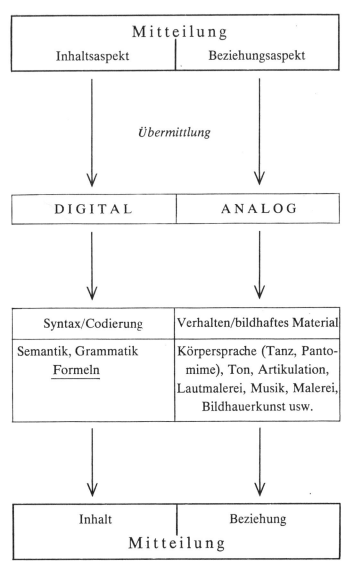

MOLTER / BILLERBECK, 1978, S. 27

- *Zwischenmenschliche Kommunikationsabläufe sind entweder symmetrisch* [gleichwertig] *oder komplementär* [ergänzend], *je nachdem, ob die Beziehung zwischen den Partnern auf Gleichheit oder Unterschiedlichkeit beruht.* (Die Axiome WATZLAWICKs, S. 50–70)

Unter symmetrischer Kommunikation versteht man ein Gespräch, bei dem sich die Partner quantitativ und qualitativ gleichmäßig beteiligen können. Symmetrie ist noch nicht ein Wert an und für sich, sondern nur dann, wenn sich die Partner als gleichwertig akzeptieren. WATZLAWICK schildert ein extremes Beispiel einer verfahrenen symmetrischen Kommunikation aus dem Drama E. ALBEES „Wer hat Angst vor Virginia Woolf?", in dem sich die Ehepartner bis zur physisch-psychischen Erschöpfung (symmetrisch) quälen. Eine komplementäre (asymmetrische Kommunikation) liegt dann vor, wenn ein Gesprächspartner dominiert, wobei diese Dominanz auf „Unterschiedlichkeit" (evtl. auf Grund des Amtes, z. B. als Lehrer in der Schule; oder auf Grund der größeren psychischen Stärke) beruht. Vorübergehende, allerdings auf prinzipieller Gleichwertigkeit beruhende Dominanz wird durchaus positiv gewertet. Sowohl andauernde Symmetrie und Asymmetrie in Kommunikationen führen zu gestörten Abläufen. Dies wird bei WATZLAWICK nicht so eindeutig dargestellt.

In der Schule sollte der Lehrer darauf achten, daß möglichst **symmetrisch strukturierte Kommunikationen** zustande kommen. Damit Schüler auch mit Schülern im Unterricht ohne den Lehrer als vermittelnde Person, die das Wort erteilt, sprechen können, müssen Schüler bei Diskussionen sich gegenseitig aufrufen dürfen. In vielen Praktikumsklassen der Hauptschule und der Grundschule habe ich diese Methode beobachten können, wobei sich auch der Umgang der Schüler miteinander positiv veränderte.

Zu konkreten organisatorischen Maßnahmen siehe S. 78 ff.

WATZLAWICK hat relativ abstrakte Grundsätze aufgestellt,

die noch der didaktischen Umsetzung bedürfen, sollen sie für
Schüler unmittelbar wirksam werden. Sie helfen dem Lehrer
dennoch, das Kommunikationsgeschehen in der Klasse besser
zu durchschauen und implizit Bedingungen zu schaffen, die
sich auf das Interaktionsverhalten positiv auswirken.

Wenn im Deutschunterricht die kommunikative Kompetenz
entwickelt werden soll, dann ist es notwendig, aus den Bezugswissenschaften entsprechende Methoden und Verfahren zu rezipieren und für die Bedürfnisse der Deutschdidaktik aufzube-
reiten.

Manchmal ist der Bezugsrahmen solcher Richtungen der Psychologie, vor allem der Humanistischen, ein therapeutischer.
Aber häufig lassen sich Ergebnisse und Erkenntnisse auch auf
die tägliche Interaktion von Menschen übertragen; meist wird
dies auch schon von vorneherein intendiert, auch unter dem
Begriff „Therapien für Gesunde" (vgl. KARMANN, 1987,
S. 137). In diesem Zusammenhang ist für schulische Bedürfnisse in den letzten Jahrzehnten vor allem die **themenzentrierte
Interaktion** (TZI begründet von RUTH COHN) und die **Gestaltpädagogik** (GP begründet von FRITZ PERLS) aufbereitet
worden.

3.4 Die themenzentrierte interaktionelle Methode (RUTH COHN)

RUTH COHN, geb. 1912 in Berlin, die 1933 über die Schweiz
in die USA emigrierte (1941), hat von der Psychoanalyse ausgehend die TZI entwickelt. Sie spricht von Axiomen, Postulaten und Hilfsregeln, ohne diese Begriffe zu klären. Ich werde
sie nach ihrem Gebrauch verwenden, obwohl mir deren Problematik bewußt ist.

Die Axiome:

*1. Der Mensch ist eine psycho-biologische Einheit. Er ist auch Teil des Uni-
versums. Er ist darum autonom und interdependent. Autonomie (Eigen-*

ständigkeit) wächst mit dem Bewußtsein der Interdependenz (Allverbundenheit).
Menschliche Erfahrung, Verhalten und Kommunikation unterliegen interaktionellen und universellen Gesetzen. Geschehnisse sind keine isolierten Begebenheiten, sondern bedingen einander in Vergangenheit, Gegenwart und Zukunft.

2. Ehrfurcht gebührt allem Lebendigen und seinem Wachstum. Respekt vor dem Wachstum bedingt bewertende Entscheidungen. [...]

3. Freie Entscheidung geschieht innerhalb bedingender innerer und äußerer Grenzen. Erweiterung dieser Grenzen ist möglich.

Unser Maß an Freiheit ist, wenn wir gesund, intelligent, materiell gesichert und geistig gereift sind, größer, als wenn wir krank, beschränkt oder arm sind und unter Gewalt und mangelnder Reife leiden. [...] (COHN, S.120)

Die TZI ist die einzige gruppendynamische Methode, die neben der Gruppe = **WIR**, der Einzelpersönlichkeit = **ICH** auch das **ES** = das Thema berücksichtigt.

Diese Faktoren, die unterschiedliche Bedeutung haben, sind in ein gesellschaftliches Umfeld eingeordnet. In der Schulklasse wird traditionell das **ES** (Thema, Gegenstand, Stoff, nicht zu verwechseln mit dem „Es", dem Unbewußten S. FREUDs) stark betont, während die einzelne Schülerpersönlichkeit und der klasseninterne Bezugsrahmen in der Gruppe eine untergeordnete Rolle spielen. Im Unterschied zu vielen gruppendynamischen Übungsformen wird aber in der **TZI** das **Thema als eine Aufgabe** begriffen, die zu lösen ist, was aber nur gelingen kann, wenn sich der Schüler als Mitglied der Gruppe aktiv beteiligt. Dabei müssen die Grundkonstituenten, **Ich – Wir – Es**, eine dynamische Balance aufweisen, d. h. je nach Situation wird es notwendig sein, sich mit der Gruppe oder der Einzelpersönlichkeit zu befassen, damit lebendiges Lernen am Thema möglich wird. So kann sich nach R. COHN eine Gruppe nicht **ständig** mit einem neurotischen Gruppenmitglied befassen.

„Es gibt jedoch auch Teilnehmer mit 'dauernden Störungen', die durch kurze Interaktionen nicht zur Ruhe kommen kön-

nen. Wenn ein Mensch zutiefst voller Ängste ist oder von chro-
nischen Problemen beschwert, kann er sich oft nicht auf ande-
re Aufgaben als auf seine eigene Existenznot beziehen. Dann
ist es besser, eine therapeutische Behandlung vorzuschlagen,
oder eine Gruppe mit seinem speziellen Thema zu finden – wie
z. B. 'Ich und Du in unserer Ehe – wie sollen wir leben?' oder
'Wie befreie ich mich von meinen Arbeitsstörungen?' Die Stö-
rung des Wir in nichttherapeutischen Gruppen hat manchmal
Vorrang vor unlösbaren Problemen des Ich. Dies trifft auch
zu, wenn eine Gruppe rasch entscheiden muß: z. B. bei kon-
kreten Gefahren oder Termindruck. Die Maxime 'Realität hat
den Vorrang' hilft, Entscheidungen über Vorrangigkeit zu
treffen; es braucht Übung, diese 'Gefahrenregel' nicht zu miß-
brauchen." (COHN, S. 122)

In der Schule wird man auch auf diese Schwierigkeit stoßen,
Balance zwischen dem störenden „Einzelschüler" und den
Bedürfnissen der Großgruppe zu halten. So wird der Lehrer
Gespräche außerhalb des Unterrichts anbieten müssen, um
solchen Schülern zu helfen.

Die Gruppe trifft sich zu einer bestimmten Zeit an einem bestimmten Ort und immer wirken historische, soziale und te-
leologische (= zielorientierte) Gegebenheiten in den Gruppenprozeß hinein. Den Kreis in der Abbildung (S. 63) nennt
R. COHN den „**Globe**"; darunter versteht sie alles das, was an
unmittelbar Aktuellem das lebendige Lernen beeinflußt. Als
am 16. Januar 1991 der Golfkrieg ausbrach, war mein Seminar
so davon betroffen, daß wir uns in dieser Sitzung mit diesem
Ereignis auseinandersetzten. Es kann sich aber auch um etwas
ganz Banales handeln. Auf einer Lehrerfortbildung mußten
wir in einem Haus wohnen, das von den Handwerkern noch
nicht ganz verlassen worden war. Der Gruppenraum roch
noch intensiv nach Farbe, so daß einige Teilnehmer Kopf-
schmerzen bekamen. Wir haben danach in einem älteren Gebäude ein Ausweichquartier gefunden, und diese Störung war

damit behoben. Die Gruppe und der Leiter/Lehrer sollten darauf achten, daß die augenblickliche Befindlichkeit, die das Lernen fördern oder hemmen kann, immer Berücksichtigung findet.

```
1. Das Ich, die Persönlichkeit
2. das Wir, die Gruppe
3. das Es, das Thema
```

```
        Ort                              historische
                          ES             soziale
                                         teleologische
                      ICH    WIR         Gegebenheiten
        Zeit
```

In Anlehnung an J. ROTH, 1977, S. 483

Postulate und Hilfsregeln

Aus den oben genannten Axiomen leitet RUTH COHN Postulate ab; sie sind Forderungen auf der Basis des 'Paradox'
der Freiheit in Bedingtheit (R. COHN, S. 120).

– *Sei dein eigener Chairman, der Chairman deiner selbst.*
  Chairman übersetzt sie nicht wegen des Doppelsinns des
  englischen Wortes: Chairman of myself = Leiter meiner
  selbst und Chairman of a group = Vertreter der Interessen
  aller in einer Gruppe.
  Dies bedeutet:
  *a) Sei dir deiner inneren Gegebenheiten und deiner Umwelt
  bewußt.*
  *b) Nimm jede Situation als Angebot für deine Entscheidun-
  gen. Nimm und gib, wie du es verantwortlich für dich selbst
  und andere willst.*

– Beachte Hindernisse auf deinem Weg, deine eigenen und
  die von anderen. *Störungen haben Vorrang.*

Solche sind einfach da, *„sie fragen nicht nach Erlaubnis"*. Es komme aber darauf an, wie man sie bewältige. *„Antipathien und Verstörtheiten können den einzelnen versteinern und die Gruppe unterminieren; unausgesprochen und unterdrückt bestimmen sie Vorgänge in Schulklassen, in Vorständen, in Regierungen. Verhandlungen und Unterricht kommen auf falsche Bahnen oder drehen sich im Kreis."* (COHN, S. 122)

Sie formuliert neun **Hilfsregeln** (S. 123–128), die aber in diesem Zusammenhang nicht ausführlich erörtert werden können:

1. ***Vertritt dich selbst in deinen Aussagen: sprich per „Ich" und nicht per „Wir" oder per „Man".***

Der einzelne wird dadurch in stärkerem Maße gezwungen, für sich Verantwortung zu übernehmen. Dies betrifft selbstverständlich nur Aussagen über eigene **Gefühle**, **Wünsche**, **Bedürfnisse** und manche **Erfahrungen**. Im Unterricht zeigt sich, daß gerade die Einhaltung dieser Regel den Jugendlichen besondere Schwierigkeiten bereitet.

„Die verallgemeinernden Wendungen von 'Wir', wie z. B. in 'Wir glauben', 'man tut', 'jedermann denkt', 'niemand sollte', sind fast immer persönliche Versteckspiele. [...] Wenn ich an meine eigene Aussage glaube, brauche ich keine fiktive, quantitative Unterstützung des andern. Wenn ich dennoch Bestätigung brauche oder wünsche, muß ich überprüfen, ob die anderen mir wirklich zustimmen. Aussagen einzelner Gruppenmitglieder wie 'Die Gruppe denkt', 'Wir langweilen uns alle', 'Alle sind anderer Meinung als du', 'Wir alle wollen eine Kaffeepause' sind oft nicht wahr. [...] 'Wir' als Träger von Aussagen ist nur authentisch, wenn die Gemeinsamkeitsfaktoren der Ichs überprüft worden sind. 'Man' bedeutet eine Aussage über alle Menschen oder eine definitiv bestimmte Gruppe größeren Ausmaßes."

2. ***Wenn du eine Frage stellst, sage, warum du fragst und was deine Frage für dich bedeutet. Sage dich selbst aus und vermeide das Interview.***

„Echte Fragen verlangen Informationen, die nötig sind, um etwas zu verstehen oder Prozesse weiterzuführen. Authentische Informationsfragen werden durch die Gründe für die Informationswünsche persönlicher und klarer.

Fragen, die kein Verlangen nach Information ausdrücken, sind unecht. Sie können Vermeidungsspiele sein, um eigene Erfahrungen zu verschweigen oder dienen als Werkzeug inquisitorischer Machtkämpfe."

Das Interview wird meist als Aggression empfunden. Wenn z. B. die noch nicht volljährige Tochter in der Nacht spät nach Hause kommt und die Mutter einen Fragenschwall auf sie niederprasseln läßt (etwa: „Wo bist Du gewesen? Warum kommst Du so spät? Wer war bei Dir? Warum hast Du nicht angerufen?" usw.), dann hat das Mädchen kaum eine Chance zu einem Gespräch. Wenn dagegen die Mutter mitteilt, warum ihr die Fragen so wichtig sind (etwa: „Ich habe mir Sorgen um Dich gemacht, deshalb möchte ich wissen …"), dann sind die Voraussetzungen für ein Gespräch gegeben.

3. **Sei authentisch und selektiv in deinen Kommunikationen. Mache dir bewußt, was du denkst und fühlst, und wähle, was du sagst und tust.**

„Wenn ich etwas nur sage oder tue, weil ich soll, dann fehlt dieser Handlung meine eigene bewährte Überprüfung, und ich handle nicht eigenständig. Ich spreche dann entweder auf der Basis einer unreflektierten Gruppennorm oder gehorche einem internalisierten (elterlichen) Soll; oder ich fälle Entscheidungen, ohne wirklich zu entscheiden, 'weil mir gerade so zumute ist', ohne Rücksicht auf mein eigenes Wertsystem oder mein Urteil über Gegebenheiten, und entziehe mich so gleicherweise autonomer Wahl. Wenn ich alles ungefiltert sage, beachte ich nicht meine und des andern Vertrauensbereitschaft und Verständnisfähigkeit. Wenn ich lüge oder manipuliere, verhindere ich Annäherung und Kooperation. Wenn ich selektiv und authentisch ('selective authenticity') bin, ermögliche ich Vertrauen und Verständnis. Wenn Vertrauen geschaffen ist, wird Filterung zwischen meiner Erfahrung und meiner Aussage weitgehend überflüssig. Je weniger solches Filtern nötig geworden ist, desto einfacher, produktiver und froher ist die Kooperation der Teilnehmer. Solches Vertrauen kommt nicht durch Konformitätsdruck und in Übereilung zustande."

4. **Halte dich mit Interpretationen von anderen so lange wie möglich zurück. Sprich statt dessen deine persönlichen Reaktionen aus.**

„Interpretationen können korrekt und zeitlich angebracht sein. Bestenfalls schaden sie nicht. Wenn sie richtig und taktvoll sind (zeitadäquat), zementieren sie das, was der Interpretierte weiß; wenn sie richtig, jedoch nicht

zeitgerecht sind, erregen sie Abwehr und verlangsamen den Prozeß. Häufig sind sie nichts anderes als Selbstbewunderungsspiele. Nicht-interpretative, direkte persönliche Reaktionen zum Verhalten anderer führen zu spontaner Interaktion. ('Du redest, weil du immer im Mittelpunkt stehen willst' versus 'Bitte rede jetzt nicht, ich möchte nachdenken' oder 'Ich möchte selbst reden.')"

5. *Sei zurückhaltend mit Verallgemeinerungen*

„Verallgemeinerungen haben die Eigenart, den Gruppenprozeß zu unterbrechen. Sie sind am Platz, wenn ein Unterthema ausreichend diskutiert worden und der Wechsel des Gegenstandes angezeigt ist (z. B. als Hilfe, dynamische Balance herzustellen oder zu einem anderen Unterthema überzuleiten)."

Beide Regeln stehen in einem inneren Zusammenhang, denn „Interpretationen" sind häufig auch „Verallgemeinerungen", die den Interpretierten in eine Verteidigungsposition drängen, so daß die Auseinandersetzung leicht eskalieren kann. Wenn eine Frau beim Frühstück zu ihrem Mann sagt „Heute bist Du aber grantig!", dann ist das eine solche Verhaltensdeutung. Er entgegnet empört: „Ich bin **aber gar nicht** grantig!" Sie darauf: „Siehst Du, Du bist **also doch** grantig." Wenn dagegen der Partner die eigenen Beobachtungen und Gefühle wiedergibt, bleibt die Chance zu einer Erklärung erhalten, z. B. „Du wirkst auf mich so abgespannt und müde, hast Du schlecht geschlafen?"

6. *Wenn du etwas über das Benehmen oder die Charakteristik eines anderen Teilnehmers aussagst, sage auch, was es dir bedeutet, daß er so ist, wie er ist (d. h. wie du ihn siehst).*

„Diese Regel, zusammen mit der 'Frage-Regel' ('Frage nicht ohne Zufügung deiner Motivation'), verhindert das Phänomen des Prügelknaben. 'Interview' und 'Feedback' können Geheimwaffen für Ablenkungsmanöver und für Angriffe sein. Die Aussage darüber, wie ich einen andern sehe, ist immer meine persönliche Meinung. Ich kann nur meine Ansicht über den anderen aussprechen, nicht aber mit dem Anspruch auf allgemeine Gültigkeit. Wenn der Sprecher hinzufügt, was ihm seine Fragen und sein Feedback bedeuten, werden echte Dialoge begünstigt."

Beispiel: „Versteh mich nicht falsch, es liegt mir viel an der Freundschaft mit dir; aber du bist gestern an mir vorbeigegangen, ohne mich zu beachten. Auf mich wirktest du richtig arrogant."

7. *Seitengespräche haben Vorrang. Sie stören und sind meist wichtig. Sie würden nicht geschehen, wenn sie nicht wichtig wären (Vielleicht wollt ihr uns erzählen, was ihr miteinander sprecht?).*

„Wenn ein Gruppenmitglied Aussagen an seinen Nachbarn richtet, so ist er mit großer Wahrscheinlichkeit stark beteiligt. Es kann sein, daß er etwas sagen will, was ihm wichtig ist, aber er scheut sich, es zu tun; oder er kommt nicht gegen schnellere Sprecher auf und braucht Hilfe, sich in der Gruppe zu exponieren. Er kann auch aus dem Gruppenprozeß herausgefallen sein und versucht nun, auf einem Privatweg wieder hineinzukommen. (Es ist wichtig, daß diese Regel als eine Aufforderung erlebt wird und nicht als Zwang. Die Angesprochenen werden aufgefordert und nicht erpreßt.)"

Im Unterricht können solche Seitengespräche eine doppelte Bedeutung haben. Auf der einen Seite kann dieses Unterhalten mit dem Nachbarn eine starke Beteiligung anzeigen, so daß der einzelne gar nicht abwarten kann, seine Beiträge ins Plenum einzubringen. Andererseits können aber auch vermehrte Seitengespräche auf eine Störung hinweisen, etwa daß die Arbeit am Thema langweilig geworden ist. Für den Lehrer ist es wichtig, die Aktionen und Reaktionen (einschließlich der körpersprachlichen Signale) sorgfältig zu beobachten und entsprechende Folgerungen zu ziehen.

8. *Nur einer zur gleichen Zeit bitte*

„Niemand kann mehr als einer Äußerung zur gleichen Zeit zuhören. Um sich auf verbale Interaktionen konzentrieren zu können, müssen sie nacheinander erfolgen. Der Gruppenzusammenhalt ergibt sich aus konzentriertem Interesse füreinander und für die Aussagen oder Aktionen jedes Teilnehmers.

Diese Regel bezieht sich primär auf verbale Aussagen. Manchmal können jedoch nichtverbale Kommunikationen wie Gesten, Paarbildungen usw. ebenso ablenkend sein wie verbale Äußerungen; sie werden deshalb am besten aufgegriffen und in den Gesamtstrom eingebracht. (Es gibt viele Situationen, für die diese Regel nicht gilt. Gleichzeitige Interaktionen sind erforderlich, wenn die Gruppe in Paare oder kleinere Arbeitsgruppen aufgeteilt ist oder bei Rollenspielen und Begegnungsübungen, die andersartige Spielregeln erfordern.)

Gerade in der Grundschule ist die Beachtung dieses Gesprächsgrundsatzes besonders wichtig, da die Kinder noch sehr stark ich-zentriert agieren. So könnte das Durcheinander beim Erzählen im Morgenkreis zur induktiven Erarbeitung dieser Regel genutzt werden.

9. ***Wenn mehr als einer gleichzeitig sprechen will, verständigt euch in Stichworten, über was ihr zu sprechen beabsichtigt.***

„Alle Anliegen derer, die gerne sprechen möchten, werden auf diese Weise kurz erörtert, bevor die volle Gruppenaktion weitergeht. Eine kurze Kommunikation mindert explosive Bedürfnisse, sich mitzuteilen, und befähigt die Gruppe zu wählen. Durch dieses Vorgehen wird die Entscheidung, wer sprechen soll, nicht allein vom Gruppenleiter übernommen, sondern kommt durch autonome Entscheidungen aller Teilnehmer zustande. Sprechordnung kann dann auf verschiedene Arten bestimmt werden, z. B.

a) durch das offenbar starke Bedürfnis eines der Teilnehmer,
b) durch das größere Interesse der Gruppenmitglieder für die eine oder andere Äußerung,
c) durch Identität zweier Aussagen,
d) durch ergänzende Aussagen.

Die rasche Stichwortkommunikation zwischen den Sprechenden vermittelt der ganzen Gruppe einen Überblick über die Vielfalt der Gesprächsfäden, die auch später wieder aufgenommen werden können. So fühlt sich niemand übergangen. Rivalisieren um des Rivalisierens willen wird weitgehend verhindert. [...]

Diese Gesprächsgrundsätze werden in ähnlicher Form in den meisten Kommunikationstrainingsseminaren berücksichtigt. Mit den Postulaten und Hilfsregeln (auch nach SCHWÄBISCH / SIEMS oder SCHULZ VON THUN) ist ganz konkret ein Rahmen für eine menschliche Kommunikation gegeben, der durchaus ergänzt werden kann, also nicht unbedingt endgültig ist. Dagegen würde sich die Humanistische Psychologie wehren. So haben SCHWÄBISCH / SIEMS getrennte Regeln für die **Paarbeziehung** und für die **Gruppensituation** entwickelt, wobei natürlich eine ganze Reihe identisch sind (S. 161 ff. und S. 242 ff.). Sie schlagen u.a. auch Feedback-Übungen vor, die bei RUTH COHN noch keine große Rolle spielen.

Zur Ergänzung möchte ich die beiden **Feedback-Regeln** nach SCWÄBISCH / SIEMS einbringen:

Gib Feed-back wenn du das Bedürfnis hast

Löst das Verhalten eines Gruppenmitgliedes angenehme oder unangenehme Gefühle bei dir aus, teile es ihm sofort mit, und nicht später einem Dritten.

Wenn du Feed-back gibst, sprich nicht über das Verhalten des anderen, denn du kannst nicht wissen, ob du es objektiv und realistisch wahrgenommen hast. Sprich nicht in einer bewertenden und normativen Weise. Vermeide Interpretationen und Spekulationen über den anderen.

Sprich zunächst einfach von den Gefühlen, die durch das Verhalten des anderen bei dir ausgelöst werden. Danach kannst du versuchen, das Verhalten des anderen so genau und konkret wie möglich zu beschreiben, damit er begreifen kann, welches Verhalten deine Gefühle ausgelöst hat. Laß dabei offen, wer der 'Schuldige' an deinen Gefühlen ist. Du benötigst dabei keine objektiven Tatsachen oder Beweise – deine subjektiven Gefühle genügen, denn auf diese hast du ein unbedingtes Recht.

Versuche vor deinem Feed-back die Einwilligung deines Gesprächspartners einzuholen, ihm dieses zu geben.

Wenn du Feed-back erhältst, hör ruhig zu

Wenn du Feed-back erhältst, versuche nicht gleich, dich zu verteidigen oder die Sache 'klarzustellen'. Denk daran, daß dir hier keine objektiven Tatsachen mitgeteilt werden können, sondern subjektive Gefühle und Wahrnehmungen deines Gegenüber. Freu dich zunächst, daß dein Gesprächspartner dir sein Problem erzählt, das er mit dir hat. Diese Haltung wird dir helfen, ruhig zuzuhören und zu prüfen, ob du auch richtig verstanden hast, was er meint. Versuche zunächst nur zu schweigen und zuzuhören, dann von deinen Gefühlen zu sprechen, die durch das Feed-back ausgelöst worden sind, und erst dann gehe auf den Inhalt ein. (SCHWÄBISCH / SIEMS, S. 245)

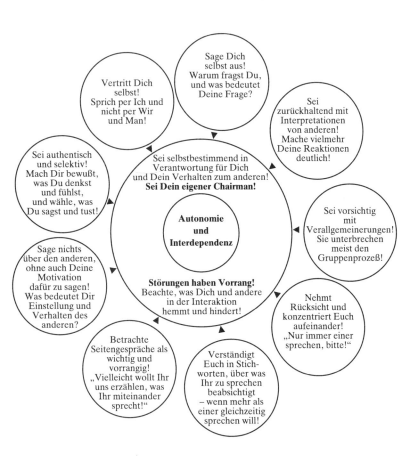

Nach RUTH COHN: Zur Grundlage des themenzentrierten interaktionellen Systems. In: Gruppendynamik 5, 1974, Stuttgart: Klett

3.5 Die Gestaltpädagogik (FRITZ PERLS)

FRITZ PERLS gilt als der Schöpfer der Gestaltpädagogik, PAUL GOODMAN wird manchmal noch erwähnt.

FRITZ PERLS, Jude, 1893 (Berlin) – 1970, Ausbildung als Psychoanalytiker, auch er mußte wie R. COHN 1933 fliehen. Der Exodus vieler Wissenschaftler in die USA, wie der Psychologen, führte zu diesen Neuentwicklungen, die erst allmählich wieder in Deutschland und Europa rezipiert wurden und werden. Seit etwa 1950 wird seine Auffassung als Gestaltpädagogik = GP verbreitet.

Die Grundannahme der Gestaltpädagogik ist die, daß das Ganze jeweils mehr ist als die Summe seiner Teile. In einem Teil des Ganzen findet sich das Ganze selbst in seiner Grundkonzeption wieder. Es ist eine holistische Theorie und enthält das Übersummationsprinzip.

Beispiel: Wenn jemand mit den Fingern auf die Stuhllehne trommelt oder eine andere körperliche Eigenheit aufweist (und zwar im Hier und Jetzt), so beginnt der Therapeut meist an dieser momentanen Beobachtung zu arbeiten, die auf die **ganze Persönlichkeit** Bezug hat.

Nach der Gestalttherapie ist der Handlungsverlauf eine ständige lebendige Dynamik zwischen **Figur** und **Grund**:

Ein Beispiel (aus BUROW / SCHERPP, S. 20):

„Angenommen, in einem Wohnzimmer findet eine Cocktail-Party statt. Die meisten Gäste sind bereits da, Nachzügler kommen nach und nach herein. Ein Neuankömmling betritt den Raum. Er ist chronischer Alkoholiker und braucht dringend etwas zu trinken. Für ihn wird alles – die anderen Gäste, die Sessel, die Sofas, die Bilder an den Wänden – unwichtig sein und im Hintergrund (= Grund) bleiben. Er wird sich schnurstracks an die Bar begeben; sie wird von allen Objekten im Raum als einziges in den Vordergrund treten, die Bar wird für ihn Figur, Gestalt. Hat er sein Bedürfnis nach Alkohol nach einiger Zeit weitgehend befriedigt, so ist die Gestalt geschlossen, sie kann zerfallen und einer neuen Gestalt Platz machen. Das Bedürfnis nach Alkohol kann jetzt in den Hintergrund treten und ein neues Bedürfnis, z. B. den Wunsch nach Zuwendung und Zärtlichkeit Figur werden lassen. Seine Wahrnehmungstätigkeit wird sich jetzt darauf konzentrieren,

wie er dieses Bedürfnis befriedigen, bzw. diese offene Gestalt schließen kann, d.h. er wird die auf der Cocktail-Party Anwesenden, vermutlich besonders die Frauen, unter dem Aspekt dieses Bedürfnisses 'mustern'."

3.5.1 Gestaltprinzipien

Die Gestaltprinzipien (nach BUROW / SCHERPP, S. 86) können nur angedeutet werden, manche haben Gemeinsamkeiten mit den Grundsätzen der TZI.

– *Hier und Jetzt*

Die Psychoanalyse betont besonders das Früher, die Kindheit in ihrer Bedeutung für das Jetzt. Der Neurotiker findet es schwierig, ganz an der Gegenwart zu partizipieren – seine unerledigten Geschäfte aus der Vergangenheit sind ihm im Wege. Vergangenheit und Zukunft werden im Hinblick auf ihre Bedeutung für das Jetzt untersucht.

– *Konzentration auf den Kontakt*

Unter dieser Technik versteht PERLS die bewußte Herstellung von bewußtem Kontakt zu bisher vermiedenen Wahrnehmungen. Es werden Therapiesituationen geschaffen, die es ermöglichen, mit dem bisher Vermiedenem Kontakt aufzunehmen. (Experiment)

– *Self-Support*

„Verschaffe Dir selbst, was Du brauchst und hoffe nicht auf andere!"

– *Übernahme von Verantwortung*

Es geht darum, „rhetorische Wandschirme" (PERLS) abzubauen und zu einer direkten, personalisierten Form von Kommunikation zu kommen.

(Nicht: „Man", „wir", „es gibt Leute", vgl. R. COHN)

– *Lernen durch Erfahrung*

„Laß Dich auf Erfahrungen ein!" (Blickkontakt)

– *Prinzip der geschlossenen Gestalt*

„Laß keine unerledigten Geschäfte entstehen!"

– *Prinzip der Freiwilligkeit*

„Tu, was Du wirklich willst!"

3.5.2 Gestaltmethoden

– *Experiment*

Das Experiment ist die zentralste wesentlichste und in sich vielfältigste Methode von allen. Streng genommen sind auch alle übrigen Methoden, ob nun Phantasiereise, Identifikation oder Feedback, immer Experiment oder besser: eine spezifische Form von Experiment. Zumindest bergen sie alle etwas Experimentelles in sich, Erfahrungen im Hier und Jetzt!

Experimente (Übungen / Spiele) sind die zentralen Elemente auch in meinem Kommunikationstraining, auf das ich später noch eingehen werde.

– *Phantasiereise*

Man unterscheidet zwischen der gelenkten und ungelenkten Phantasiereise. Bei der ungelenkten kann der Teilnehmer bei geschlossenen Augen die Bilder und Phantasien auf einer weißen Leinwand entstehen lassen, die spontan in ihm aufsteigen. Bei der gelenkten gibt der Trainer Bilder und Situationen (z. B. Urlaub, Wiese, Strand – Begegnung mit einem fremden Menschen) vor.

Vgl. BLECKWENN, H. / LOSKA, R.: „Phantasiereise" – Imaginative Verfahren im Deutschunterricht. In: Pädagogik, Jg. 40, Heft 12, 1988, S. 25–35. In diesem Unterrichtsmodell wird versucht, durch die „Phantasiereise" dem Aufsatzunterricht neue Impulse zu geben. … *„Dabei fiel uns auf, daß es gegenüber sonst von uns angewandten Verfahren den meisten Schülern relativ leicht fiel, die Texte zu schreiben. Offenbar werden bei der gelenkten Phantasie durch die verbalen Impulse des Lehrers unmittelbar Imaginationen bei den Schülern hervorgerufen."* (S. 30)

– *Identifikation*

– mit einem Tier (z. B. einer Schildkröte), mit einem Baum, einer Blume,

– einem toten Gegenstand, einem Menschen usw.

Es kommen unerledigte Geschäfte (vgl. personales Schreiben) hoch!

– Feedback

Sinn und Zweck ist es, etwas darüber zu erfahren, wie man in seinem Verhalten auf andere wirkt. Dazu gibt es ganz unterschiedliche Formen.

Selbstverständlich lassen sich Gestaltmethoden und -prinzipien auch auf den schulischen Bereich übertragen.

Während RUTH COHN ganz konkrete Handlungsanweisungen gibt, kommt es FRITZ PERLS vor allem auch auf die Rahmenbedingungen an. Unsystematisch findet man allerdings auch einige bei RUTH COHN.

Einige weiterführende Literatur zu diesem Themenbereich:

SAUTER, F. (Hrsg.): Psychotherapie in der Schule. München: Kösel 1983. Darin besonders:

AMANN, J.: TZI: Der Stoff muß nicht töten.

BÜRMANN, J.: Gestaltpädagogik – ein Weg zur humaneren Schule.

STOLLBERG, D.: Lernen, weil es Freude macht. Eine Einführung in die Themenzentrierte Interaktion. München: Kösel 1982.

ASCHAFFENBURG, H. u. a.: Gruppenarbeit themenzentriert. Mainz: M. Grünewaldt-Verlag 1987.

Menschliche Kommunikation ist ein außerordentlich komplexes Phänomen, so daß auch eine Vielfalt von Erklärungsversuchen existiert, wobei jeder wiederum eine Besonderheit dieses Phänomens eindringlich in den Mittelpunkt des Erkenntnisinteresses rückt. So wären noch besonders zwei Richtungen der Humanistischen Psychologie zu nennen, nämlich die

– Gesprächspsychotherapie (nach CARL ROGERS, in Deutschland vor allem das Ehepaar TAUSCH) und die

– Transaktionsanalyse (nach ERIC BERNE).

Es würde hier zu weit führen, diese Richtungen ausführlicher darzustellen.

Im Zusammenhang mit dem **Zuhörenkönnen** ist die Gesprächspsychotherapie besonders bedeutsam. So soll der Therapeut dem Klienten gegenüber im Gespräch folgende Eigenschaften zeigen:

– **Positive Wertschätzung** und **emotionale Wärme**;
– **einfühlendes Verständnis** und
– **Echtheit**.

Diese Haltungen sollte auch der Lehrer dem Schüler gegenüber aufbringen.

SCHWÄBISCH / SIEMS haben die Grundsätze des **partnerzentrierten Gesprächs** nach der Gesprächspsychotherapie in ihr Konzept aufgenommen:

Stufe I: – **Das verständnisvolle Zuhören**
Stufe II: – **Das Paraphrasieren**
    Dies bedeutet, daß man die Aussage des Partners mit eigenen Worten wiederholt (und dabei im Detail variiert). Dieses Feedback ermöglicht eine Präzisierung und ein genaueres Erfassen des Problems bzw. des Konflikts.
Stufe III: – **Das Verbalisieren emotionaler Erlebnisinhalte**
    „Anders als beim Paraphrasieren wiederholen wir hier nicht den ganzen Inhalt der Aussage des Gesprächspartners, sondern hauptsächlich die Gefühle, die hinter der Aussage stehen.“ (SCHWÄBISCH / SIEMS, S. 113)
    Das sollten wir aber nur dann tun, wenn das Gespräch in einer akzeptierenden, positiven Atmosphäre erfolgt. Denn nur dann ist der Partner auch bereit, die Gefühle anzuerkennen.
    Grundsätzlich ist festzustellen, daß wir nur allzu gern und schnell bereit sind, unsere eigenen Erfahrungen und Ratschläge einzubringen und damit uns selbst in den Mittelpunkt zu rücken.

3.6 Lehrplanbeispiel

Als Beispiel für die Anforderungen im **mündlichen Sprachgebrauch** sei ein Auszug aus dem Grundschullehrplan Bayerns abgedruckt. Man kann aus den Lernzielen schon erkennen, welche umfassende Kompetenz vom Lehrer erwartet wird.

3. Miteinander sprechen

> *Die beiden folgenden Ziele sind in natürliche Gesprächsanlässe einzubinden:*

1./2. JAHRGANGSSTUFE

3.1 Auf einfache Gesprächsregeln aufmerksam werden

- *Aufgreifen von natürlichen Gesprächsanlässen*
- *Beobachten von Gesprächen mit und ohne Gesprächsordnung (evtl. Tonbandaufnahme)*
- *Überlegen, warum Gesprächsregeln notwendig sind*
- *Aufstellen von einfachen Regeln für ein Gespräch, z. B. sich zu Wort melden; erst sprechen, wenn das Wort erteilt ist; anderen Sprechern zuhören; jeden Sprecher ausreden lassen; nicht auslachen, wenn jemand etwas Verkehrtes sagt*
- *Einüben der Regeln*
- *Allmähliches Einbeziehen einfacher Gesprächstechniken, z. B. das Wort an andere weitergeben, sich auf den Vorredner beziehen*
- *Versuchen, auf den Partner einzugehen*
- *Erproben verschiedener Gesprächsformen, z. B. Partner-, Gruppen-, Kreisgespräch*

3./4. JAHRGANGSSTUFE

3.2 Einfache Gesprächsregeln aufstellen und anwenden

- *Schaffen von Sprechanlässen, z. B. Spielszenen*
- *Planung von Unternehmungen*
- *Formulieren und Einüben einfacher Gesprächsregeln*
- *Überlegen, welche Gesprächstechniken für ein bestimmtes Gespräch notwendig sind, z. B. beim Thema bleiben, Beiträge der Gesprächspartner miteinander vergleichen, Anteilnehmen durch Rückfragen, Zustimmen, Ablehnen*
- *Kontrollieren des Gesprächsablaufs, z. B. durch Mitschüler, anhand einer Tonbandaufnahme, durch Selbstkontrolle*

4. Situationsbezogen sprechen

1./2. JAHRGANGSSTUFE

4.1 Erfahrungen sammeln, wie man sich in einfachen Sprechsituationen verhält, z. B.

- *Grüßen, Verabschieden*
- *Bitten, Danken*
- *Nachfragen, Erkundigen*
- *seine Meinung sagen*
- *Entschuldigen*
- *Beglückwünschen*

Aufgreifen und Schaffen von Sprechsituationen, z. B. etwas geschenkt bekommen, jemanden besuchen; Überlegen, wie man sich dabei äußert

Szenisches Darstellen von angemessenem Verhalten; Korrigieren von unangemessenem Verhalten

Üben verschiedener Äußerungen, auch beim Telefonieren

Anwenden auf weitere Situationen, z. B. beim Einkaufen, in der Schule, zu Hause

3./4. JAHRGANGSSTUFE

4.2 Sprechsituationen richtig einschätzen und angemessen sprachlich bewältigen, z. B.

- *Kontaktaufnehmen*
- *Anteilnehmen, Ermuntern, Trösten*
- *Einladen*
- *Wünschen, Fordern*
- *Richtigstellen, Beschweren*
- *Vertreten seiner Meinung, Nachgeben*
- *Zustimmen, Anerkennen*

Einfühlen in eine Situation und Überlegen, welche Äußerungen angebracht sind

Berücksichtigen, wen man anspricht, z. B. beim Einladen von Freunden, Verwandten, Fremden

Es dürfte jedem klar sein, daß dieser Lernbereich nicht nur in der Grundschule, sondern auch in den weiterführenden Schulen implizit und explizit einer ständigen Aufmerksamkeit bedarf.

3.7 Organisatorische Maßnahmen für eine verbesserte Kommunikation

– Auflösung der Kolonnensitzordnung zugunsten von **Tischgruppen**

– In diesem Zusammenhang müssen auch die verschiedenen **Sozialformen** erwähnt werden: Großklasse, Partner- und Gruppenarbeit, Einzelarbeit, die jeweils mit entsprechenden Intentionen eingesetzt werden.

–> Zeitweiliges Abgeben des **Aufrufrechts** durch den Lehrer an die Schüler

– **Gesprächskreis** bilden (Grundschule den sog. „Morgenkreis"), wenn erzählt oder diskutiert werden soll. Der Gesprächskreis ermöglicht eine gewisse Intimität; jeder kann jeden ohne hinderliche Barriere anschauen.

Bei manchen Diskussionsformen wird sich die

– **Hufeisensitzordnung** mit oder ohne „Bankbarriere" besser eignen.

Wir unterscheiden verschiedenen Formen der Diskussion: **Stegreifdiskussion**, die nicht vorbereitet ist und sich spontan aus dem Unterrichtsgeschehen entwickelt, die **Podiumsdiskussion**, bei der 6–8 Sachverständige miteinander ein kontroverses Thema erörtern, das **Forum**, bei dem sich Publikum und Sachverständige gegenüberstehen und die **Plenumsdiskussion**, an der die ganze Klasse teilnimmt (Podiumsdiskussion und Forum sind in der Schule weniger wichtig) und die durch ein Kurzreferat oder Statement eröffnet werden kann. Wichtig ist der **Diskussionsleiter** (den nicht der Lehrer machen sollte, jedenfalls nicht regelmäßig), der die **Rednerliste** führt (kann getrennt werden) und die **Redeerlaubnis** erteilt. Der Diskussionsleiter sollte den Überblick über den stofflichen Stand der Diskussion haben.

Der Lehrer sollte schon bei kleinen Diskussionen entsprechende organisatorische Maßnahmen ergreifen. Er gibt damit auch etwas von seiner Leiterkompetenz an die Schüler ab. Er sollte in der Gesprächsrunde dann eben nicht an exponierter Stelle Platz nehmen, sondern sich eher unauffällig einfügen. In Diskussionen können auch andere methodisch-didaktische Maßnahmen notwendig werden (Rollen-, Stegreifspiel u. a.), die selbstverständlich wieder der Lehrer anleiten muß.

– Bei **Spielformen** müssen jeweils besondere organisatorische Maßnahmen berücksichtigt werden (siehe Kapitel 7).

Grundsätzlich kann gar nicht nachhaltig genug betont werden, daß räumliche, institutionelle und organisatorische Gegebenheiten über Erfolg oder Mißerfolg von Unterricht mit entscheiden.

3.8 Einzelaspekte der nonverbalen Kommunikation

Der nonverbalen Kommunikation bzw. der Körpersprache, deren Details bei WATZLAWICK noch wenig Beachtung fanden, wurde von der Wissenschaft in den letzten eineinhalb Jahrzehnten besonderes Interesse entgegengebracht.

Dabei sind unterschiedliche Richtungen daran beteiligt:

– die **Kommunikationswissenschaften**, die den Ist-Zustand durch empirische Beobachtungen zu beschreiben versuchen und dabei manchmal vorsichtige Schlußfolgerungen über die Funktion bestimmter nonverbaler Ausdrucksformen ziehen.

– die **Humanethologie** und **Verhaltensbiologie**, die die evolutionären Aspekte der menschlichen Körpersprache (einschließlich der Verwandtschaft mit den höheren Tieren) untersuchen. In der langen stammesgeschichtlichen Entwicklung sind viele unserer Verhaltensweisen erworben worden, die dem Menschen das Überleben in einer feindlichen Umwelt (der Steinzeit etwa) sicherten, die aber heute in unserer hochtechnisierten Umwelt oft sinnlos sind oder sich zum Nachteil der menschlichen Rasse auswirken. Auch die Bedeutung für den Deutschunterricht ist vielfach diskutiert worden.

Besondere Beachtung hat dabei das Körperausdrucksverhalten von **Mann** und **Frau** gefunden (siehe S. 89 ff.).

Im folgenden werden die Elemente der nonverbalen Kommunikation (der Ist-Zustand) dargestellt, wobei ich mich weitgehend an ELLGRING, H. halte.

3.8.1 Nonverbale Kommunikation – Körpersprache

Nach SCHERER, K. R. (Die Funktionen des nonverbalen Verhaltens im Gespräch. In: D. WEGNER (Hrsg.): Gesprächsanalysen. Hamburg 1977, S. 175–297) können für das nonverbale Verhalten verschiedene para-semantische, para-syntaktische, para-pragmatische und zusätzliche dialogische Funktionen unterschieden werden.

*„**Para-semantisch** kann nonverbales Verhalten den verbalen Inhalt ersetzen (Substitution), ihn erweitern (Amplifikation), ihm widersprechen (Kontradiktion) und ihn verändern (Modifikation). **Para-syntaktisch** kann nonverbales Verhalten den Sprachfluß segmentieren und synchronisieren. **Para-pragmatisch** dient nonverbales Verhalten dem Ausdruck interner Zustände (Expression) oder der Vermittlung von Aufmerksamkeit, Verstehen und Bewertung (Reaktion). Als **dialogische Funktion** reguliert nonverbales Verhalten den Interaktionsablauf und definiert die Relation der Personen zueinander."* (ELLGRING, 1986, S. 15).

Verhaltensaspekte nonverbaler Kommunikation sind **Mimik**, **Gestik**, **Blickverhalten**, **räumliche Körperorientierung**, aber auch **Geruch**, **Gang**, **Körperwärme**, **Tastempfinden**. Keines dieser Signale ist für sich allein interpretierbar, sondern nur in Abhängigkeit von verbalen Elementen und der Situation. Denn Körperausdrucksverhalten kann **eindeutig** (bei starker emotionaler Erschütterung), aber auch **vieldeutig** (bei geringer nach außen gerichteter Emotionalität) sein. So ist es äußerst problematisch, wenn ein **Pantomime** wie SAMY MOLCHO (Körpersprache, 1984) bestimmte Elemente der nonverbalen Kommunikation pantomimisch demonstriert und ihnen eine eindeutige Interpretation zuschreibt: z. B. *„Ein Mann mit Achtung vor gesellschaftlichen Tabus: Das zurückgehaltene Becken verwehrt jede impulsive Reaktion."* (S. 81) oder *„Spielbein, Standbein, rechts und links: Der Mann hat sich verabschiedet und sucht jetzt wieder sicheren Halt auf dem rechten Fuß, um sich nicht länger seinen Gefühlen zu überlassen."* (S. 83)

Die pantomimische Situation ist immer eine künstliche, in der der Akteur auch die Gefühle simuliert und damit eindeutiger macht, als sie in der Regel in natürlichen Situationen auftreten.

Menschliches Körperausdrucksverhalten ist ein hochkomplexes System, das häufig nicht so einfach zu deuten ist. Im folgenden werden einzelne Aspekte isoliert, aber immer im Bewußtsein, daß zur jeweiligen Interpretation **alle die Situation bestimmenden Komponenten** des Körperausdrucksverhaltens beachtet werden müssen.

MIMIK

Die Mimik ist die sichtbare Bewegung der Gesichtsoberfläche, meist eine kurzdauernde Aktion. Sie ist eng an **Emotionen** gebunden, übermittelt **momentane psychische Zustände** und steht beim Menschen hauptsächlich im Dienst der Kommunikation.

Mimik ist z. T. angeboren (bei Säuglingen und Taubblinden feststellbar; gleiche Erscheinungsformen in verschiedenen Kulturen), z. T. durch Lernverhalten bestimmt (z. B. „display rules" = Darstellungsregel: Wir haben gelernt, wem wir wann und wo welches Verhalten zeigen können.). Das Beherrschen der willkürlichen Mimik erfolgt erst relativ spät.

Mimik hat hohen Informationsgehalt und trägt dazu bei, eine Situation emotional zu definieren und zu steuern.

BLICKVERHALTEN

Der Blickkontakt ist eng an kognitive Prozesse gebunden. Er umfaßt sowohl den Augenkontakt, als auch den Blick auf die Nasenwurzel oder die Mundregion. 80 % der Information werden über das Auge aufgenommen. Das Blickverhalten hat (nach KENDON, A.: Some functions of gaze direction in social interaction. Acta Psychologica 26, 1967, S. 22–63) Überwachungs-, Regulations-, Ausdrucks-Funktion, Signalisierung von Kommunikationsbereitschaft oder -vermeidung. Nach ELLGRING wird in dyadischen Diskussionen 67 % Blickzuwendung beim Sprechen, beim Zuhören dagegen 94 % gewährt. Beim statistischen Durchschnitt (Personen, die sich über ein neutrales Thema bei 2 m Distanz unterhalten) sind es allgemein 60 % der Zeit, vom Zuhörer aus 70 %, vom Sprecher aus 40 %. Der Sprecher sucht also in der Regel immer neutrale „Zonen" (Wand, Decke, Boden z.B.) mit seinem Blick, um dann wieder „zurückzukehren". Die Vermutung der Wissenschaftler geht dahin, daß wir uns beim Sprechen von der Flut der nonverbalen Signale des Gesprächspartners, die ja auch verarbeitet werden müssen, zu befreien versuchen. Die **Konzentration auf den Sprechvorgang** wird dadurch erleichtert.

In bestimmten Situationen kann sich diese Bedingung der Kommunikation bei Abweichung positiv oder negativ auswirken. Bei Verliebten ist der ausdauernde Blickkontakt häufig zu beobachten, aber oft auch mit der Folge, daß der Sprecher nicht mehr weiß, was er sagen wollte, weil er von der Fülle der emotionalen Botschaft „außer Tritt" gebracht wird. Umgekehrt setzt die Polizei diese Möglichkeit der Verunsicherung ganz bewußt ein, eventuell auch noch der Blick von oben (Dominanzverhalten) und Eindringen in die Intimdistanz (vgl. Körperorientierung und Distanz).

Der Blickkontakt im Gespräch dient auch der Selektion der

eingehenden Information und der Rückmeldung beim Sprecher (vgl. auch WATZLAWICK).

GESTIK

Sie umfaßt alle Gebärden der Arme und die Sprache der Hände sowie viele Handlungen, wie z. B. das Ausdrücken einer Zigarette. Die Gestik ist eng mit der Sprache verknüpft und ist von allen nonverbalen Kommunikationssignalen am besten kontrollierbar, d. h. Übung ist möglich. Und seit dem Altertum beziehen sich die Rhetorikkurse auf die Gestik.

Das folgende Schaubild auf S. 84 gibt einen Überblick über die Gesten.

*„Die Gestik mit den Untergruppen der **Adaptoren**, **Illustratoren** und **Embleme** ist meist an die Sprachproduktion gekoppelt, wobei eine allgemeine Erregungsregulation eine zentrale Rolle zu spielen scheint. Als am weitesten sprachunabhängige Bewegung zeigen die Adaptoren eine enge Beziehung zu negativen Erregungszuständen, während die Illustratoren eindeutig in den Sprechablauf und in die Sprechplanung integriert sind.“* (ELLGRING, S. 34).

Jedes Individuum wirkt auch auf seine Mitmenschen dadurch, daß es sich mit bestimmten **Artefakten** ausstattet (Kleidung, Schmuck, Hervorheben bestimmter körperlicher Ausstattung, z. B. der Haartracht). Mit Hilfe dieser „Kunsterzeugnisse“, durch den Menschen Geschaffenes, wird Distanz, Unter oder Überordnung (hierarchischer Strukturen), Zugehörigkeit zu einer Gruppe signalisiert. **Männliche und weibliche** Körpersprache ist schon immer durch **Artefakte** differenziert bzw. unterstützt worden. Die unterschiedliche Mode durch die Jahrhunderte gibt davon ein beredtes Zeugnis.

KÖRPERORIENTIERUNG UND DISTANZ

Mit unserer Körperhaltung und der räumlichen Distanz zueinander vermitteln wir **Intimität, Zuneigung, Status und Macht**. *„Wie wichtig der persönliche Raum ist, wird sofort deutlich,*

Sprachbezogene Gesten		Manipulationen
objektgerichtete Bewegungen		körpergerichtete Bewegungen
Illustratoren	Embleme	Adaptoren

ZWECK:

| – weniger inhaltliche Bedeutung
– geben Zusatzinformationen (bestimmte Gewichtungen werden deutlich) | – mitteilender Charakter
– können die Sprache ersetzen
– kulturell gelernt, oft in verschiedenen Kulturen mit unterschiedlicher Bedeutung | – haben informativen Wert: momentane Anspannung, Erregung, Emotion beim Gegenüber wird erkennbar. |

BEISPIELE:

| beziehen sich auf Sprache z. B. als
– Taktgeber, die das Gesagte akzentuieren
– spatiale Bewegungen, die auf räumliche Relationen verweisen
usw. | – o.k.-Zeichen

– Meldung in der Klasse | – Ballen der Faust

– Reiben von Objekten |

| sind integriert in Sprechplanung und Sprechablauf | | am weitesten sprachunabhängig |

wenn einem jemand 'zu nahe tritt', d. h. das eigene Territorium verletzt oder wenn man sich selbst als Neuling in einer Konferenzrunde auf den Stammplatz einer ranghöheren Person gesetzt hat." (ELLGRING, S. 34)

Aus der Körperhaltung gewinnen wir wichtige Eindrücke über die Einstellungen der Interaktionspartner und ihre Statusrelation. Man unterscheidet „asymmetrische" (z. B. Arme verschränkt, Beine übereinandergeschlagen, Oberkörper seitlich angelehnt) und „symmetrische" (z. B. Körper aufrecht, Hände auf den Oberschenkeln) Körperhaltungen, letztere wird eher von statusniedrigeren Personen eingenommen. *„Bei Frauen entspricht das Sitzen mit geschlossenen Knien der Konvention der Zurückhaltung und dem Schutz ihrer Keuschheit. Bei moralisch sehr ängstlichen Frauen gesellt sich dazu oft noch ein zweiter Schutz: sie nehmen die Handtasche vor den Schoß. Und wenn jetzt noch beide Füße knöcheleng geschlossen nebeneinander gestellt werden, ist die Haltung des 'Braven Kindes' vollkommen. Hinter dieser konventionellen Perfektion verbergen sich oft schlimme Verkrampfungen, Unsicherheit und Ängste."* (MOLCHO, S. 108)

Ein weiterer Aspekt ist die Kongruenz der Körperhaltungen (identische, spiegelbildliche), die vor allem dann auftreten, wenn bei Paaren oder in Gruppen ein hohes Maß an emotionaler Übereinstimmung vorhanden ist, inkongruente lassen sich beobachten, wenn Dissonanzen und Spannungen die Beziehungsebene bestimmen.

Für die **Distanz** zwischen Personen stellte HALL, E. T. (Proxemics. Current Anthropology 9. 1968, S. 83–108) verschiedene funktionale Zonen fest:

Öffentliche Zone: Man versteht darunter jenen Abstand, der über 4 m hinausgeht. In dieser Zone werden Referate, Parteireden, überhaupt öffentliche Reden gehalten. Dem Sprecher wird in der Regel ein besonderer Status zuerkannt.

Soziale Zone (4 m – 1,20 m): Die meisten alltäglichen Interaktionen ereignen sich innerhalb dieser Distanz. Je formeller die Begegnung ist, desto weiter ist diese von der unteren Marke entfernt, so werden Geschäftstreffen oder Sitzungen mit Klienten (Ärzte, Rechtsanwälte) zwischen 1,80 m und 4 m arrangiert. Büromöbel schaffen von vornherein räumlichen Abstand. So schaffe ich bei Lehrerfortbildungsveranstaltungen, in denen es mir auf die ungehinderte Interaktion der Teilnehmer ankommt, die Tische als hinderliche Barriere beiseite.

Persönliche Zone (1,20 – 0,35 m): Wir unterhalten uns in diesem Bereich mit Freunden und guten Bekannten; Gefühle, Erfahrungen, Persönliches ist meist der Inhalt der Gespräche.

Intim-Zone (0,35 – 0): *„Es ist ein Territorium, das für Freund, Freundin, Ehemann und Ehefrau bestimmt ist. Innerhalb dieser Zone lieben sich Leute, berühren sich, betreiben gegenseitige Körperpflege. Eine Verletzung dieses Territoriums durch Fremde wird als intensive Annäherung oder Bedrohung erlebt."* (ELLGRING, S. 36)

In diesem Zusammenhang habe ich mit Schülern im Praktikum folgende Übung gemacht:

Die Hälfte der Klasse wird vor die Tür geschickt, die andere bekommt die Anweisung, während eines Gesprächs die persönliche Zone bzw. die Intimdistanz ganz allmählich zu verletzen, d. h. einfach immer näher zu rücken. Wir konnten beobachten, wie ein Mädchen ihre Partnerin mit ganzem Krafteinsatz auf ihren Stuhl wegschob oder wie ein Paar durch das Klassenzimmer wanderte, bis die Wand es stoppte.

In diesem Zusammenhang muß auch daran erinnert werden, daß interkulturell verschiedene Distanzen sich entwickelt haben (geringere bei Südländern, besonders aber bei Türken und Arabern).

Der **Körperkontakt** ist in unserer Kultur strengen Regeln unterworfen und ist dem Sozialpartner vorenthalten. Ausnahmen sind helfenden Berufen erlaubt, z. B. Arzt, Krankenschwester,

Therapeut. *„Körperorientierung, Berührung und Distanz sind Merkmale, die über die Intimität und die relative Haltung (Zuneigung, Status) der Personen zueinander Aufschluß geben. Im Gegensatz zum Ausdrucksverhalten, wie Mimik, Gestik, Blickverhalten, sind diese Merkmale fast ausschließlich durch die Relation von Personen zueinander definiert. Sie kennzeichnen damit die soziale Situation und Beziehungsaspekte der Interaktion."* (ELLGRING, S. 37)

ELLGRING geht im weiteren noch auf die **vokale Kommunikation** ein, die aber schon andeutungsweise behandelt wurde.

3.8.2 Nonverbale Kommunikation im Unterricht

An jeweils entsprechenden Stellen (vgl. z. B. WATZLAWICK) habe ich schon auf die Bedeutung der nonverbalen Kommunikation im Unterricht hingewiesen. Jeder Lehrer sollte sich bewußt sein (und auch über entsprechende Kenntnisse verfügen), wie sehr die Körpersprache den Unterricht beeinflußt. Selbst in der Wirtschaft werden heute gezielt Seminare dazu angeboten (vgl. H. RÜCKLE: Körpersprache für Manager. Landsberg am Lech: Moderne Industrie, 1987[5]).

ROSENBUSCH (Die Beachtung nonverbaler Kommunikation als Beitrag zur Kommunikationshygiene in Unterrichtsprozessen. In: ROSENBUSCH / SCHOBER (Hrsg.), 1986) hat die Forschungsergebnisse und Funktion der nonverbalen Kommunikation zusammengefaßt. Er unterscheidet verschiedene Bereiche, die ich hier nur andeuten möchte:

– **Inhaltsübermittlung**: Nonverbale Hervorhebungstechniken haben positive Auswirkungen auf das Behalten von Informationen. Übertriebenes nonverbales Verhalten lenkt jedoch vom Inhalt ab.

– **Prozeßregulierung**: Sie dient vor allem der Disziplinierung (z. B. Blickkontakt, paralinguistische Mittel: Anheben oder Senken der Stimme, Unterbrechen des Sprechflusses oder Schweigen). Damit die Aufmerksamkeit der Schüler erlangt wird, schlägt HEIDEMANN (1983) vor, vor dem eigentlichen Unterrichtsbeginn die Blicke „einzusammeln". Es scheint auch die Aufmerksamkeit um so größer zu sein, je näher sich der Lehrer beim Schüler befindet.

– **Beziehungsbotschaften**: Zwischen Lehrer und Schüler findet eine gegenseitige Stimmungsübertragung durch nonverbale Signale statt. Das räumliche Verhalten (Distanz-Verhalten) des Lehrers wird unterschiedlich erlebt. Vor allem jüngere Schüler finden in der Klasse arbeitende Lehrer angenehmer als hinter dem Pult unterrichtende. „*Umgekehrt halten Lehrer weiter vorne sitzende Schüler für aufmerksamer und angenehmer als hinten sitzende.*" (ROSENBUSCH, S. 67) Auch die Kommunikation ändert sich mit der Distanz. Je weiter der Schüler vom Lehrer entfernt ist, desto dozierender spricht er; je näher sich der Schüler befindet, desto interaktiver spricht der Lehrer. Schüler, die nonverbale Botschaften gut deuten können, sowie Schüler, die selbst positive nonverbale Botschaften aussenden, werden von Lehrern für intelligenter und sozialkompetenter gehalten.

ROSENBUSCH geht auch ausführlicher auf die

– **Altersbedingten Besonderheiten nonverbaler Kommunikation ein. In der Zusammenfassung ergibt sich dabei folgendes:**

„*Nonverbale Sensitivität entwickelt sich mit zunehmendem Schulalter. Offene kommunikative Signale, die einen genetischen Hintergrund haben, werden bald beherrscht und interpretiert. Soziale Signale, Kontrolle von nonverbalen Verhaltensweisen sowie nonverbales Täuschungsverhalten sind erst ab einer bestimmten Altersstufe möglich. Divergente oder kontravalente Signale sind von jüngeren Schülern, z. B. Grundschülern, selten decodierbar. So werden Witze, Ironie, Sarkasmus von Grundschülern kaum so verstanden wie sie gemeint sind. Durch widersprüchliche kommunikative Mitteilungen werden Schüler sogar bis in höhere Altersstufen verwirrt und verunsichert, Aggressionen können entstehen. Für Lehrer, besonders in Klassen mit jüngeren Schülern, ist es daher unbedingt notwendig, auf Konvergenz und Eindeutigkeit verbaler und nonverbaler Mitteilungen zu achten. Lehrer, die ihren Unterricht dadurch beleben wollen, daß sie ohne*

Rücksicht auf den Entwicklungsstand der Schüler witzige (selbst-)ironische oder sarkastische Bemerkungen einsetzen, verunsichern im allgemeinen die Schüler mehr, als daß sie eine heitere und gelöste Atmosphäre erzeugen. Hinzuweisen ist auf die Unterschiedlichkeit der Interpretation nonverbaler Verhaltensweisen durch Kinder aus unterschiedlichen Schichten sowie auf geschlechtsspezifische Unterschiede.“ (ROSENBUSCH, S. 63)

Wenn Körpersprache im Kommunikationsprozeß so wichtig ist, dann muß sie auch Gegenstand des Unterrichts sein. Besonders das Spiel (vor allem die Pantomime, das Rollenspiel und das Interaktionsspiel) eignet sich besonders gut, um solche Körpersprachelemente beobachten und feststellen zu lernen (vgl. dazu das Kap. 7).

Als Beispiel möchte ich an dieser Stelle noch zusammenfassend auf die **männliche** und **weiblicher Körpersprache** eingehen. (Vgl. dazu auch SCHOBER, O.: Körpersprache als Gegenstand des Deutschunterrichts. In: ROSENBUSCH / SCHOBER, 1986; und SCHOBER, O.: Körpersprache. München: Heyne 1989)

3.8.3 „Männliche“ und „Weibliche“ Körpersprache im Unterricht

- **Männliche – weibliche Körpersprache** unter dem Aspekt der **Humanethologie** und **Biologie**

  (Vgl. D. McFARLAND: Biologie des Verhaltens. Weinheim: VCH 1989)

  Auflistung einiger Unterschiede:

  - Unterschiedliche Lauf- und Wurfleistungen der Geschlechter;

  - Mann entsprechend breitschultrig und kräftiger – Frau schmale Schultern. Dies hängt auch mit der Arbeitsteilung zusammen (Mann: Jäger – Frau: Sammlerin) und mit der Tatsache, daß Frauen Kinder gebären.

  - Frau: ein breiteres Becken; die Oberschenkel sind etwas schräger im Becken verankert; dadurch wird das „Beineflechten“ ermöglicht.

- „Rocksitzhaltung" der Frau – offene breite Sitzhaltung der Männer;
- Händeflattern aus dem Gelenk bei der Frau;
- Frauen lächeln häufiger, sie greifen sich häufiger ins Haar.
- Geschlechtsspezifisches Sich-Bewegen im Gewühl; Frauen wenden sich seitlich ab, um ihren Busen zu schützen, während der Mann sich eher der Frau zuwendet.
- Frauen verschränken häufiger ihre Arme vor der Brust als Männer.

Frauen, die besonders weiblich wirken wollen, **übertreiben** die geschlechtsspezifischen Unterschiede in besonderer Weise, was selbstverständlich auch für Männer gilt, die sich z. B. durch Bodybuilding Muskelpakete antrainieren, als müßten sie jagend und werfend einen ganzen Stamm versorgen. MORRIS bemerkt, die

„vielschichtigen menschlichen Geschlechtsunterschiede – und damit Geschlechtsmerkmale – werden Schritt für Schritt enthüllt. Dadurch wird die 'Uni-sex'-Philosophie, die alle Unterschiede zwischen Mann und Frau mit Ausnahme der unmittelbaren fortpflanzungsrelevanten verneinen möchte, im Grunde ad absurdum geführt. Man kann schwerlich Verhalten abstellen, dessen man sich gar nicht bewußt ist. Natürlich könnte ein großer Teil des rein konventionellen, brutal männlichen oder albern weiblichen Beiwerks oder Verhaltens abgebaut werden. Schließlich geht der moderne Mann nicht mehr auf Beutejagd, und die Gebärquote der Frau ist drastisch zurückgegangen. Die Erde ist übervölkert und verstädtert, und die Zwänge, die einstmals die Menschheit in jagende Männer und gebärende Frauen aufteilten, bestehen nicht mehr. Die neue Situation wird soziale Anpassungsprozesse notwendig machen. Aber die ererbten Eigenschaften einer über eine Million Jahre dauernden menschlichen Evolution können nicht von heute auf morgen abgelegt werden. Künstliche, konventionelle Geschlechtskennzeichen mögen kommen und gehen, aber jene, die aus dem genetischen Erbe des Menschen stammen, werden sich als ungemein widerständig erweisen." (MORRIS, 1978, S. 359).

– **Soziologische Analysen zum Verhältnis von Dominanz und Abhängigkeit und deren Widerspiegelung in der Körpersprache**

Merkmale weiblicher Körpersprache:

z. B. eng aneinander gehaltene Beine gerade oder nach innen gestellte Füße; eng am Körper angelegte Arme; „macht sich eng"; u. a.

Merkmale männlicher Körpersprache:

breite Beinhaltung, „Bein aufs Knie"; nach außen gestellte Füße; Arme im Abstand zum Körper; nimmt viel Raum in Anspruch; „Machtdäumchen"; Frauen anstarren u. a.

Männer mit weiblicher Körpersprache: Beispiel „Dick und Doof"

„Männliches Sitzen" demonstriert Macht, bei Frauen gilt es als Anbietpose.

(Vgl. M. WEX: „Weibliche" und „männliche" Körpersprache als Folge patriachalischer Machtverhältnisse. Hamburg: Verlag Marianne Wex 1980, 2. Aufl.)

– **Männliche und weibliche Körpersprache im Unterricht**

„Das Problem der Rollenfixierung von Frau und Mann beschäftigt viele Fächer, auch den Deutschunterricht. Nun stößt, wie die Erfahrung zeigt, abstrakte Vermittlung von Information zu diesem Thema leicht auf Langeweile, ja Abwehr. Deshalb setzt der Verfasser in einem Unterrichtsmodell für die neunte Klasse konkreter an: Schüler betreiben intensiv Selbst- und Fremdbeobachtung geschlechtstypischer Körpersprache." (SCHOBER, 1986, S. 129)

Sowohl in den einschlägigen Seminaren als auch in den Praktika haben wir diesen Lern- und Erfahrungsbereich mit Spielen, Übungen und Experimenten thematisiert. Sie sind im allgemeinen erst möglich mit Beginn der Pubertät, in der eine stärkere geschlechtsspezifische Ausrichtung erfolgt. In der 5. Klasse konnten wir z. B. überhaupt keine Unterschiede feststellen.

Exemplarisch seien hier nur wenige Übungen genannt und kurz beschrieben.

– Sitzen auf Stühlen in gemischter Reihe

Es ist eine ganz einfache Übung, die aber dennoch das männlich – weibliche Körperausdrucksverhalten eindringlich demonstriert. Die Stühle werden eng nebeneinander gestellt und abwechselnd von einer Frau / einem Mann besetzt, ohne daß die Kandidaten wissen, worum es geht. Die Zuschauer haben die Aufgabe, die Unterschiede zu registrieren.

SCHOBER (1986) beschreibt pantomimische Szenen *„beim Zahnarzt"* und *„Warten auf den Zug"*. Auch hier werden die Schüler nicht über die Intention des Spiels unterrichtet. Bei mehreren Versuchen im Praktikum zeigten die Schüler eine starke motorische Unruhe, liefen auf und ab, machten das Fenster im Wartezimmer auf oder schauten den Fahrplan genauer an, während die Mädchen eher ruhig auf ihren Stühlen saßen, den Kopf in die Hand gestützt, zusammengekauert, mit entsprechender Beinhaltung. Für viele Schüler bedeutet die bewußte Wahrnehmung solcher Unterschiede ein echtes Aha-Erlebnis. SCHOBER geht dann noch auf das *„Modellsitzen"* ein, wobei die Akteure/ Akteurinnen die Aufgabe haben (als „Bildhauer"), die Mädchen bzw. Jungen zu unterstützen, geschlechtstypische Haltungen einzunehmen. Dann erfolgt der Rollentausch. Die Jungen erleben das steife Sitzen als „Mädchen" als sehr unangenehm, die Mädchen (als „Jungen") sind von der Lockerheit meist begeistert. Viele interaktionistische Übungen lassen sich in dieser Intention nutzen (vgl. Kap. 7).

Selbstverständlich sind solche körpersprachlichen Elemente auch in den Medien zu beobachten, so haben wir in einer 8. Klasse das Auftreten von Alexis aus der Serie „Denver-

Clan" analysiert, die es fertigbringt, Sekt zu trinken, ohne den Oberarm zu bewegen (siehe „Händeflattern"). Sie läuft sozusagen als weibliches „Superzeichen" durch die Welt. Die Werbung vor allem bietet einen vielfältigen Anschauungsunterricht. Nach SCHOBER kann man auch die Comics auf diese Weise von Schülern beobachten lassen.

„Zur Zielsetzung solcher Arbeit gehört das betroffene Nachdenken darüber, daß Jungen automatisch Vorrechte eingeräumt werden (Raumanspruch, können sich locker geben), während Mädchen mit vielen erzieherischen Mitteln, diverse mediale Instrumente eingeschlossen, in der Regel auf eine abhängige Rolle vorbereitet werden." (SCHOBER, 1986, S. 130) Ziel solcher Arbeit sei es nicht, Verhaltensempfehlungen für eine veränderte Körpersprache zu geben. Vielmehr sollte Erfahrungsaustausch, Selbstkritik, Betroffenheit bei der Verbalisierung des Nonverbalen ermöglicht werden. Und ein Schüler zog bei uns im Praktikum für sich den Schluß: „Mein Gott, ich muß mich in der Straßenbahn tatsächlich nicht immer so breit machen, daß das Mädchen neben mir fast vom Sitz fällt."

Die Sensibilisierung für solche Prozesse ist in diesem Teilbereich der Kommunikation wohl unbedingt notwendig. Denn die Gesellschaft generiert meist Bedingungen, die nicht geeignet sind, störungsfrei und **sich seiner selbst** bewußt zu kommunizieren.

Ausblick

Mit den hier behandelten Themen ist der mündliche Sprachgebrauch natürlich nicht erschöpft; ich verweise auf das Kapitel „Sprachreflexion" und „die lernbereichsübergreifenden Formen, Methoden und Probleme", wobei das Spiel in besonderer Weise zur Entwicklung der kommunikativen Kompetenz beitragen kann.

Weitere Themenbereiche, die zum Teil auch in Kapitel 6 *„Re-*

flexion über Sprache" anzusiedeln wären, können hier nicht
behandelt werden:

- **Männlicher – weiblicher Sprachgebrauch im gesellschaft-
  lich-öffentlichen Bereich**
  (Vgl. dazu: DRAGÄSSER, U. / FUCHS, C. (Hrsg.): Frau-
  ensache Schule. Frankfurt a. M. : Fischer 1990; TRÖMEL-
  PLÖTZ, S. (Hrsg.): Gewalt durch Sprache. Frankfurt a.
  M. : Fischer 1984; Dieselbe: Frauensprache: Sprache der
  Veränderung. Frankfurt a. M.: Fischer 1985; SPENDER,
  D.: Frauen kommen nicht vor. Frankfurt a. M.: Fischer
  1985)
- **Aspekte der Kommunikation in den Medien**
  (z. B. Zeitung, Illustrierte → Werbung, Rundfunk, Fernse-
  hen.)
- **Verbale und nonverbale Kommunikation in der Literatur**
- **Mündlicher – schriftlicher Sprachgebrauch**
  (Zusammenhänge – Unterschiede – Probleme)
  Ansatzweise wird darauf noch im Kapitel „Textproduktion"
  eingegangen.
- **Sprecherziehung**
- **Dialekt und Schule**
- **Sprachbarrierenproblematik**
- **Spracherwerb und Sprachentwicklung**

4 Textrezeption und Produktionsorientierung

Die beiden Lernbereiche Textrezeption und -produktion lassen sich nur schwer trennen, da viele Verfahren und Methoden heute in einem modernen Literaturunterricht das **eigenständige** Produzieren in vielfältiger Form einschließen (z. B. der produktionsorientierte Literaturunterricht, der weiter unten beschrieben werden wird.).

Literaturunterricht in seiner konkreten Form (und dazu noch in der historischen Dimension) läßt sich empirisch kaum erfassen, deshalb ist man auf „Zeugnisse", wie z. B. Lesebücher, Anleitungen dazu, Lehrpläne, Methodiken und Didaktiken angewiesen. Man muß sich allerdings bewußt machen, daß man dabei immer nur allgemeine Trends beschreiben kann, der jeweils „genossene" konkrete Unterricht aber ganz anders aussehen konnte. Je mehr wir uns dann gegenwärtigen Entwicklungen nähern, desto mehr handelt es sich dabei um eine Theorie, deren Bedeutung sich oft erst allmählich in der Praxis auszuwirken beginnt.

4.1 Literaturdidaktik – Historischer Rückblick

4.1.1 „Lebenshilfe-Didaktik" nach 1945

Zunächst hat sich die Germanistik bzw. Literaturwissenschaft abgewandt von der Ideologie des Nationalsozialismus, man wollte nichts mehr mit den Sündenfällen in dieser Zeit, in der man sich in den Dienst der „Blut- und Bodenideologie" gestellt hatte, zu tun haben (vgl. auch S. 22). Allerdings hat man den eigenen Anteil weitgehend verdrängt, eine Aufarbeitung erfolgte zunächst nicht und ist heute erst in Ansätzen erkennbar.

In der Literaturwissenschaft wurde die sog. „**werkimmanente**" Methode entwickelt. Der **Text an und für sich** enthalte alle zur Deutung wichtigen Signale. Wenn wir allerdings die Interpretationen aus jener Zeit daraufhin untersuchen, so können wir feststellen, daß kaum einer der Interpreten ohne einen Rückgriff auf die Geschichte und die Dichterpersönlichkeit ausgekommen ist.

Der Leser muß sich in die Lage des intendierten Rezipienten versetzen (oft des historischen), um die Wirkung nachvollziehen zu können. Auf dieser Grundlage sind von DILTHEY und STAIGER diese Verstehensprozesse ausdifferenziert worden. KÜGLER verdeutlicht dies mit Hilfe folgender Darstellungen:

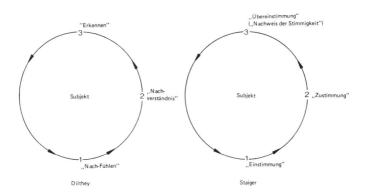

H. KÜGLER: Literatur und Kommunikation. Stuttgart: Klett 1975[2]

Damit verbunden war die unbedingte Wertschätzung der sog. **Hohen Literatur**. STAIGER drückt dies in seinem Buch „Die Kunst der Interpretation" (Zürich: Atlantis 1955) so aus:

Längst hat uns die Hermeneutik gelehrt, daß wir das Ganze aus dem Einzelnen, das Einzelne aus dem Ganzen verstehen. Das ist der hermeneutische Zirkel, von dem wir heute nicht mehr sagen, daß er an sich „vitiosus" sei. Wir wissen aus HEIDEGGERS Ontologie, daß alles menschliche Erken-

nen sich in dieser Weise abspielt. Auch die Physik und die Mathematik vermag nicht anders vorzugehen. Wir haben den Zirkel also nicht zu vermeiden; wir haben uns zu bemühen, richtig in ihn hineinzukommen. Wie vollzieht sich der hermeneutische Zirkel der Literaturwissenschaft?

Wir lesen Verse; sie sprechen uns an. Der Wortlaut mag uns faßlich scheinen. Verstanden haben wir ihn noch nicht. Wir wissen noch kaum, was eigentlich dasteht und wie das Ganze zusammenhängt. Aber die Verse sprechen uns an; wir sind geneigt, sie wieder zu lesen, uns ihren Zauber, ihren dunkel gefühlten Gehalt zu eigen zu machen. Nur rationalistische Theoretiker würden bestreiten, daß dem so ist. Zuerst verstehen wir eigentlich nicht. Wir sind nur berührt; aber diese Berührung entscheidet darüber, was uns der Dichter in Zukunft bedeuten soll.

[...] Es ist seltsam bestellt um die Literaturwissenschaft. Wer sie betreibt, verfehlt entweder die Wissenschaft oder die Literatur. Sind wir aber bereit, an so etwas wie Literaturwissenschaft zu glauben, dann müssen wir uns entschließen, sie auf einem Grund zu errichten, der dem Wesen des Dichterischen gemäß ist, auf unsere Liebe und Verehrung, auf unserem unmittelbaren Gefühl. Es fragt sich noch immer: Ist dies möglich? Ich stelle die Antwort noch weiter zurück und mache zunächst auf einige Folgen dieser Begründung aufmerksam. Beruht unsere Wissenschaft auf dem Gefühl, dem unmittelbaren Sinn für Dichtung, so heißt das fürs erste: nicht jeder Beliebige kann Literarhistoriker sein. Begabung wird erfordert, außer der wissenschaftlichen Fähigkeit ein reiches und empfängliches Herz, ein Gemüt mit vielen Saiten, das auf die verschiedensten Töne anspricht. [...] Es wird verlangt, daß jeder Gelehrte zugleich ein inniger Liebhaber sei, daß er mit schlichter Liebe beginne und Ehrfurcht all sein Tun begleite. Dann wird er sich keine Taktlosigkeiten mehr zuschulden kommen lassen, und was er leistet, bedrückt oder ärgert die Freunde der Poesie nicht mehr – vorausgesetzt, daß er wirklich begabt ist und sein Gefühl das Richtige trifft. Darauf läuft es nun freilich immer hinaus. Das Kriterium des Gefühls wird auch das Kriterium der Wissenschaftlichkeit sein. (S. 11–13)

Wichtig scheint mir in diesem Zusammenhang folgendes zu sein:

Der Literaturinterpret müsse ein **inniger Liebhaber** sein und sein Tun müsse von **schlichter Liebe** und **Ehrfurcht** begleitet sein. Die zukünftigen Deutschlehrer (vor allem für das Gymnasium) wurden unter diesen Prämissen ausgebildet. So ist es nicht verwunderlich, wenn ULSHÖFER in seiner Methodik folgende Voraussetzungen für den Beruf des Deutschlehrers formuliert:

„Der Deutschlehrer kann wie kein anderer aus seinem eigenen Leben schöpfen, seinen Schülern Kamerad, Freund, Helfer sein. Jede eigene Lebenserfahrung, jede Einsicht in fremde Lebensbereiche, jede Liebhaberei bereichert seinen Unterricht. Er soll nicht trockener Philologe, weltfremder Träumer, abstrakter Philosoph, nüchterner Klügler sein: aber alles Philosophieren, Nachdenken über Geschichte, Recht, Religion, menschliche Verhältnisse, jeder Einblick in Technik, Wirtschaft, Architektur, Bildende Kunst, alle Kenntnisse in Botanik und Zoologie, alles Wissen über fremde Länder, jede sittliche und religiöse Erfahrung, jede Liebhaberei bereichern sein Wissen vom Wort, befruchten seinen Unterricht. Je mehr er Mensch ist, ursprünglich, einfach, klardenkend, heiter, welterfahren, Glück und Unglück bestehend, desto weckender ist er als Deutschlehrer. So lautet die Antwort auf die Frage: „Wie wird man Deutschlehrer?": „Öffne deine seelischen und geistigen Sinne dem Menschen, der Natur und Gott. Bilde deinen Sinn für Echtheit und Wahrhaftigkeit, beschäftige dich mit dem großen und kleinen Lauf der Welt, achte auf den Starenflug und das Blühen der Anemone, zergrüble dein Gehirn an den Widersprüchen des Tragischen und Komischen, aber verliere dich nicht darin. Nimm Anteil an der Welt und löse dich von ihr, decke die Sinnlosigkeit des Daseins auf und finde dahinter den Sinn, laß dich von der offenen und verborgenen Schönheit der Geschöpfe dieser Welt erfüllen und versenke dich in das Geheimnis der Sprache, doch mit ebensoviel Liebe in die Widersprüche der jugendlichen Seele. Sei Diener am Wort und Diener an der Jugend. Habe gesunden Menschenverstand und das Herz auf dem rechten Fleck."
ULSHÖFER, R.: Methodik des Deutschunterrichts 1. Stuttgart: Klett (1952) 1965[2], S. 1/2.

ULSHÖFER erklärt das Fach „Deutsch" zum „Fach der Lebenslehre" schlechthin (S. VII). Und der Deutschlehrer muß sich an einen hohen moralischen Standard messen lassen. Er hat den **„ritterlichen" Menschen** eindeutig als Leitbild. Gleichzeitig wird der philosophisch engagierte Lehrer gefordert, der sich noch universal mit dem „Lauf der Welt" beschäftigt, der sich engagiert, aber dennoch sich nicht in den tagespolitischen Niederungen der Gesellschaft verliert. Man wollte sich nicht in solche Auseinandersetzungen hineinziehen lassen. Der Schüler allerdings, der den hohen Werken der Literatur nicht die entsprechende „Ehrfurcht" und „Liebe" entgegenbrachte, war dieser Werke nicht würdig. Beziehungskonflikte können unter solchen Voraussetzungen besonders häufig auftreten. Deutlich wird diese Problematik auch beim Stichwort der literarischen „Wertung" in W. KAYSERs (Hrsg.): „Kleinem lit. Lexikon" (Bern 1961³) (von H. SEIDLER):

„Der Weg zum Wert geht überhaupt nur über das unmittelbare Werterleben, die konkrete persönliche Werterfahrung. Das Gefühl ist entscheidend, und zwar in zweifacher Hinsicht: es ist ein Erleben des Seinsollens und eine bestimmte Erfahrung von Kraft und Tiefe damit verbunden. Was am Gegenstand dieses Erleben auslöst, ist der Wert, der Gegenstand als Wertträger, daher ein Gut. [...] Nicht die Majorität des Werterlebenden ist entscheidend, denn es gibt auch Wertblindheit. Maßgebend ist innere Erfahrung des wesenhaften Menschen, aber Wertempfänglichkeit kann gebildet werden." (S. 245)

Nach H. SEIDLER ist also nicht die *„Majorität des Werterlebenden"* entscheidend, der Deutschlehrer durfte sich auf Grund seines Studiums zu jenen *„wesenhaften Menschen"* zählen, die die *„innere Erfahrung"* von Wert gemacht haben. Wie dieser *„wesenhafte Mensch"* beschaffen sei, darüber wird nichts gesagt. Der Schüler andererseits war meist mit *„Wertblindheit"* geschlagen, die den Deutschlehrer verzweifeln ließ. Die „hohe" Literatur wird als ein „Gut" begriffen, unantastbar, unveränderbar.

„Die Literaturdidaktiker greifen nach 1945 wieder stark auf die Theorie des Deutschunterrichts aus der Zeit vor 1933 zurück. Dies bedeutet, daß die Erlebnispädagogik zu einer wichtigen Grundlage der Theoriebildung wird und Alternativen zu einem gefühlsbetonten Umgang mit Literatur lange nicht in Sicht kommen." (SCHOBER, O., 1977, S. 35)

Allgemein spricht man von der sog. **Lebenshilfedidaktik**. Man begriff Literatur als *„ Vehikel für Normen, Leitbilder, Lebensregeln"*, kurz, sie wurde als Mittel verwendet, *„vorgegebene Ziele zu erreichen. Texte werden als Erziehungsmedien gesehen bzw. so ausgesucht und im Unterricht vermittelt, daß man die gewünschten Einstellungen und Werthaltungen erreicht."* (SCHOBER, O., 1977, S. 35)

Damit geraten aber Werke und Texte aus dem Blickfeld, die diese Wirkung nicht versprechen. Denn Literatur wird nicht unbedingt unter moralischen Gesichtspunkten produziert.

Diesem Ziel sollte das sog. **Gesinnungslesebuch** dienen. Unmittelbar nach dem Kriege hat man sogar das Lesebuch ADALBERT STIFTERS aus der Mitte des letzten Jahrhunderts neu aufgelegt. Der Begriff Gesinnungslesebuch ist nicht sehr glücklich gewählt, da selbstverständlich jedes Lesebuch eine Intention – in weitem Sinn eine Gesinnung – verfolgt. Da diese Bezeichnung aber allgemein üblich ist, werde ich sie entsprechend verwenden. Gegliedert wird dieses Lesebuch in sog. Gesinnungskreise, z.B.:

Es war einmal – Jugend – Heimat – Tiere – Taten und Schicksale – Fabeln und lustige Geschichten (Lebensgut 2, Diesterweg-Verlag).

Wir können ein inhaltlich orientiertes Gliederungssystem feststellen, in das aber auch schon gattungsspezifische Aspekte Eingang finden (z. B. Fabeln).

1953 kritisiert der französische Germanist ROBERT MINDER (ein Elsässer) für Deutschland im Vergleich mit Frankreich die mangelnde Einbürgerung des Dichters in die Gesellschaft. Speziell warf er den Lesebüchern eine unerträgliche **Realitätsferne** vor. Wenn man, bevor man Deutschland besuche, dieses Land in seinen Lesebüchern kennenlernte, würde man annehmen, daß es ein Land sei, in dem Bauern und Hirten die wichtigste gesellschaftliche Gruppe darstellten. Man käme wohl kaum auf die Idee, daß es sich um einen modernen Industriestaat handeln könnte. Mit dieser harschen Kritik begann die sog. **Lesebuchdiskussion**, die selbstverständlich immer auch Rückwirkungen auf die Literaturdidaktik hatte.

Man muß noch anmerken, daß der Literaturunterricht in der Volksschule weitgehend abgekoppelt war von den weiterführenden Schulen. „Volkstümliche" und „wissenschaftliche" Bildung standen sich gegenüber. BAUMGÄRTNER stellt fest:

„So wie man der Spracherziehung der Volksschule als Ziel die Vermittlung einer sog. 'volkstümlichen Hochsprache' gesetzt hatte, die sich von der zur Abstraktion neigenden und syntaktisch differenzierteren Sprache der Wissenschaft und der Intellektuellen durch größere Bildhaftigkeit und eine schlichtere Struktur unterscheiden sollte, sah man auf dem Felde des Lesens als volksschulspezifische Aufgabe die Pflege einer besonderen Auswahl aus der Literatur, einer 'volkstümlichen' oder 'volkhaften', und das mit Hilfe einer mehr 'gemüthaften' Vermittlungsweise, die Rationalität, Analyse und Kritik ausschloß." (BAUMGÄRTNER, A. C.: Literaturunterricht mit dem Lesebuch. Bochum: Kamp 1974, S. 16) Er forderte für alle Schularten die gleichen Bedingungen in bezug auf den Literaturunterricht. Der Kampf gegen die Benachteiligung der Volksschulen wurde nicht nur auf der Ebene der Zielsetzungen und Inhalte ausgetragen, sondern auch standes- und bildungspolitisch geführt. Der Volksschüler sollte Anspruch haben auf einen wissenschaftlich voll ausgebildeten Lehrer. Nebenbei erhoffte man sich selbstverständlich eine bessere Besoldung. Dieses Bestreben führte dazu, daß auch die Grund- und Hauptschullehrer ein wissenschaftlich orientiertes Hochschulstudium absolvieren müssen, mit entsprechend verlängerten Studienzeiten. In Bayern wurden dazu die Pädagogischen Hochschulen aufgelöst und in die Universitäten integriert.

Es ist wichtig, auch diesen Hintergrund zu kennen, da man sich in der Fachwissenschaft um 1960 gegen die Funktion der Literatur als Lebenshilfe gewandt hat.

4.1.2 Sachstrukturell orientierte Literaturdidaktik seit 1965

Vorausgegangen war die Kritik der Hochschulgermanisten, vor allem von WOLFGANG KAYSER und WALTHER KILLY, an der „Lebenshilfedidaktik".

„Wir sollten utilitaristisch gemeinte Wörter wie Lebenshilfe

im Zusammenhang mit Dichtung vermeiden und uns hüten,
derart große, ungedeckte Scheine auszugeben, die der Lehrer
vor der Klasse dann in Kleingeld umwechseln soll, um seine
Schüler für die Beschäftigung mit der Dichtung zu bezahlen."
(KAYSER, W.: Die Wahrheit der Dichter. Hamburg: Rowohlt
1959, S. 55 f.)
Noch kritischer äußert sich KILLY:

„Man bemerkt nicht, daß 'Lebenshilfe' nur eine Form des Re-
ligionsersatzes ist und daß die Aufstellung des hehren Zieles,
der deutsche Unterricht müsse Dichtung als Lebenshilfe ver-
mitteln, jede Annäherung an die höchsten Leistungen der
Poesie verstellt. In Gedichten wird keine Weltanschauung auf
Flaschen gezogen." (KILLY, W.: Große Worte – kleine Ergebnisse. In: DIE ZEIT Nr. 24, 1962, S. 14)
Man kann feststellen, daß sich zu Beginn der 60er Jahre die
Universitätsgermanistik vehement in schulische Belange ein-
zumischen beginnt und daß damit verstärkt Entwicklungen
und Tendenzen an den Hochschulen auch im schulischen Bereich Beachtung finden.
Die Diskussion um das Lesebuch führte schließlich zu einer
Neuorientierung der Literaturdidaktik, zur Herausbildung eines „**literarästhetischen**" Ansatzes mit eindeutiger Ablehnung
aller Pädagogisierungstendenzen. Nicht mehr die spezifischen
Inhalte werden primär betrachtet, sondern **Gattungen der Li-**
teratur, Textsorten und -formen stehen im Vordergrund, und
danach wird auch das fachspezifische Lesebuch geordnet.
„Dichtung" wird wieder als „Dichtung" angeboten, wobei
man sich streng an der Fachwissenschaft orientiert. Und dies
gilt nun gleichermaßen für alle Schularten. Auch der Volksschüler sollte nun teilhaben an dieser formalen Bildung.
Als Beispiele seien das LESEBUCH 65 (Schrödel-Verlag) und
das Klett-LESEBUCH genannt. Die Inhaltsverzeichnisse folgen streng formalen Prinzipien, z.B. das Klett Lesebuch
5. Schuljahr:

Vorspiel – **Erster Teil:** Fabeln – Märchen – Sagen – Legenden – Erzählungen – Bildgeschichte – **Zweiter Teil:** Kleinste Formen der Sprache – Gedichte.

Bezeichnend ist, daß man es sogar peinlichst vermied, die Lesebücher zu benennen (im Gegensatz z. B. zu: „Die Fähre" oder „Lebensgut"). Daß sich bei einer so nüchternen wissenschaftlichen Betrachtung von Literatur erhebliche Motivationsprobleme ergeben könnten, übersah man zunächst.

Einer der Hauptvertreter dieser Richtung war HELMERS.

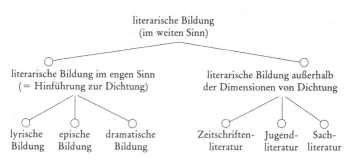

HELMERS, 1966, S. 256

HELMERS betont vor allem auch für die Hauptschule die Bedeutung literarischer Texte:

„Der literarischen Bildung steht in der Hauptschule ein ungleich kleinerer Entfaltungsraum zur Verfügung als in anderen Schularten. Das darf aber in der Hauptschule auf keinen Fall zur Resignation und zum Verzicht führen. Die Folgen im Hinblick auf die zu Bildenden wären äußerst unheilvoll, weil die Integration der modernen Gesellschaft einen Verzicht auf wesentlich geistige Bereiche nicht verträgt." (HELMERS, 1975[8], S. 263)

Es zeigt sich deutlich, daß die Forderungen nach einer gleichwertigen Bildung für Hauptschüler besonders nachdrücklich gestellt werden. Denn an den weiterführenden Schulen war dies in einem gewissen Ausmaß schon immer der Fall.

An diesem Ansatz kann man kritisieren, daß den formalen Elementen eines Textes oder Werkes ein Primat zukommt, fast wie bei der werkimmanenten Methode im Zusammenspiel mit dem Inhalt. Dabei werden die Bedürfnisse der Schüler vernachlässigt; die Lesebücher mit der trockenen Auflistung von Textsorten und Gattungen sind wenig motivierend. Neuere Lesebücher, die sich noch etwas diesem Prinzip verpflichtet fühlen, mischen die Text-Klassifikation mit inhaltlich bestimmten Überschriften.

4.1.3 Literaturunterricht als Information über die gesellschaftliche Wirklichkeit in den 60er Jahren

Die Kritik MINDERs in den 50er Jahren hatte sich vor allem an der Realitätsferne der Nachkriegslesebücher entzündet. Die gesellschaftspolitische Abstinenz von Wissenschaft und Unterricht wurde heftig angegriffen. Die Schüler sollten auch im Deutschunterricht über die **Wirklichkeit der Bundesrepublik Deutschland informiert** werden. Von KREFT wurden sie deshalb die „**Informatoren**" genannt (KREFT / OTT, 1976[3]). Man wollte nicht wieder denselben Fehler wie in der Weimarer Republik begehen und versäumen, die Schüler in einem demokratischen Sinne zu erziehen. GLOTZ / LANGENBUCHER nannten deshalb auch ihr Lesebuch Anfang der 60er Jahre **„Versäumte Lektionen"**. Es versteht sich eigentlich von selbst, daß Sach- und Gebrauchstexte meist besser als fiktionale Texte geeignet sind, über diese Wirklichkeit zu berichten; in manchen Lesebüchern überwog sogar diese Art von Texten (z. B. das textbuch, Oldenbourg Verlag).

Man kann einwenden, daß es nicht primär Aufgabe des Deutschunterrichts ist, gesellschaftliche Realität zu behandeln; andere Fächer, wie Geschichte und Sozialkunde, wären hier zu nennen. Und zudem veralten diese Texte bei den langen Gebrauchszeiten von Lesebüchern recht schnell. Der Lehrer als pädagogischer Fachmann ist wohl in der Lage, aus Illustrierten, Zeitungen und anderen Printmedien die entsprechenden Artikel selbst oder zusammen mit den Schülern auszuwählen.

In der Literaturwissenschaft wurde die werkimmanente Methode durch einen **Methodenpluralismus** abgelöst. Besondere Bedeutung erlangte die **soziologische Literaturtheorie**, die deshalb kurz exemplarisch dargestellt werden soll.

Soziologie der Literatur

Sie hat seit der Infragestellung der werkimmanenten Methode eine besondere Bedeutung erlangt.

Zwei Auffassungen und Möglichkeiten:

1. Die **empirisch-positivistische Sozialforschung** der Literatur, die insbesondere nach notierbaren gesellschaftlichen 'Umständen' des literarischen Werkes zu fragen unternimmt und dabei bewußt auf eine Analyse und Wertung des Werkes verzichtet.

Der Literaturbetrieb wird zum Untersuchungsgegenstand. Mögliche Fragestellungen sind: Wie kommt ein Bestseller zustande? Wie sieht die ökonomisch-gesellschaftliche Position des Schriftstellers aus?

Auch die Leserforschung gehört in diesen Bereich des wissenschaftlichen Fragens: Z. B. von welchen Schichten werden bestimmte Romane (eventuell Groschenhefte) gelesen und warum? Warum haben die Buchgemeinschaften so viele Mitglieder?

2. Die **werkbezogene Soziologie der Literatur**, deren Frage sich mehr auf den literarischen 'Gegenstand' selbst, den Text, richtet, ohne ihn freilich, im Sinne der werkimmanenten Ästhetik zu isolieren, ihn vielmehr durchaus in die gesellschaftlichen Zusammenhänge einstellt und demnach untersucht, auf

welche Weise sich Gesellschaftliches im Werk darstellt (oder darzustellen hat). Aus der werkbezogenen Literatursoziologie ergeben sich zwei wissenschaftstheoretische und methodische Positionen:

2.1 Die **thematisch-inhaltliche Position** beruht auf dem Prinzip der einfachen (undialektischen) Abbildung und Widerspiegelung, der expliziten Thematisierung gesellschaftlicher Gehalte und Tendenzen im Werk.

2.2 Die **strukturell-immanente Literatursoziologie**. Sie beruht auf der Theorie der dialektischen Vermittlung und geht aus von dem Grundsatz der Strukturhomologie (Übereinstimmung, Entsprechung): einer komplexen Beziehung zwischen der gesellschaftlichen Struktur und der Struktur des literarischen Werkes.

Selbst dann, wenn der Schriftsteller sich selbst von gesellschaftlichen Belangen zu distanzieren versucht, ist dies ein Indiz für sein Verhältnis zur Umwelt.

(Zum Teil nach DIETRICH STEINBACH: Literatursoziologie und Deutschunterricht. In: Der Deutschunterricht, Jg. 11, 1970, S. 5–14)

4.1.4 Literaturunterricht als Vermittlung zwischen schulischer und außerschulischer Lesewirklichkeit (sog. „Leseerzieher" nach DAHRENDORF)

Ende der 60er Jahre konstatierte DAHRENDORF: „*Die Initialerkenntnis, welche Ende der 60er Jahre das lese- und literaturdidaktische Denken in der Bundesrepublik veränderte, betraf zweierlei: die Diskrepanz zwischen schulischer Bemühung und häuslichem Verhalten und damit die weitgehende Folgenlosigkeit der Schularbeit.*" (DAHRENDORF, M.: Texte – Lesen – Unterricht. Mehr Fragen als Bemerkungen über einen wenig geklärten Zusammenhang. In: Westermanns Pädagogische Beiträge 28, 1976, H. 10, S. 548).

Die Kluft zwischen der schulischen Lektüre und der häuslichen sollte geschlossen werden. Dazu mußte man zunächst wissen, „Was Kinder alles lesen" (FRANZ, K. / MEIER, B., 1983). Empirische Arbeiten (und Erhebungen, Befragungen) wiesen nach, daß außerschulisch Comics, Groschenhefte und auch Jugendbücher dominierten, selbstverständlich in Abhängigkeit von der jeweiligen Gesellschaftsschicht der Eltern (vgl. B. MEIER: Leseverhalten unter soziokulturellem Aspekt. Eine empirische Erhebung zum Freizeitlesen von Großstadtjugendlichen. In: Börsenblatt für den Deutschen Buchhandel – Frankfurter Ausgabe – Nr. 27, 1981).

Die **„Leseerzieher"** forderten schon Ende der 60er Jahre die Einbeziehung der Literatur, die Schüler „wirklich" lesen. In die Lehrpläne wurden allmählich aufgenommen: die **Kinder- und Jugendliteratur**, **Comics**, **Groschenhefte**, **Illustrierte** (wie z. B. die „Bravo"), wobei diese Textsorten in exemplarischer Form auch in die Lesebücher Eingang fanden.

4.1.5 Literaturunterricht als Ideologiekritik

Ab 1970 wurde Literaturunterricht verstärkt in Richtung eines „kritischen Lesens" und eines „emanzipierenden Verhaltens" des Schülers zu entwickeln versucht. Die Phase eines morbiden Spätkapitalismus sollte überwunden werden. Stellvertretend soll dazu das „BREMER KOLLEKTIV" zitiert werden:

„Der Literaturunterricht hat die Aufgabe, den ideologischen Charakter des Kunstwerkes herauszuarbeiten. Das kann sich nicht darauf beschränken, daß der ideologische Entwicklungsweg des Künstlers verfolgt wird, sondern er muß zentral an den literarischen Arbeitsformen festgemacht werden. Aus der Klassenbedingtheit der Ideologie ergibt sich, daß es in jeder nationalen Literatur zwei Traditionslinien gibt. Die eine ist mehr mit der herrschenden Klasse und ihrer Ideologie verbunden, während die andere im Gegensatz zu ihr steht. Die Ge-

schichte der Literatur muß deshalb in Abhängigkeit von der Geschichte der Klassen dargestellt und die Ablösung einer Traditionslinie durch die andere untersucht werden. In die Betrachtungsweise muß der Wandel der literarischen Formen, der Gattungen, der Stilmittel usw. einbezogen werden, da die Struktur eines Werkes zugleich Ausdruck seines Inhalts ist." (BREMER KOLLEKTIV: Grundriß einer Didaktik und Methodik des Deutschunterrichts in der Sekundarstufe I und II. Stuttgart: Metzler 1974, S. 328)

Dabei bot die marxistische Theorie die Grundlage für die Beurteilung der Gesellschaft. Gerade diese Position ist wohl mehr ein theoretisches Konzept geblieben, ohne allzu großen Einfluß auf den Literaturunterricht. Allerdings sind diese Thesen in der didaktischen Diskussion heftig erörtert worden, gerade wegen der extremen Stellungnahme.

4.2 Vom kommunikationstheoretisch-orientierten zum produktionsorientierten Literaturunterricht

Bevor ich die weitere Entwicklung beschreibe, soll eine etwas längere Ausführung eines Literaturwissenschaftlers wiedergegeben werden, der überzeugend deutlich macht, daß auch in universitären (wie auch in anderen gesellschaftlichen) Zusammenhängen bei Literaturvermittlungsprozessen subjektive Rezeptionsweisen eine entscheidende Rolle spielen. Man könnte diese Vorstellungen in ein literaturdidaktisches Konzept ohne weiteres übertragen. Vergleichen Sie auch diesen Text mit dem von EMIL STAIGER zu Beginn dieses Kapitels.

Lesarten

Methodisches Interpretieren ist in der Regel ein mehr oder weniger kontrolliertes „Hin-und-Her" (Sartre) zwischen kritischer Verständigung über den Wahrheitsgehalt und die Wirk-

samkeit des Textes, analytischer Überprüfung und Begründung der in den Verständigungsakten getroffenen Feststellungen und methodischer Reflexion. Aus dieser Feststellung folgt **erstens, daß literaturwissenschaftliche Interpretation ein kommunikatives Handeln ist und daher angewiesen auf den lebendigen Austausch von Meinungen, Fragen und Interessenäußerungen im mündlichen Gespräch; zweitens, daß es keine verallgemeinerbare Anweisung dafür gibt, wann und in welcher Form die Übergänge zwischen den verschiedenen Frage-Ebenen jeweils erfolgen sollen; drittens, daß die Verständigung über Lese-Erfahrungen unabdingbar der erste Arbeitsschritt ist und daß die Interpretation den steten Rückbezug auf diese Erfahrungen nicht ohne Schaden versäumen kann.** Dies ist ausdrücklich gegen all diejenigen Modelle der Interpretation gesagt, in denen die „einfache Beschreibung des Textbefundes" (also ein analytisches Handeln) an erster Stelle im Arbeitsprozeß steht.

Lesarten als Ziel und Gegenstand der ersten Verständigung entstehen, indem die am Arbeitsprozeß Beteiligten redend oder schreibend (oder auch agierend) Erfahrung freisetzen, gewissermaßen ausstellen und gegebenenfalls bewerten. Es geht dabei um die Erzeugung und Fixierung einer ersten kritischen Stellungnahme (im oben ausgeführten Sinn). Das macht Arbeit und geht gelegentlich – im Literaturunterricht in der Regel – nur gegen bestimmte Widerstände. Deren bedeutendster ist die Schwierigkeit von Studentinnen und Studenten, ihre subjektiven Erfahrungen mit dem Text, ihre durch diesen ausgelösten Gefühle, Phantasien und Gedanken freimütig mitzuteilen. Ein Grund für diese „Verweigerung" sind sicherlich die viel zu großen Seminare bzw. Arbeitsgruppen; ein anderer, nicht minder bedeutsamer ist das vorgängige Verständnis von Literaturwissenschaft, dessen entschiedenen Abbau ich für eine der dringendsten Aufgaben (nicht nur) der literaturwissenschaftlichen Einführungskurse halte. Die wissenschaftliche Methodik und Sprache wird als Gegensatz zur eigenen alltäglichen Erfahrung und zur Sprache der literarischen Werke erfahren und das Lese-Erlebnis erscheint entsprechend als unvereinbar mit den „Anforderungen". Die mangelnde Bereitschaft und Übung bei der Artikulation von Lese-Erfahrungen ist daher nur zu verständlich. [...] **Die Herstellung von Lesarten als Ausgangspunkt für die analytische Arbeit und die methodische Reflexion geschieht im literaturwissenschaftlichen Seminar sinnvollerweise mittels Fragen oder Aufgaben; erbeten werden könnte ein spontaner oder fragengeleiteter Kommentar, ein Gedichtvortrag oder etwa die Lesung mit verteilten Rollen. Die vielfältigen, im wissenschaftlichen Literaturunterricht noch viel zu wenig erprobten Formen des produktiven Umgangs mit Literatur (Rollenspiel, Umschreiben, Transformierung in andere Medien; [...]) könnten nach meiner Auffassung die Motivationen zu dieser Arbeitsphase und ihren Ertrag noch wesentlich steigern.**

Entscheidend für diesen ersten Schritt der Interpretation ist, daß die oft nur vage (und zuweilen gar nicht) voraussehbaren spontanen Lese-Reaktionen durch die vorgegebenen Aufträge oder Fragen nicht präjudiziert, eingeschränkt oder gar unterbunden werden. Deshalb sollen Fragen in dieser Phase nicht auf bestimmte Texteigenschaften zielen oder gar analytische Operationen verlangen, sondern möglichst eine Äußerung der subjektiven Betroffenheit gleich welcher Art provozieren. Die im alltäglichen Leseverhalten nach den Forschungen der Literatursoziologie relevantesten Anknüpfungspunkte für individuelle Lese-Interessen sind (neben auffälligen Details) die Bedeutung des Textes (als der ganzheitlich aufgefaßte Mitteilungsgehalt), seine Bedeutsamkeit (als die von ihm ausgehende aktuelle Wirkung, sein 'Appell' im weitesten Sinne) und der je nach dem individuellen Rezeptionsvermögen als stärker oder schwächer empfundene Widerstand, den der Text aufgrund seiner Darbietungsweise dem Verständnis bie-

tet [...]. – An diesen Kriterien können einleitende Fragestellungen sich orientieren, bei deren Formulierung im aktuellen Fall jedoch die Eigenschaften des zu lesenden Werks berücksichtigt werden sollten:

- *(a)Findest Du den Roman, die Erzählung, das Gedicht (...) interessant, spannend, bedeutsam?*

- *(b)Welche Gedanken und Gefühle hat die Lektüre ausgelöst?*

- *(c)Wie schätzt Du die Haltung ein, die der Erzähler (Autor) gegenüber seinem Thema, seinem Helden einnimmt?*

- *(d)Welche Schwierigkeiten setzt der Text dem Verständnis entgegen? Was müßte man tun, um diese Schwierigkeiten zu überwinden; würde sich diese Mühe lohnen?*

SCHUTTE, J.: Einführung in die Literaturwissenschaft. Stuttgart: Metzler 1985, S. 18–21 (Fettdruck nachträglich von mir eingebracht).

Die Theorie der Literatursoziologie in der ersten Hälfte der 60er Jahre mit sehr komplexen Fragestellungen wurde ergänzt zur Konzeption (vgl. ISER, 1970 und 1976, KÖPF 1981) der **Rezeptionsästhetik und -pragmatik**. Ende der 60er und Anfang der 70er Jahre wird damit die Bedeutung des **individuellen Leseakts** erkannt und zu erfassen versucht. Während die historisch orientierte Literaturwissenschaft ganz allgemein den historischen Rezipienten erforscht, nach Reaktionen von Zeitgenossen sucht und sie deutet, der **implizite Leser** (vgl. LINK, H.: Rezeptionsforschung, Stuttgart 1972) im Text ausdifferenziert wird, wird nun zusätzlich besonders dieser individuelle Leseakt in den Mittelpunkt des Interesses gerückt.

Nach ISER hat jeder dichterische Text sog. **Leerstellen**. *„Der Leser wird die Leerstellen dauernd auffüllen beziehungsweise beseitigen. Indem er sie beseitigt, nutzt er den Auslegungsspielraum und stellt selbst die nicht formulierten Beziehungen zwischen den einzelnen Ansichten her. Daß dies so ist, läßt* *sich an der einfachen Erfahrungstatsache ablesen, daß die Zweitlektüre eines literarischen Textes oftmals einen von der Erstlektüre abweichenden Eindruck produziert."* (ISER, 1970, S. 14)

ISER glaubt, daß die Ursachen in der Befindlichkeit des Lesers zu suchen seien, aber daß der Text selbst schon die Bedingungen einer unterschiedlichen Realisierung durch den jeweiligen Rezipienten enthalte.

Parallel dazu gewannen die Kommunikationswissenschaften Einfluß auf die Didaktik. Dies betrifft den Sprach- und Literaturunterricht in der gleichen Weise.

Diese Phase war dadurch gekennzeichnet, daß man im Leser einen gleichberechtigten, wenn auch nicht gleichinformierten Partner des Autors mittels des Textes sah.

Thesenartig fasse ich die wichtigsten Konsequenzen zusammen, die sich für den **kommunikationsorientierten Literaturunterricht** ergeben (vgl. dazu meine Abhandlung „Literaturunterricht unter kommunikativem Aspekt", 1978):

– „Text und Leser" bedeutet in der Schulwirklichkeit immer Autor/Text und Schüler/Lehrer. Der konkrete Leseakt des Schülers ist genauso bedeutsam wie der des Lehrers.

– Nicht der Lehrer allein steuert den Verstehensprozeß, sondern die Schüler zusammen mit dem Lehrer.

– Damit aber muß man auch feststellen, daß es die *allein richtige* Interpretation nicht gibt.

– Spontane Reaktionen von Schülern auf Texte sind immer wahr, sofern sie authentisch sind. Es ist eine paradoxe Forderung: „Bringt dem Gedicht Begeisterung entgegen!" Begeisterung zu befehlen, ist ein Widerspruch in sich.

– Diese „wahren" Gefühle, die sich in spontanen Äußerungen (verbal und nonverbal) zeigen, sind noch keine Interpretation. Der Schüler kann bewußt die Rolle (bei verschiedenen Leserrollen) des Deutenden, Kritisierenden einnehmen und sich im allgemeinen über hermeneutische Varianten verständigen.

– Der Protest gegen einen Text ist so legitim wie die Begeisterung oder Langeweile. Ein Literaturunterricht, der nur auf den identifikatorischen Nachvollzug von Text- und Inhaltsstrukturen abzielt, wird diese Gefühle zu ignorieren versuchen. Der Lehrer kann aber damit in Beziehungsschwierigkeiten zur Klasse geraten.

– Der Einbezug dieser spontanen Reaktionen kann vielmehr zur wirklichen Auseinandersetzung mit einem Werk beitragen.

– Wenn der Schüler als Leser ernstgenommen wird, bedeutet dies nicht, ihm Lesestoffe, die für ihn sperrig sind, zu ersparen; im Gegenteil, je selbstverständlicher der Lehrer seine Gefühle akzeptiert, desto mehr kann er dem Heranwachsenden „zumuten".

– Damit gewinnt Literatur wieder existentielle Bedeutung.

Danach ist es außerordentlich wichtig, den konkreten individuellen Leseakt zu erfassen. Im Unterricht wird dies nach der Textbegegnung in der **Phase der Spontanäußerungen** erfolgen, die der Lehrer möglichst wenig lenken sollte. Die Reaktionen können mündlich oder schriftlich erfolgen, wobei je nach Situation und Text die eine oder andere Form geeigneter ist.

Eine Möglichkeit, Spontanreaktionen bei einer **Ganzschrift** festzuhalten, ist das **Lesetagebuch**, mit dessen Hilfe sich der **Leseprozeß** dokumentieren läßt. Und zwar sollten die Schüler ihre Gedanken, Gefühle, Deutungsansätze, Schwierigkeiten und Probleme nicht erst am Schluß niederschreiben, sondern jeweils nach einer Lesephase. Hier wird die Subjektivität des Schülers voll genutzt. Die Lesetagebücher zum Roman „Nachdenken über Christa T." von CHRISTA WOLF, die die Schüler eines Kurses der Kollegstufe in einem Versuch anfertigten, waren höchst interessante Texte, die für sich schon

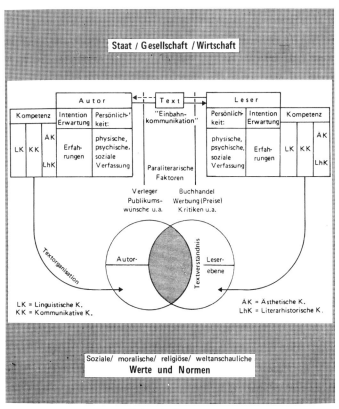

Rahmenbedingungen

SCHUSTER, 1982², S. 39

Qualität und Wert besaßen. Darüber hinaus offenbaren sie eine engagierte Auseinandersetzung mit einem schwierigen Roman (*„Langsam werde ich wütend: Bin ich etwa zu blöd für ein anspruchsvolles Buch, oder ist es tatsächlich so schwer verständlich?"*) Sie enthielten vielfältige Interpretationsansätze und hohe Erwartungen an den Kursleiter. Zum Teil hatten aber die Jugendlichen schon ihren eigenen Zugang zum Roman gefunden, der nur noch vertieft werden mußte, wenn es auch vielen nicht bewußt war. (Vgl. dazu: SCHUSTER, K.: Christa Wolf: Nachdenken über Christa T. In: LEHMANN, J. (Hrsg.), 1986³, S. 469–487)

In den 70er Jahren blieb in der Theorie der Literaturdidaktik der Rezeptionsprozeß noch weitgehend auf den kognitiven Bereich ausgerichtet.

In den 80er Jahren wurden verschiedenen Strömungen und Einflüsse wirksam, die die affektiven und psychomotorischen Momente des Leseaktes stärker berücksichtigten. Dies führte zur Entwicklung des **handlungs- und produktionsorientierten Literaturunterrichts** (SCHOBER in KÖPF, 1981; SPINNER, 1978 und 1979; und vor allem WALDMANN, 1984). WALDMANN stellt fest: *„Sinn ist nicht einfach etwas, das im Text enthalten ist, das sozusagen an den Wörtern und Sätzen und Textteilen haftet und automatisch und mechanisch übernommen wird, sondern Sinn ist ein Geschehen zwischen Text und Leser innerhalb eines übergeordneten Sinnsystems."* (S. 101)

Das Gesamte der Lebenswelt, in das der einzelne eingelassen sei, liefere ihm die Wahrnehmungs-, Vorstellungs-, Deutungs-, Wertungsmuster, mit denen er seine Situationen interpretieren könne, liefere ihm das Sinnsystem, mit dem er seine objektiven, gesellschaftlichen und individuellen Lebenszusammenhänge auffaßbar, verstehbar und verfügbar mache. Wichtig sei der *„sinnstiftende Deutungsrahmen von Sinnsystemen"*. (S. 102) *„Damit ist Lesen Handeln des Lesenden, und es ist ein Teil eines besonders wichtigen Handelns: Das System von*

Sinnzuordnungen, das jemand aufweist, ist entscheidend ge-
prägt durch seine Lebenswelt: durch die geschichtlichen Be-
dingungen, unter denen er lebt, und durch die Wahrneh-
mungs-, Urteils-, Verhaltens- und Rollenmuster, die Normen
und Werte, die politischen, sozialen, ökonomischen Verhält-
nisse der Gesellschaft, in der er lebt; sein Sinnsystem ist ent-
scheidend geschichtlich und gesellschaftlich geprägt."
(S. 103) WALDMANN weist eindringlich auf die Leistungen
des Lesers hin, die er in eine kreative Rezeption einbringe:

– **seine Biographie** (mit unterschiedlichen individuellen Erfahrungen),

– **sein Sinnsystem,**

– **seine soziale Phantasie**.

Dazu kam in den 80er Jahren eine Unzufriedenheit mit den
rein kognitiven Lernzielen und entsprechenden Verfahren im
Unterricht in vielen Lernbereichen.

So wurde nun gefordert, daß der Zugang zum Text auch über
die affektiv-emotionalen Kanäle erfolgen müsse. Diese Forderungen wurden zwar auch schon früher erhoben, aber Verfahren und Methoden dazu fehlten weitgehend. In diesem Zusammenhang stößt man auf eine zweite Tendenz, die sich in
der neueren Schreibbewegung erkennen läßt und die sich vor
allem auf die Theorie und die praktischen Erfahrungen von G.
L. RICO (1984) stützt. Sie geht von gehirnstrukturellen Er-
kenntnissen aus, wobei der jeweiligen Gehirnhälfte bestimmte Funktionen zugeschrieben werden, die aus neurochirurgi-
schen Forschungen abgeleitet sind (siehe S. 117).

Die Ansätze RICOs, die hier nicht weiter ausgeführt werden
können, lassen sich mühelos in das Konzept eines produktionsorientierten Literaturunterrichts integrieren, da die Auto-
rin mit ihrer Clustering-Methode diese rechte Gehirn-Hemi-
sphäre, die für die kreativen, emotionalen, bildhaften Aspekte des „Denkens" zuständig ist, besonders trainieren will. Ihre
Verfahren und Methoden sind teilweise sowohl für den Litera-

turunterricht als auch für den Aufsatzunterricht nutzbar. (Vgl. das Kapitel Textproduktion)

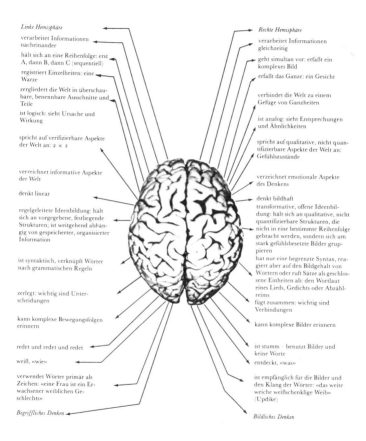

Linke Hemisphäre

verarbeitet Informationen nacheinander

hält sich an eine Reihenfolge: erst A, dann B, dann C (sequentiell)

registriert Einzelheiten: eine Warze

zergliedert die Welt in überschaubare, benennbare Ausschnitte und Teile

ist logisch: sieht Ursache und Wirkung

spricht auf verifizierbare Aspekte der Welt an: 2 × 2

verzeichnet informative Aspekte der Welt

denkt linear

regelgeleitete Ideenbildung: hält sich an vorgegebene, festliegende Strukturen; ist weitgehend abhängig von gespeicherter, organisierter Information

ist syntaktisch, verknüpft Wörter nach grammatischen Regeln

zerlegt: wichtig sind Unterscheidungen

kann komplexe Bewegungsfolgen erinnern

redet und redet und redet

weiß, «wie»

verwendet Wörter primär als Zeichen: «eine Frau ist ein Erwachsener weiblichen Geschlechts»

Begriffliches Denken

Rechte Hemisphäre

verarbeitet Informationen gleichzeitig

geht simultan vor: erfaßt ein komplexes Bild

erfaßt das Ganze: ein Gesicht

verbindet die Welt zu einem Gefüge von Ganzheiten

ist analog: sieht Entsprechungen und Ähnlichkeiten

spricht auf qualitative, nicht quantifizierbare Aspekte der Welt an: Gefühlszustände

verzeichnet emotionale Aspekte des Denkens

denkt bildhaft

transformative, offene Ideenbildung: hält sich an qualitative, nicht quantifizierbare Strukturen, die nicht in eine bestimmte Reihenfolge gebracht werden, sondern sich um stark gefühlsbesetzte Bilder gruppieren

hat nur eine begrenzte Syntax, reagiert aber auf den Bildgehalt von Wörtern oder ruft Sätze als geschlossene Einheiten ab: den Wortlaut eines Lieds, Gedichts oder Abzählreims

fügt zusammen: wichtig sind Verbindungen

kann komplexe Bilder erinnern

ist stumm – benutzt Bilder und keine Worte

entdeckt, «was»

ist empfänglich für die Bilder und den Klang der Wörter: «das weite weiche weißschenklige Weib» (Updike)

Bildliches Denken

(RICO, 1984, S. 70)

Methoden des Literaturunterrichts

Bezeichnung	Unterrichts-Ablauf	hist. Ursprungsort (u. a.)	mögliche Vorteile	mögliche Nachteile	Beispiele der Anwendung
Erschließen durch Leitfragen	Nach dem Einhören oder dem Einlesen folgt ein Unterrichtsgespräch, das von Leitaufgaben gesteuert ist; die Leitaufgaben sollen in die Substanz des Textes führen.	Kategoriale Bildungstheorie. These: Zugang kategorial bestimmbar.	Freisetzung des Schülers und Planung durchdringen sich positiv.	Wenn Leitfrage falsch ansetzt, gerät Text außer Blick.	Fast überall anwendbar. Oft nötig bei schwierigen Texten.
Zergliedern	Der Ablauf ist bis ins einzelne vorgeplant. Dabei werden die Teile des Textes nacheinander systematisch „behandelt", zumeist durch Lehrerfrage – Schülerantwort.	Herbart-Schule. These: Unterricht in festen Stufen planbar.	Konsequentes Schema gibt gute Möglichkeiten einer eingehenden Planung.	Starres Schema wird nicht jedem Text gerecht.	Dichtung mit Chiffre-Charakter; besonders schwierige Texte.
freies Besprechen	Nach dem Einhören (Vortrag durch Lehrer oder Schüler; Wiedergabe einer Tonaufnahme) oder Einlesen (stilles Lesen) erfolgt eine im einzelnen ungeplante Besprechung.	Kunsterziehungsbewegung. These: Rezeption nicht planbar.	Vermieden wird die Gefahr der Zerstückelung und der Fehlplanung.	Ohnmächtiges Verharren vor der Substanz des Textes.	Literatur mit Aufforderungscharakter; leicht durchschaubare Texte.
Erlesen/ Ersprechen	Die eigentliche Arbeit besteht in dem Ausfeilen der Lese- und Vortragstechnik. Technische Fragen werden dabei zu Sinnfragen.	Sprecherziehung. These: Lesen ist Sinnerfassen.	Gute Verbindung mit Leselehre und Sprecherziehung.	Kursorisches Textfortschreiten erschwert evtl. Gesamtverstehen.	Dramatische und emphatische Literatur.
Vorgestalten (Antizipation)	Der Hinweis auf das Thema führt zu Überlegungen, wie das Werk gestaltet sein mag. Die Annahme wird am Text überprüft.	(Rhetorik?) These: Die Eigenschöpfung führt zum Verstehen.	Selbständiges Hineinvertiefen in Text.	Falsche Auffassung von Dichtung als „Redeschmuck" möglich.	Literatur mit starker Affinität zum Bewußtsein der Schüler.
selbständiges Erarbeiten	Nach dem Einhören oder dem Einlesen wird der Text nach vorher eingeübtem Schema erarbeitet; der Lehrer hält sich dabei weitgehend zurück.	Arbeits-Schule. These: „Fruchtbare Momente" ergeben sich nur im spontanen Zugriff.	Flüssiger Ablauf. Schüler haben das Bewußtsein eigener Erkenntnis.	Starres Schema ist nur verdeckt.	Auf Teilstrecken des Unterrichts; bei Unterrichtsprogrammen.

(HELMERS, 1972, S. 317)

WALDMANN hat nun einen umfangreichen **Katalog von Verfahren und Möglichkeiten aufgelistet**, der wegen seiner Bedeutung hier in Auszügen aufgenommen werden soll. Man kann feststellen, daß auch schon HELMERS (und auch ULSHÖFER) produktionsorientierte Methoden in seiner Auflistung (S. 118) nennt, z. B. das „Erlesen/Ersprechen", das „Vorgestalten" (Antizipation). Schon immer hat es im Deutschunterricht Eigentätigkeiten im Sinne einer kreativen Produktion gegeben, die älteste Methode ist dabei das **Nachgestalten einer dichterischen Vorlage**, allerdings oft mit der Intention zu demonstrieren, wie gut es der Dichter „kann" und wie groß sich die Qualitätsunterschiede zum Original darstellen.

WALDMANN nimmt diese bereits existierenden Versuche auf und systematisiert darüber hinaus auf einer umfassenden theoretischen Grundlage vielfältige Manipulationen am Text bis hin zur „angeleiteten und freien Produktion".

Systematischer Katalog von Formen produktionsorientierten Umgangs mit literarischen Texten

1. Aktive und produktive Rezeption eines Textes

Bei den folgenden Verfahren geht es zunächst darum, dem Lesen ein eigenes Gewicht zu geben: durch verschiedene Zugriffe sollen Interesse und Freude am textgenauen Lesen geweckt und soll die Bedeutung eines genauen Lesens herausgestellt werden. In verschiedenen Verfahren ist sodann der Leseprozeß mit seinen einzelnen handlungsbezogenen Elementen so gestaltet, daß Lesen zu einem aktiven und produktiven Umgehen mit dem Text wird bzw. führt. Die Eindrücke, Vorstellungen, Gedanken und Gefühle, die ein Text im Leser auslöst, sollen bewußter gemacht werden, um es den Schülern zu erleichtern, sie an ihre eigenen Einstellungen, Ansichten, Erlebnisse und Erfahrungen anzuschließen. Insbesondere die unterschiedlichen Formen der Darstellung des Gelesenen sind solche Formen aktiven und produktiven Lesens, die dazu dienen können, den Text so anzueignen, daß er auf die eigene Erfahrungswelt bezogen wird.

Aktives Lesen von Texten, z. B.

– *Erlesen von Dramen, Balladen, aber auch von Erzählungen, wenn diese größere Gesprächspassagen aufweisen (in den Leserollen des Erzählens und der Figuren), mit verteilten Rollen.*

– Gemeinsames, abschnittweises Erlesen eines Textes durch Lesen bis zu einzelnen Gelenkstellen, Feststellen der jeweiligen Handlungsfortschritte und Vermutungen darüber bzw. Antizipation dessen, wie es nach dem Vorangehenden weitergehen wird.

– Erlesen eines Textes in der Weise, daß die einzelnen Teilabschnitte nur von bestimmten Schülern oder Schülergruppen gelesen werden, die nacheinander den Textvorgang der Klasse erzählen.

Darstellung gelesener Texte, z. B.

– Szenisches Darstellen des entscheidenden Vorgangs eines Textes als dramatisches Spiel, als Pantomime, mit freierer Realisation der vorgegebenen Rollen als Rollenspiel.

– Szenisches Darstellen des entscheidenden Vorgangs eines Textes, etwa einer Konfliktsituation, in der Weise, daß ein Schüler eine Gruppe (oder die Gruppe sich selbst) als Standbild oder „Skulpturengruppe" aufbaut, die durch Körperhaltung, gestisch und mimisch etwa die Konfliktsituation darstellt: gegebenenfalls danach ähnliches Aufbauen des alternativen Gruppenbildes, das eine mögliche Lösung der Situation, etwa eine Lösung des Konflikts, darstellt: Diskutieren der Wege, die von der Konfliktsituation zur Lösungssituation führen bzw. führen könnten, und Vergleichen mit dem Textvorgang (vgl. das „Statuentheater" Boals, 1979, S. 53–56).

– Darstellen eines Textes durch Bewegung und Tanz (vgl. die Eurythmie) durch Laute (z. B. Darstellung von Handlungsvorgängen oder Stimmungsverläufen durch bestimmte Vokale und/oder Konsonanten, gegebenenfalls auf bestimmten Tonhöhen) und Musik (z. B. mit Orff-Instrumenten).

2. Produktive Rezeption eines modifizierten Textes

Die Modifikationen des Textes geschehen, um seine Rezeption zu hemmen und so wichtige Aspekte des Textes, die im üblichen, oft flüchtigen, automatisierten oder massenmedial deformierten Lesen nicht wahrgenommen werden, auffällig und erkennbar zu machen. Sie sind nicht Selbstzweck, sondern dienen dazu, den Text intensiver aufzufassen und aktiver zu erfahren, wie durch die verschiedenen Formen literarischer Darstellung Wirklichkeit verschieden verarbeitet und dem Leser übermittelt wird. Dabei geschieht diese produktive Texterfahrung z. B. dadurch, daß der Umgang mit dem modifizierten Text Vorstellungsvorgänge und Phantasie fordert und die eigene Erlebniswelt des Lesers aktiviert, an die so der Text angeschlossen werden kann. Sind diese Eigentätigkeiten richtig angesetzt, bilden sie bereits eine, wenn auch unausdrückliche, Analyse des Textes.

3. Produktive Konkretisation eines Textes

Mit den dargestellten Verfahren soll das, was das rezeptionsästhetische Theorem vom Leser als Koproduzent meint, ausdrücklich praktiziert werden. Das, was der Leser auch sonst beim Lesen tut, daß er den Text nämlich über den bloßen Textbestand hinaus mit seiner Phantasie vorstellungsmäßig konkretisiert und erweitert und so eigenes Erleben und Fühlen, eigene Bedürfnisse und Erfahrungen in das Verstehen des Textes mit einbringt, soll hier in gesonderten Zugriffen praktiziert und dadurch bewußt gemacht werden. Diese Zugriffe sollen nicht Phantasie beliebig und um ihrer selbst willen entbinden, sondern sie sollten so angesetzt sein, daß sie dazu dienen, den Text, seine Inhalte und Strukturen, seine geschichtlichen und gesellschaftlichen Bezüge und die Formen seiner Rezeption und deren Sinnaktualisierungen deutlicher zu erfahren und differenzierter zu erfassen.

Konkretisation der Umwelt eines Textes, z. B.

– *Genaueres, über den Text hinausgehendes Beschreiben wichtiger Handlungsorte (besonders wenn die Handlung in weiter zurückliegenden Zeiten spielt), also von Räumen, Gebäuden, Dörfern, Städten, Orten, Landschaften usw., in denen die Handlung spielt, in ihrer zeitbedingten, gegebenenfalls historischen Eigenart.*

– *Beschreiben von Gegenständen, die in der Handlung Bedeutung haben, und Erfinden ihrer Geschichte als einer „Biographie des Dings".*

Konkretisation der Figuren eines Textes, z. B.

– *Genaueres, über den Text hinausgehendes Beschreiben der Erscheinung: des Gesichts, der Gestalt, der Mimik, der Gestik, des Verhaltens, der Kleidung einer Figur.*

– *Genaueres Darstellen von Randfiguren, Erfinden einer Lebensgeschichte, die sich an entscheidender Stelle mit dem Textvorgang berührt.*

– *Hinzuerfinden einer Vorgeschichte, gegebenenfalls einer ganzen Lebensgeschichte, einer Figur (z. B. Jugenderlebnisse, Milieu, Erziehung, Berufserfahrungen), die ihr Handeln wie ihre Überlegungen, Gefühle, Absichten, Bedürfnisse bedingen und verständlich werden lassen.*

4. Produktive Veränderungen eines Textes

Bei den dargestellten Verfahren geht es darum, daß der Leser selbst mit seiner Phantasie in den Text eingreift und ihn verändert, um auf diese Weise aktive Erfahrungen mit ihm zu machen: Im eigenen verändernden Umgehen mit dem Text soll der Leser dessen Inhalte und Strukturen, ihre Wirkungen und Leistungen aktiv erfahren und bewußt, gegebenenfalls kritisch

auffassen. Im aktiven Abarbeiten an dem von ihm rezipierten Text soll der
Leser sich seine Aktualisierung von Sinnsystemen und deren individuelle
wie gesellschaftliche Bedingtheit bewußt machen und soll sie nach Möglichkeit kritisch auffassen. Wichtig ist, daß die Veränderungen des Textes nicht
spielerischer Selbstzweck werden, sondern der Erhellung und damit der
Analyse der geschichtlichen und gesellschaftlichen Bezüge des Textes, der
literarischen Textstrukturen sowie der Erkundung der Leseprozesse, in denen sie aufgenommen werden, dienen.

Veränderung der Personen eines Textes, z. B.

– Verändern des Alters, Geschlechts, Berufs bzw. Vertauschen der al-
ters-, geschlechts-, berufsspezifischen Rollenverhältnisse der Hauptpersonen.

– Verändern des Äußeren, des Verhaltens, der Charaktereigenschaften,
Umdrehen aller Eigenschaften einer Person (Anti-Figur), Umändern
des Helden / der Heldin in eine Feindfigur, des Bösewichts in eine
Sympathiefigur: Vertauschen der Freund-Feind-Merkmale der
Hauptpersonen.

Veränderung der Sprachform eines lyrischen Textes, z. B.

– Umformen eines kürzeren Gedichts (oder eines Gedichtausschnitts)
in Alltagssprache; Vergleichen mit dem Original und Diskutieren der
spezifischen Leistung der lyrischen Sprachform.

5. Angeleitete und freie Produktion eines Textes

Die dargestellten Verfahren umfassen ein ziemlich breites Spektrum von
stark angeleiteten bis zu ganz freien Produktionen. Bei allen Produktionen geht es darum, Phantasie und auch Spielfreude freizusetzen, Kreativität zu entfalten und Möglichkeiten der Artikulation des Ich in seiner
Lebenswelt, auch Möglichkeiten eigener Kritik zu gewinnen. Vor allem
geht es für den Literaturunterricht darum, intensivere Erfahrung mit literarischen Gattungen und Formen und der Weise, wie durch sie Wirklichkeit verarbeitet wird, intensivere Erfahrung mit den geschichtlich-
gesellschaftlichen Bezügen literarischer Texte und der Weise, wie durch
sie Sinnsysteme entworfen und übermittelt werden, dadurch zu machen,
daß man selbst in ihnen produziert. In der Eigenproduktion sollten so
u. a. die Ergebnisse der kritischen Analyse angewendet und dadurch aktiv angeeignet werden; in sie geht damit die Textanalyse ein, so wie sie
selbst zu einem Moment der Analyse wird. Die Eigenproduktion ist mit-
hin im vorliegenden Kontext – anders als beim freien Schreiben – nicht
vorrangig Selbstzweck, sondern zunächst ein Mittel des Unterrichts über
Literatur.

(WALDMANN, in NORBERT HOPSTER (Hrsg.) 1984, S. 98–141)

Im Literaturunterricht ist eine **Methodenvielfalt** angebracht. Es wäre sicherlich falsch, jede Stunde produktionsorientiert gestalten zu wollen. Auch die **diskursiv-analytischen Textverarbeitungsverfahren** sind wichtig und notwendig, oft auch als Vorbereitung zur Produktion. In diesem Zusammenhang werden vor allem diese in der Aufstellung von HELMERS genannten Methoden eingesetzt: **Erschließen durch Leitfragen** und das **Zergliedern**; besonders letzteres eignet sich gut für einen lernzielorientierten Unterricht, wobei der Schüler in kleinsten Lernschritten, durch Lehrerfrage und Schülerantwort gesteuert, zur Erkenntnis geführt wird. Es scheint mir aber unabdingbar, dieses Verfahren in einem **offenen** Deutschunterricht zu praktizieren, damit die Schüler angstfrei dabei ihre kreative Phantasie einbringen können.

Der Trend in der Literaturdidaktik in den 80er und beginnenden 90er Jahren läßt sich generalisierend so charakterisieren. Die Richtungskämpfe der 60er und 70er Jahre, oft auch mit unversöhnlichen ideologischen Ansprüchen, sind einer nüchtern abwägenden Diskussion gewichen. Jede der Positionen konnte für sich auch gute Argumente einbringen. So rücken wieder die ästhetischen Texte in den Mittelpunkt des Literaturunterrichts. (BAUMGÄRTNER, A. C. / DAHRENDORF, M. (Hrsg.): Zurück zum Literaturunterricht? Literaturdidaktische Kontroversen. Braunschweig: Westermann 1972). Allerdings wird in allen curricularen Lehrplänen der **erweiterte Literaturbegriff** verwendet, d. h. die **Sach- und Gebrauchstexte** (wieder auf das notwendige Maß zurückgeführt), die **Trivialliteratur**, die **Comics**, die **Kinder- und Jugendliteratur** finden Berücksichtigung. Was sich in den 70er Jahren schon ankündigte, bedingt durch veränderte gesellschaftliche Rahmenbedingungen, gewinnt in den 90er Jahren immer größeres Gewicht, die **Mediendidaktik**, die sich auch einfügt in einen handlungs- und produktionsorientierten Rahmen.

4.3 Das Lesebuch

Im Laufe der Darstellung der geschichtlichen Entwicklung mußte immer wieder auf bestimmte **Typen von Lesebüchern** verwiesen werden, da sie neben theoretischen Aussagen durch ihre Gestaltung Rückschlüsse auf literaturdidaktische Konzeptionen zulassen, sie sind ein Spiegel der jeweiligen kontroversen literaturdidaktischen Auffassungen. (Vgl. H. GEIGER (Hrsg.): Die Lesebuchdiskussion 1970–1975. München: Fink 1977)

Genannt wurde schon das:

– **Gesinnungslesebuch** (nach 1945)

– **das literarästhetische Arbeitsbuch** (HELMERS)

– **das Lesebuch als Informatorium der Wirklichkeit** (GAIL)

– **Leseerziehung mit dem Lesebuch** (DAHRENDORF)

Ende der 70er, Anfang der 80er Jahre wurde das kommunikationstheoretisch (und meist auch handlungs-) orientierte Lesebuch entwickelt. Folgende Merkmale kennzeichnen dieses:

– **Vorwort der Herausgeber** an die Benutzer (im „Kritischen Lesen" des Diesterweg-Verlags mit Paßbild der Herausgeber und der Aufforderung an die Schüler, eventuelle Kritik mitzuteilen.)

– **Nachwort an die Eltern** („Leserunde" vom Dürr-Verlag), wie die Benutzung des Lesebuchs gedacht ist.

– Wichtigster Bestandteil, der von vielen Herausgebern übernommen worden ist, sind **Fragen** im Anschluß an Texte an Schüler und Lehrer. Ungünstig dabei ist, daß eine sehr enge Rezeptionslenkung stattfinden kann, was sich besonders bei sehr offenen metaphorisch-chiffrierten Texten als problematisch herausstellen wird. Zudem könnten die Fragen naiv suggerieren, daß diese die einzig möglichen zum Text darstellen. Andererseits haben Fragen den Vorteil den Stellenwert des Textes im Gesamtzusammenhang auszumachen. Im Lesebuch wird damit der Übergang vom **Begleit-**

zum Leitmedium ermöglicht. Manche Textsequenzen werden durch den „leitenden" Kommentar des Lesebuch-Autors überhaupt erst möglich (z. B. eine Sequenz über die Werbung).

– Die **Quelle des Textes** wird genau angegeben, oft auch der Zusammenhang beschrieben, aus dem der Text gelöst wurde.

– **Handlunganweisungen** („Leserunde") direkter Art fordern Schüler auf, das **literarische Umfeld** zu erkunden (und z. B. auch Bibliotheken, Stadtbüchereien, Buchhandlungen, Zeitungsverlage und -druckereien, Verlage, Stadttheater zu besuchen).

– Thematisierung der **medialen Umwelt**, z. B. des Fernsehens und der dazugehörigen Publikumszeitschriften.

– Eine **Bebilderung**, die schülergemäß ist und Anreize zu Stellungnahmen und Handeln bietet.

Manche Lesebücher haben nicht alle Elemente übernommen. Überhaupt ist in allerneuesten Entwicklungen ein eklektizistisches Vorgehen zu beobachten, das je nach Zusammensetzung des Herausgebergremiums **pragmatische Mischtypen** hervorbringt.

Grundsätzlich kann zum Lesebuch folgendes festgestellt werden:

Kommunikationstheoretische Bedingungen des Lesebuchs

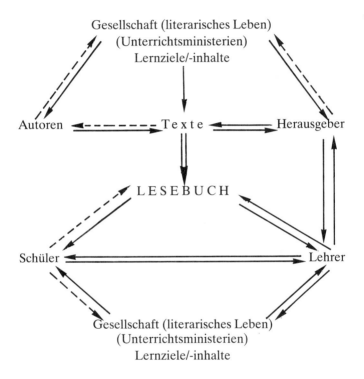

Folgende Relationen bestimmen die Grundsituation des Lesebuchs:

1. **Texte – Autoren:** Die Autoren verfolgen oft verschiedene Intentionen, die weder vom Lehrer noch vom Schüler ohne weiteres faßbar sind.

2. **Die Lesebuchherausgeber:** Sie haben mit jedem Text eine eigene Absicht (Intention), die nicht einfach ableitbar ist aus der Autorintention. Der Text erhält seinen Stellenwert

durch die zusammenfassende Überschrift (Thema) oder durch die Nachbartexte.

Die Intention, einen älteren Text ins Lesebuch aufzunehmen, kann eine doppelte sein: entweder als Möglichkeit zur Identifikation oder zur kritischen Distanz.

Fazit: Die Intention des Autors (Textes) deckt sich oder deckt sich nicht mit der der Herausgeber.

3. Gesellschaft: (Unterrichtsministerium)
Die Gesellschaft nimmt durch die Unterrichtsministerien Einfluß auf die Gestaltung der Lesebücher. Lernziele und Lerninhalte sind zum Teil vorgegeben und müssen von den Herausgebern berücksichtigt werden, wenn sie die Genehmigung zum unterrichtlichen Gebrauch erhalten wollen. Freilich ist dies kein einseitiges Abhängigkeitsverhältnis. Die Herausgeber können als Teil dieser Gesellschaft Einfluß auf Lernziele und Lerninhalte nehmen.

4. Der Lehrer: Aufgrund seiner Kompetenzen wird der Lehrer in der Regel den Text im Sinne eines verstehenden (hermeneutischen) Interpretierens zu analysieren vermögen. Auch heute neigt er dazu, sich mit der Textintention zu identifizieren.

5. Der Schüler: Er ist meist weder in der Lage, die Intention des Autors herauszufinden, noch die der Herausgeber. Freilich wird von ihm das Lesebuch häufig unreflektiert als „Geschichtenbuch" benutzt. Oft genug aber (mit zunehmendem Alter) reagiert er mit Verdrossenheit und Ablehnung.

6. Folgerungen: Der Umgang mit dem Lesebuch, die Kommunikationskonstituenten des Lesebuchs sollten in den Unterrichtsprozeß einbezogen werden. Dabei sind dem Lehrer und dem Schüler von den Herausgebern entsprechende Informationen zu vermitteln, die nicht nur die Absicht der Autoren kundgeben, sondern auch ihre lernzieltheoretischen Begründungen. Dabei würden neben dem Verfasser die Herausgeber weitere Kommunikationspartner.

Bei der Textauswahl wird man wohl nie Maximalforderungen in welcher Richtung auch immer erfüllen können. Die Auswahl wird wohl vermittelnd zwischen verschiedenen Polen erfolgen müssen. GÜNTHER OTT schreibt: *„Gegenstand des literarischen Unterrichts kann nicht sein eine als objektiv gedachte außersprachliche Wirklichkeit in ihren sprachlichen Spiegelungen, wie es das Konzept der 'Informatoren' nahelegt, Gegenstand kann nicht das 'Verstehen' einer Reihe von a priori als wertvoll betrachteten literarischen 'Werken', Gegenstand kann nicht sein die Einführung in ein System vorgegebener Strukturen einer Gattungspoetik. Alle drei Möglichkeiten entziehen einen wesentlichen Teil ihres Tuns der Kritik, die erste das Wesen der gespiegelten Wirklichkeit, die zweite die Kriterien der jeweiligen Wertung, die dritte ihr Beschreibungssystem. Gegenstand des literarischen Unterrichts kann vielmehr nur sein, der sprachlich-literarische Kommunikationsprozeß selbst"*. (KREFT / OTT, 1971, S. 95) Dem letzten Satz wird man nicht so ganz zustimmen können. Der „sprachlich-literarische Kommunikationsprozeß" hat zwar indirekt steuernde Funktion für den Deutschunterricht, wird aber nur selten unmittelbar Unterrichtsgegenstand sein können. Dies meint auch FREUND, W. (Überlegungen zu einem produktiven Literaturunterricht. In: Blätter für den Deutschlehrer. Heft 3, 1975), wenn er sagt: *„Vor allem sollte bedacht werden, daß das ständige Beharren auf der Einübung von Kommunikationsstrukturen diese selbst verabsolutiert, und man sich damit auf einen Weg begibt, der unweigerlich zu einer technokratischen Umkehrung der Zweck – Mittel – Relation führen muß."* (S. 69)

Nicht allein schon deshalb ist ein Lesebuch brauchbar, weil es

Comics oder Sach- und Werbetexte enthält, wobei man sich fragen sollte, inwieweit es nicht sinnvoller wäre, durch Eigentätigkeit der Schüler solche Texte sammeln und auswerten zu lassen.

Der sogenannte **erweiterte Literaturbegriff** spielt sicher eine entscheidende Rolle, aber wichtiger ist es doch, die Lesebücher im kommunikativ-handlungsorientierten Sinne zu benutzen. Denn selbst ein „reaktionär-konservativer" Text kann Anlaß zur Reflexion sein, wenn Schüler und Lehrer gelernt haben, den Inhalt kritisch zu lesen. Solange aber ein Lesen, das auf Einfühlung und Identifikation abzielt, die Norm darstellt, wird der Ruf nach fortschrittlichen Lesebüchern vom Trugschluß geleitet, ein progressiver Lesestoff an sich bewirke Emanzipation (Kritikfähigkeit), ja müsse automatisch dazu führen. Auch hier wird unzulässig die **Interpretation mit der Wirkung** gleichgesetzt.

Die Lesebucharbeit ist nur ein Teilbereich unserer schulischen Wirklichkeit, kann vorhandene Erziehungstendenzen sicher verstärken, aber für sich keine umwälzenden Bewußtseinsveränderungen bewirken.

Zu bedenken ist heute auch die Möglichkeit, mit dem **Xerokopierverfahren** die Texte in den Unterricht einzubringen, die der Lehrer gerne behandeln möchte. Das Lesebuch hat damit die einstmalig beherrschende Monopolstellung längst eingebüßt. Nur wenn über dem gesamten Unterricht jene übergeordneten Lernziele stehen und auch wirken, erfüllt das Lesebuch als Hilfsmittel, als Lernmittel seinen Zweck. Es sollte nicht länger für alle „versäumten Lektionen" verantwortlich gemacht werden, von dem man die Emanzipation des Schülers und damit der Nation erwartet.

Ausblick:

In einer Einführung können nur allgemeine Probleme und Möglichkeiten des Literaturunterrichts behandelt werden.

Weitere wichtige Themenkreise:
- **Didaktik** der verschiedenen Gattungen:
  der lyrischen,
  der dramatischen,
  der epischen Groß- und Kleinformen;
- **Didaktik und Methodik von literaturgeschichtlichen Frage-stellungen**
- **der Kinder- und Jugendliteratur**;
- **der Trivialliteratur**, der **Comics**, der **Sach- und Gebrauchs-texte** (einschließlich der Werbung);
- **der Medien**;
- **des Theaters und Spiels** (vgl. Kapitel 7)

5 Textproduktion

Dieser Lernbereich wird unterschiedlich benannt, traditionell als **Aufsatzunterricht** oder wie im bayerischen curricularen Lehrplan als **schriftlicher Sprachgebrauch**. Manchmal wird auch nur von **Schreiben** gesprochen (vgl. das Kapitel 2 zu den Lernbereichen). In den 70er Jahren wurde häufig auch von **schriftlicher Kommunikation** gesprochen; dies wird heute meist nicht mehr akzeptiert, da Schreiben auch andere Funktionen haben kann.

Von den Deutschlehrern wird der Aufsatzunterricht als sehr wichtig eingestuft, da sich häufig die Deutschnote fast ausschließlich darauf bezieht und der Aufsatz vermeintlich objektivierbare Leistungen auf der Grundlage von allgemeingültigen Normen hervorbringt. Deshalb sind Veränderungen in der Praxis nur schwer durchzusetzen.

Anfang der 60er Jahre beschäftigte die Deutschdidaktik vor allem die **Lesebuchdiskussion** mit den entsprechenden Folgen in den literaturdidaktischen Konzeptionen, Ende der 60er war es dann die **Umstrukturierung** des **Sprachunterrichts** durch die sogenannte kommunikative Wende, und zu Beginn der 70er Jahre geriet der **Aufsatzunterricht** heftig ins Kreuzfeuer der Kritik. Die Auseinandersetzung ist bis zum heutigen Tag noch nicht abgebrochen, die sich in den 80er Jahren vor allem mit den **personalen Schreibformen** befaßte.

Ein kurzer Blick auf die **traditionellen Aufsatzformen** erleichtert das Verständnis für die aktuelle Diskussion.

5.1 Traditionelle Aufsatzformen

– Der „gebundene Aufsatz"

Im 18./19. Jh. wurde damit von den Schülern verlangt, daß sie Lebensweisheiten erörtern, Begriffe klären und sachkundliche, moralische und vaterländische Stoffe aus den Sachfächern und der Dichtung aufarbeiten sollten, freilich nicht nach ihrem Gutdünken, sondern nach strengen im Unterricht erarbeiteten Vorgaben. Von der späteren Didaktik wird dieses Reproduzieren als eine „Dressurleistung" beurteilt und JEAN PAUL hat ein solches Schreiben mit den Worten gegeißelt: *„Ein Nichts schreibt an ein Nichts"*. Auch im beginnenden 20. Jh. mußten sich Schüler in dieser Art und Weise üben, so wäre BERTOLT BRECHT beinahe der Schule verwiesen worden, weil er das Horaz-Zitat *Dolce et decorum est pro patria mori* („Süß und ehrenvoll ist es, für das Vaterland zu sterben") nicht in dem erwartet positiven Sinne beantwortet hat.

– Der „freie" Aufsatz

Mit Beginn des 20. Jh.'s wird im Geist der **Reformpädagogik** und **Kunsterziehungsbewegung** vor allem für die Volksschulen der „freie" **Aufsatz** entwickelt (Anreger: die Volksschullehrer A. JENSEN, W. LAMSZUS, E. GANSBERG, H. SCHARRELMANN, P. MÜNCH; RUDOLF HILDEBRAND: Vom deutschen Sprachunterricht in der Schule und von deutscher Bildung und Erziehung überhaupt. 1867; 27. Aufl. 1962).

Das Kind sollte auf Grund seiner Phantasie Erlebnisse erzählen und schildern, zwar angeleitet, aber nicht gegängelt werden. Ziel der sprachlichen Gestaltung war die **dichterische Sprache**, das Kind wurde als **kleiner Künstler** gesehen.
Allerdings wurden die Schülerprodukte bald auch kritisch betrachtet, einer Stilanalyse unterzogen, die den Normen des künstlerischen Schaffens nun doch meist nicht zu genügen vermochten. Doch war es das Verdienst dieser Neuerer, radikal das Kind selbst als Bezugspunkt des Schreibens anzunehmen. Die kreativen Ansätze der 70er Jahre haben in veränderter Form darauf Bezug genommen.

– Der „sprachgestaltende" und „sprachschaffende" Aufsatz
   (Anfang der 20er Jahre)

Vertreter dieser Richtung waren WILHELM SCHNEIDER

(Deutscher Stil- und Aufsatzunterricht. 1926, 9. Aufl. 1956), der die **Zwecksprache** in den Mittelpunkt rückte, und WAL-THER SEIDEMANN (Der Deutschunterricht als innere Sprachbildung. 1927. Dieses Buch hat auch nach 1945 große Verbreitung gefunden. 7. Aufl. 1965), der den Begriff der **„in-neren Sprachform"** (hergeleitet von HERDER und HUM-BOLDT) prägte, diesen aber niemals genauer zu definieren versuchte. FRITZ RAHN, der als Mitherausgeber eines Sprachbuches für das Gymnasium bis in die 60er Jahre hinein diesen Lernbereich maßgeblich beeinflußte, wollte erreichen, daß die Schüler ganz bestimmte Stilformen einüben sollten.

Der sprachgestaltende und sprachschaffende Aufsatz hat bis in die heutige Zeit einen entscheidenden Einfluß behalten. Denn sein zentrales Bemühen um die **Aufstellung von Regeln** (der Sprachgestaltung) bis hin zu einer **Systematik von Darstellungsformen** kam und kommt den Bedürfnissen des Lehrers entgegen, das Aufsatzschreiben nach vorher festgelegten Regeln lehr- und lernbar und auch bewertbar zu machen.

„Stilarbeit und vor allem das Angebot einer klaren Systematik von Aufsatzarten sollten die entscheidende Hilfe für den Unterricht werden. Der Kern einer solchen Systematik ist die Unterscheidung in ich-orientierte und sachorientierte Formen, die nun wiederum danach differenziert werden, ob sie ein zeitliches Nacheinander oder ein räumliches Nebeneinander (u. U. auch auf wiederholbare Vorgänge) beziehen." (SCHOBER, 1988, S. 97)

SCHOBER (1988) erörtert damit ein bei WEISGERBER wiedergegebenes Schema.

	objektiv (sachbezogen)	subjektiv (personenbezogen)
zeitliches Nacheinander	Bericht	Erzählung
räumliches Nebeneinander	Beschreibung	Schilderung

Dabei wird auch entwicklungspsychologisch bezogen argumentiert, der Schüler soll vom **subjektbezogenen Erzählen** über das **objektive, sachbezogene Berichten und Beschreiben zum Erörtern** kommen. Dem **Erörtern** wird eine Zwischenposition zwischen objekt- und subjektbezogenen Formen eingeräumt. Die Progression des Schreibens kann man heute so nicht mehr akzeptieren, da auch schon im Kindesalter großes Interesse an sachbezogener Darstellung zu registrieren ist, da bis in die späte Kindheit Aneignung von Realität erfolgt.

Grundsätzlich sind immer bestimmte **Normen und Regeln** einzuhalten, die nicht unbedingt von der Funktion der Textsorte abgeleitet wurden, sondern **positive Setzungen** der Schulpraktiker darstellen.

Als Beispiel sei dafür die **Erlebniserzählung** angeführt. Die folgenden Ausschnitte stammen nun nicht aus der Zeit vor der Aufsatzdiskussion, sondern sind in einem neueren Sprachbuch zu Beginn der 80er Jahre enthalten.

2. Gedanken ordnen durch schrittweises Vorgehen

Wir haben festgestellt, daß sich eine Erlebniserzählung in drei große Abschnitte gliedern läßt. Bei genauerer Betrachtung sehen wir, daß der Hauptteil wiederum in einzelne Teile zerlegt werden kann. Man nennt sie **Erzählschritte**.

a Sucht die Erzählschritte im Hauptteil der oben abgedruckten Erzählung.

b Welche Bedeutung haben die Erzählschritte dort für den Ablauf der Geschichte?

Einzelne **Erzählschritte** bereiten das Erlebnis im Hauptteil der Erlebniserzählung vor, führen es zu seinem Höhepunkt und lassen es ausklingen.

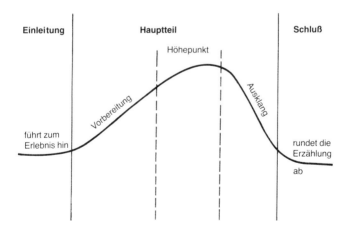

Deutsch 5, Sprachbuch, München: Bayerischer Schulbuchverlag 1980, S. 32

Ich möchte die Kritik an der Erlebniserzählung zusammenfassen und halte mich dabei vor allem an ROLF GEISSLER (Die Erlebniserzählung zum Beispiel. (1968) In: SCHAU, 1974, S. 35–48), der Ende der 60er Jahre diese heftig angegriffen hat. Der **Erlebnisbegriff** wird kritisiert:

„*Was immer man von den modernen Formen des Erzählens sagen kann, eines ist sicher: sie entspringen nicht mehr wesentlich dem Erlebnis. Vielmehr ist das moderne Erzählen bestimmt von der **Fragwürdigkeit der Realität**, deren naives Abbild nicht schon sinn- und bedeutungsträchtig ist.*" (S. 39)

Darüber hinaus ist der Aufbau dem des **klassischen Dramas** nachempfunden. Der Höhepunkt (und Wendepunkt) muß unbedingt vorhanden sein (siehe das Schema S. 135). Dies führt nach GEISSLER zu einem billigen **Sensationalismus**: „*Ist es problematisch, in welcher Weise durch die Struktureigentümlichkeit von Erlebnissen Wirklichkeit erfahren wird, so stellt sich vom Erlebenden her die zusätzliche Frage, ob der so auf Erlebnis und Sensation, auf das Außerordentliche hin gespannte Erlebende sich nicht im Erlebnis befriedigt, so daß er an Erkenntnis und Wahrheitswillen verliert.*" (S. 43)

Hinzufügen kann man noch, daß in einer Zeit, die in der Berichterstattung vor allem auf **die Sensation** (oft auch um jeden Preis) setzt, es gefährlich und unverantwortlich erscheint, den Schüler in diesem Sinne zu erziehen. Auch das „schlichte" Erleben ist erzählenswert. Dazu gerät das Kind oft in ein Dilemma, einen Höhepunkt erfinden zu müssen, auch wenn es gar keinen erlebt hat. Die Nähe zur Phantasieerzählung wird deutlich. Nicht mehr tatsächlich Erlebtes wird dargestellt, sondern Klischees werden produziert. Hinter dem unheimlichen Geräusch, das **Angst** in der Dunkelheit erzeugt, verbirgt sich eben dann oft das kleine Kätzchen, das am Vorhang hochzuklettern versucht.

Auch **altersstiltypische Erkenntnisse** sprechen gegen diese dramatische Form des Erzählens. „*Die sprachlichen Möglichkei-*

ten des Schülers im 1. und zum Teil noch im 2. Schuljahr sind geprägt von jener typischen additiven 'und-da' Reihung, deren syntaktische Abgeschlossenheit noch durch den vorherrschenden Gebrauch des Perfekts unterstrichen wird. Die jeweiligen Einzelsätze sind inhaltlich noch sehr weit und unbestimmt und die dargebotenen Bewußtseinsinhalte äußerst komplex." (GEISSLER, S. 40)

Auch SANNER bemerkt zur kindlichen Ausdrucksweise, daß die „Dominanz der berichtenden Wiedergabe" (SANNER, R.: Aufsatzerziehung und Ausdruckspflege in der Volksschule. München 1964, S. 12) unverkennbar sei, und ich meine, dies trifft auch auf die späte Kindheit bis zum Eintritt in die Pubertät zu. GEISSLER stellt fest, daß die kindlichen Intentionen und Realisationen auf *„kommunikative Mitteilung"* ausgingen und nicht dem erlebnisbedingten subjektiven Ausdruckszwang entsprängen. Neben den Formen des Berichts ließen sich auch schon deutlich solche der Beschreibung aufzeigen. *„Und sieht man aufs Ganze, so liegt in der parataktischen Gesamtstruktur mit der Gleichrangigkeit der Einzelelemente mehr die Form eines epischen, beschreibenden Berichts vor als die der spannungsreichen, dramatischen Erzählung."* (GEISSLER, S. 40)

Man muß allerdings auch feststellen, daß das **berichtende Erzählen**, jemand anderen in mündlicher oder schriftlicher Form an etwas Erlebtem teilhaben zu lassen, zu den elementaren Bedürfnissen des Menschen gehört und deshalb auch in der Schule geübt werden muß, aber unter anderen Voraussetzungen: z. B.:

– Verzicht auf die dramatische Ausgestaltung eines Höhepunkts,

– Akzeptanz eines **berichtenden Erzählens**,

– Versuch, an die kleinen Erlebnisse der Schüler heranzukommen, z.B. durch die Cluster-Methode (siehe S. 154ff.),

– und damit Verzicht auf klischeeerzeugende Themenstellung; eventuell höchstens Abstecken eines großen Rahmens (etwa Ferien oder Wochenende; vgl. auch den Erzählkreis S. 78).

5.2 Zur Diskussion des schriftlichen Arbeitens in den 70er Jahren

BEISBART / MARENBACH haben in ihrer Einführung die Kritikpunkte am traditionellen Aufsatzunterricht zusammengefaßt:

– *Viele der Formen sind reine „Schulformen". Sie kommen im Alltag des Erwachsenen nicht vor, während öffentliche Schreibformen den Unterricht nicht beschäftigen.*

– *Einige der Formen sind an einer Geschichte gewordenen Literaturtradition (Erlebnisaufsatz, Schilderung) orientiert und an einer vereinseitigten Sprachauffassung, die den Bezug zwischen Sprache und Welt (Sprachinhaltstheorie) über die Sicht der Sprache als Kommunikationsmodell stellt.*

– *Formale und stilistische Normen bestimmen den Unterricht (Gestaltkennzeichen, Ordnungs- und Gliederungsstrukturen, Stilregeln, in einer lernzielorientierten Form, die dem Schüler keine Möglichkeiten läßt, eigene Gestaltungen zu entwickeln).*

– *Eine Trennung in „objektive" und „subjektive" Aufsatzformen führt zu Spitzfindigkeiten der Unterscheidung (Erlebnisbericht – Sachbericht), ist wirklichkeitsfremd, da Schreiben stets perspektivisch ist.*

– *Kombiniert mit der Unterscheidung subjektiv-objektiv wird eine Phasenlehre dem Aufsatzunterricht zugrundegelegt, die entwicklungspsychologisch nicht haltbar ist.*

– *Eine fatale „Die Wahrheit-liegt-in-der-Mitte-Ideologie" (Besinnungsaufsatz) fördert Anpassung und verhindert ein kritisches Engagement für eine Sache oder ein Problem.*

– *Auf schichtspezifische Probleme wird keine Rücksicht genommen. Die Gattungen sind hochsprachlich oder literatursprachlich orientiert.*

(BEISBART / MARENBACH, 1990, S. 158)

Gemeinsam ist allen Neuansätzen bis in unsere Zeit hinein, daß die **Normen und willkürlichen Setzungen** der traditionellen Aufsatzdidaktik entschieden abgelehnt werden. Es läßt sich allerdings nicht bestreiten, daß manche Schüler in einem solchen Deutschunterricht tatsächlich auch gut Aufsatzschreiben gelernt haben. Inwieweit auch von diesem Ansatz Transferleistungen, allgemeine Fähigkeiten und Fertigkeiten erzielt wurden, ist noch nicht ernsthaft untersucht worden. Die Schüler im traditionellen Aufsatzunterricht zu motivieren, ist dagegen unbestritten äußerst schwierig.

Ausgangspunkt der massiven Kritik – ich erinnere an die sog. kommunikative Wende Anfang der 70er Jahre – war zunächst der fehlende Adressatenbezug des Schreibens.

5.2.1 Schreiben als Kommunikation

KARL BÜHLER mit seinem Organonmodell der Sprache (vgl. S. 47) hat auch in diesem Zusammenhang anregend gewirkt. Von den drei Sprachfunktionen Ausdruck – Darstellung – Appell ist letzterer unberücksichtigt geblieben. So werden der **Adressatenbezug**, die **Schreibintention**, und die **Bedingungen der Situation** als Konstituenten des Schreibprozesses anerkannt. *„Der Schüler soll aus konkretem Anlaß und mit genau fixiertem Ziel lernen, schriftlich zu loben und zu tadeln, zu werben, zu beschwören, anzuklagen und zu verteidigen, zu verdeutlichen und zu verschleiern, zu übertreiben und zu untertreiben, Ablehnung, Zustimmung, Begeisterung, Abscheu, Empörung, Genugtuung, Angst, Furcht, Mitleid und Liebe nicht nur zum Ausdruck zu bringen, sondern im anderen zu erwecken. Indem wir so natürliche und reale Sprachanlässe schaffen, fördern wir die Sprachbereitschaft und erziehen Schüler dazu, sich nach dem Adressaten und Zweck zu richten und entsprechend Rücksicht auf den Gebrauch der Sprache zu nehmen. Sie lernen so ein 'beredtes Schreiben', das die gemeinte Bezugsperson oder Schicht auch erreicht. Nur so können sie eines Tages auch Einfluß auf die öffentliche Meinung gewinnen."* (LEHMANN, J.: Appellatives Schreiben. Aspekte einer partnerbezogenen Aufsatzlehre. In: SCHAU, A., 1974, S. 209)

Extrem glaubten W. BOETTCHER, J. FIRGES, H. SITTA, H. J. TYMISTER (Schulaufsätze. Texte für Leser. Düsseldorf: Schwann 1973), daß Schreiben nur in **Realsituationen**

betrieben werden sollte. *„Schreiben kann nur eingesetzt und geübt werden in echten Situationen mit interessebesetzten Intentionen, konkreten Partnern gegenüber, bei denen Wirkungen erzielt werden sollen, von woher sich die Wahl eines bestimmten Soziolekts und einer Textsorte bestimmt."*
(H. SITTA, 1974, S. 18)

HAUEIS und HOPPE haben schon sehr bald **fiktive Partner** und simulierte Schreibsituationen im schriftlichen Kommunikationsprozeß nicht ausgeschlossen. (HAUEIS, E. / HOPPE, O.: Aufsatz und Kommunikation. Düsseldorf: Schwann 1972)

Da Schule als Lerninstitution insgesamt in den verschiedenen Fächern und Lernbereichen auf das **Moment der Simulation** nicht verzichten kann, ist dies selbstverständlich auch auf den Aufsatzunterricht zu übertragen. Man stelle sich nur vor, wieviele Klassen sich in Großstädten an den Oberbürgermeister wendeten mit Bitten und Eingaben. Auch solche Situationen entsprechen damit nicht mehr der Realität. Freilich sollte der Deutschlehrer immer dann reale Schreibsituationen nutzen, wenn sie sich zwanglos und logisch ergeben. Warum können die Schüler bei der Vorbereitung einer Klassenfahrt nicht selbst den Schriftverkehr erledigen? Als wir im Praktikum mit Schülern Schlagertexte verfaßten und auch sangen, kam spontan die Idee auf, diese an Thomas Gottschalk zu schicken. Wie von selbst wurde diskutiert, wie man Gottschalk ansprechen sollte, doch wohl nicht „Sehr geehrter Herr Gottschalk", sondern „Hallo Thomas". Auch der Abschluß bereitete Kopfzerbrechen. Schließlich entstand nach langer Diskussion folgender Brief:

Klasse 7b   Scheßlitz, den ......
Staatliche Realschule
Burgholzstraße 6
8604 Scheßlitz

An den
Bayerischen Rundfunk
„Pop nach 8"
Postfach
8000 München 2

Hallo Thomas!

Wir, die Schülerinnen der Klasse 7b aus der Realschule Scheßlitz, haben unter der Leitung von Studenten der Universität versucht, Schlagertexte zu verfassen. Vielleicht kannst Du sie mal durchlesen. Sollte Dir das Lied auf der beiliegenden Cassette oder ein anderer Text gefallen, dann wäre es toll, wenn Du einen Text oder das Lied in „Pop nach 8" vorstellen würdest.

Wir warten natürlich gespannt, wie Du entscheiden wirst.

Herzklopfend und zitternd

Deine 7b

KOCHAN. D.C. (1974, S. 20 f.) hat eine systematische Gliederung vorgelegt:

1. Schriftliches Sprachverhalten mit der (überwiegenden) Intention, den Leser zu informieren
   a) über Gegenstände und Personen
   b) über Vorgänge und Sachverhalte
   c) über Probleme
2. schriftliches Sprachverhalten mit der (überwiegenden) Intention, an den Leser zu appellieren
   a) in der Form kooperativer Kontaktaufnahme (z. B. einladen, auffordern)

b) in der Form der Beeinflussung (z. B. aufrufen, werben)

c) in der Form des Kampfes (z. B. Auseinandersetzung, Kritik, Polemik)

3. schriftliches Sprachverhalten mit der (überwiegenden) Intention, etwas zu erzählen

a) um zu fabulieren (im Sinne der subjektiven Kundgabe oder aus Freude am Ausspinnen einer Geschichte)

b) um einen Leser anregend zu unterhalten.

Auch traditionelle Aufsatzthemen lassen sich kommunikationsorientiert formulieren, unter Berücksichtigung der Intention, des Adressatenbezugs und der Situation.

So existiert nicht die **Inhaltsangabe** an und für sich, sondern **ihre Funktion** ist von entscheidender Bedeutung. *„Immer wieder wird es notwendig sein, daß wir Inhalte zusammenfassen müssen. Je nach Intention wird eine solche Zusammenfassung verschieden gestaltet sein; z. B. thesenartige Zusammenfassungen; genaue Wiedergabe des Geschehens, der wichtigsten Gedanken; adressatenbezogene Ausschnittsschilderungen."* (SCHUSTER, K., 1982, S. 70). In der Schule wird aber immer noch eine Inhaltsangabe verlangt, die der in einem literarischen Lexikon entspricht. Auch erörternde Themen können entsprechend formuliert werden, etwa „Stellen Sie sich vor, Ihr bester Freund möchte nach dem Abitur kein Studium aufnehmen, Sie aber wollen ihn davon überzeugen, daß dieses für ihn in vielerlei Hinsicht einen persönlichen Gewinn darstellt."

So orientiert sich der Schreiblehrgang in der Grundschule in den ersten Schuljahren zum Teil an diesen schriftlichen kommunikativen Grundbedürfnissen: z. B. *„Formulieren von Wünschen und Fragen in einem Satz"; „Gestalten von Einladungen"; „Schreiben von Verkaufs- und Tauschanzeigen"; „Sich zustimmend oder ablehnend äußern, z. B. zu einem Vorschlag oder Geschehen"; „Formulieren von persönlichen und gemeinsamen Anliegen, z. B. Gestaltung des Klassenzimmers";*

„Aufschreiben von Gründen und Gegengründen". (Bayer. Grundschullehrplan Nr. 20, 1981, S. 588)

Nicht der große zusammenhängende Text ist zunächst gefragt, sondern die kleineren schriftlichen Fixierungen, die dem Schüler bewußtmachen, daß diese für ihn wichtig und vorteilhaft sind.

J. LEHMANN hat, ausgehend vom Organonmodell der Sprache BÜHLERs (siehe S. 47) einen **Textsortenzirkel** entwickelt, den er um die kreative Dimension in bezug auf die „Sprache" erweitert hat. Gleichzeitig wird deutlich, daß neben den üblichen schulischen Aufsatzformen eine Vielfalt von in der Wirklichkeit existierenden Textsorten in das Blickfeld geraten (siehe S. 144). LEHMANN kommentiert seinen Zirkel folgendermaßen:

„Der viergeteilten Intention des Schreibers entsprechen vier Bezugsmöglichkeiten: der expressiven Intention bzw. Sprachfunktion der dominierende Schreiberbezug; der informativen Funktion der überragende Sachbezug; der appellativen Funktion der betonte Leserbezug; der kreativen Funktion der besondere Sprachbezug. Zwischen den jeweiligen Bezugspunkten finden sich Beispiele für Textmöglichkeiten eingetragen, und zwar in derselben Entsprechung: betont kommentierend – wertend, referierend – darstellend, normierend – werbend – agitierend und fabulierend – spielend. Die überholte Dichotomie von außerpoetisch und poetisch kodierten Texten wird überwunden." (S. 38/39)

Es wird deutlich, daß LEHMANN einer verengten Sichtweise von schriftlicher Kommunikation eine deutliche Absage erteilt, die einseitig die **nur** appellative Funktion gelten läßt. Deshalb ist die aus heutiger Sicht heftige Kritik an dem kommunikationsorientierten Ansatz, er sei zu instrumentell, zu zweckorientiert ausgerichtet, nicht ganz gerechtfertigt.

Als eine der Möglichkeiten behält dieses **Schreiben als Kommunikation** seine Bedeutung.

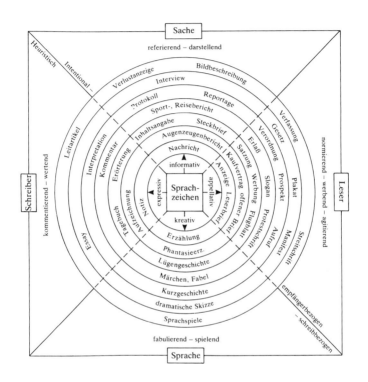

LEHMANN, J. / STOCKER, K. (Hrsg.): Handbuch der Fachdidaktik. Deutsch 2. München 1981, S. 38.

5.2.2 Schreiben als heuristischer Prozeß

„Der heuristische Ansatz, angereichert durch emanzipatori-sche Zielstellung, wird konsequent erstmals von WERNER INGENDAHL vertreten (1972). Für ihn ist Aufsatzschreiben kein primär kommunikatives Handeln, sondern 'der Schüler schreibt, um sich – schreibend – über sich selbst und sein Verhalten zur Wirklichkeit klar zu werden (…)'. Die der emanzi-patorischen Zielstellung angemessenste Sprachform ist für

INGENDAHL – im Gegensatz zu Vertretern einiger soziolin-
guistischer Theorien – die Hochsprache, weil sie die 'sozialste
Form' von Sprache ist, 'weil sie allen Mitgliedern einer Sprachgemeinschaft Kommunikation (...) ermöglicht, weil sie **den**
Grad von Allgemeinheit hat, der nötig ist, um Schranken zu
überwinden und sich selbst im Rahmen eigener, sozialer und
umweltbedingter Determinanten bestmöglich zu verwirklichen'. (INGENDAHL, 1972, S. 53) Insgesamt zeigt der IN-
GENDAHLsche Beitrag zur Aufsatzdidaktik also den Versuch, aus der Tradition heraus neue didaktische Formen des
Aufsatzunterrichts zu entwickeln." (BECK / PAYRHUBER,
1981, S. 13)
Auch INGENDAHL, W. (Aufsatzerziehung als Hilfe zur
Emanzipation. Didaktik und Methodik schriftlicher Sprachgestaltung. Düsseldorf: Schwann (1972), 1974, 3. Aufl.) lehnt den
normativen Aufsatzunterricht ab, allerdings bleiben seine Vorschläge für die konkrete Arbeit sehr blaß. Seine Gedanken sollten aber für die personalen Schreibformen der 80er Jahre wieder besondere Bedeutung gewinnen.

5.2.3 Schreiben als kreativer Prozeß

Zum einen knüpft man an den „freien" Aufsatz der Reformpädagogik an, zum anderen werden die kreativen Schreibformen betont in Opposition zu den kommunikationsorientierten. So hebt F. OSTERMANN (Kreative Prozesse im „Aufsatzunterricht". Paderborn: Schöningh 1973) die kreativen
Prozesse hervor, und zentrale Aufgabe des Schreibunterrichts
sei, das kreative schriftliche Gestalten zu fördern und zu trennen von dem sogenannten „Sprachhandlungsunterricht, zu
dessen Aufgaben u. a. die Tätigkeiten und Übungen im Schreiben gehören, die reproduktive und kompensatorische Funktion haben." (S. 12)
Man muß allerdings ganz deutlich feststellen, daß auch im
kommunikativen Ansatz die kreativen Schreibformen nicht

ausgeschlossen wurden, im Gegenteil, man wollte sie ins System integrieren (siehe den Textsortenzirkel von LEHMANN).

BEISBART / MARENBACH stellen für die augenblickliche Diskussion stark differierende Richtungen fest:

– **Förderung des sprachlichen Repertoires**
– **Kreatives Schreiben**
– **Personales Schreiben**
– **Freies Schreiben**
– **Schreiben als Prozeß**
– **Schreiben zur Kognitionsförderung**

(S. 157)

Ich möchte mich zunächst dem personalen Schreiben zuwenden, weil man daran vieles exemplarisch aufzeigen kann, was charakteristisch für die 80er und 90er Jahre ist.

5.3   Entwicklungen der Schreibdidaktik in den 80er und 90er Jahren

5.3.1 Personales Schreiben

„Die jüngere Diskussion um den schulischen Aufsatz läßt zum einen eine tiefgreifende Skepsis gegen die in den 70er Jahren vorherrschende 'kommunikative Aufsatzdidaktik erkennen und ist zum andern durch eine in dieser Entschiedenheit neue Einbeziehung der Person des schreibenden Kindes und Jugendlichen, seiner Subjektivität', in die didaktische Reflexion gekennzeichnet. Allen in diesen Zusammenhang gehörenden Arbeiten – zu nennen sind insbesondere BOEHNKE / HUMBURG (1980), FRITZSCHE (1980), MATTENKLOTT (1979), SENNLAUB (1980), SPINNER (1980), aber auch schon GÖSSMANN (1979) und KOCHAN (1977) – ist gemeinsam, daß sie bei aller Unterschiedlichkeit im einzelnen die zentrale Aufgabe des Aufsatzunterrichts darin sehen, dem

Kind und Jugendlichen Gelegenheit zu geben, **sich selber in den Schreibprozeß einzubringen.***"* (BOUEKE / SCHÜLEIN, 1985, S. 277, HEIN / KOCH, 1984)
Welche Entwicklungstendenzen in Schule und Gesellschaft führen zu diesem „personenorientierten Schreiben" (BOETTCHER, W.: Schreiben im Deutschunterricht der Sekundarstufe I – Bilanz, Neuansätze. In: Mitteilungen des deutschen Germanistenverbandes 29, S. 4–47) oder, wie allgemein gebräuchlich zum „personalen Ansatz"?
Ich möchte zunächst einige Konzepte kurz andeuten:
– SPINNER:
„Identitätsgewinnung als Aspekt des Aufsatzunterrichts" (1980)

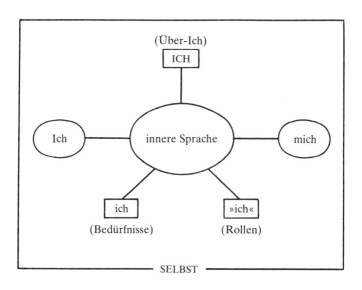

Das Modell des Ich-Bewußtseins (S. 72)

– **Die Ich-Identität**:

Ich-Identität

soziale (Rollen-)   persönliche
Identität   Identität

– **Soziale Identität**:

● Der Heranwachsende wird mit gesellschaftlich bereitgestellten Rollenerwartungen konfrontiert.

● Das Individuum hat mehrere soziale Rollen zu übernehmen, z. B. als Staatsbürger, Berufstätiger, Tochter, Sohn usw.

– **Persönliche Identität**:

● Das Individuum distanziert sich von sozialen Rollen.

● Dies ist besonders bei Jugendlichen in der Pubertät stark ausgebildet.

– **Die Sprache** wird dabei zum Instrument der **Selbstreflexion.**

Im Prozeß der Interpretation des eigenen Ich leistet die Sprache die symbolische Repräsentation des Ich, das sich in diesem Vorgang selbst gegenübertritt und sich so selbst auslegen kann.

Folgerungen für die **praktische Realisierung** einer Förderung der **Identitätsbildung im Unterricht:**

– **Schreibanlässe**

Den Kindern soll die Gelegenheit gegeben werden, freiwillig und ohne Zwang von eigenen Erlebnissen, Erfahrungen, Wünschen und Träumen in unterschiedlichen Situationen und Formen schriftlich zu berichten.

– **Austauschformen**

Da das Interesse anderer für die eigene Person das Vertrauen in die Selbstfindung stärkt, sollen Möglichkeiten des Austausches von Geschriebenem geschaffen werden. Die verschriftlichten subjektiven Erfahrungen sollen veröffentlicht und zur Diskussion gestellt werden.

– **Aufsatzbeurteilung**

Statt das Produkt eines einzelnen an einem einheitlichen Maßstab zu bemessen, wie es bei der Notengebung der Fall ist, soll
der Lehrer den sich manifestierenden Identitätsprozeß beurteilen (siehe S. 169 ff.).

– FRITZSCHE: Er stellt drei Funktionen des Aufsatzes fest:
  – Lernkontrolle
  – Lerngegenstand
  – Lernmedium

Vier Kompetenzen (nach HABERMAS / KREFT) werden
ausgebildet:
  – kognitive
  – interaktive
  – ästhetische
  – Konstitution der Lebensgeschichte und Identifikation

Die Funktionen sollen mit den Kompetenzen in Beziehung gesetzt werden, indem die einzelnen Aufsatztypen
den Kompetenzen zugeordnet werden.

– MATTENKLOTT: Struktur des Schreibkonzeptes, Prinzipien:
  – Kreative Schreibprozesse sollen Schreibhemmungen
    lösen;
  – der subjektive Eindruck des Schreibens wird betont;
  – gruppendynamisch spezifisch strukturierte Schreibsi-
    tuationen sollen gefördert werden.

Ziel: Der Unterricht soll Perspektiven öffnen „auf Formen der Selbstverwirklichung in spielerischer Art und äs-
thetischem Genuß".

– SENNLAUB: „Spaß am Schreiben oder Aufsatzunterricht?" (1980)

Schwerpunkt soll erlebnisorientiertes und expressives
Schreiben sein. Das Individuum hat die Freiheit zu entscheiden, wann, ob und über was es schreiben will. „Von
sich aus schreiben"!

BOEHNCKE / HUMBURG: „Alle Menschen, besonders
Kinder schreiben gerne, wenn man sie nur läßt!"

Ziel: Der natürliche Schreibdrang soll nicht durch die „Me-
thodenmühle" der Schule gehemmt oder unterdrückt werden. „Schreiben als [...] Medium der Subjektivität."

Daß Jugendliche und junge Erwachsene ihre **Ich-Identität**
entwickeln sollen, ist nicht nur eine Forderung der Deutschdidaktik, sondern auch der Pädagogik, Psychologie und Soziologie. Seit der zweiten Hälfte der 60er Jahre haben wir es in
der Gesellschaft mit einer zunehmenden Auflösung traditio-
neller Norm- und Wertvorstellungen zu tun.

So spricht der Soziologe ULRICH BECK von **„Individualisie-
rung"** des Menschen und meint: *„Die Biographie der Menschen wird aus traditionalen Vorgaben und Sicherheiten, aus
fremden Kontrollen und überregionalen Sittengesetzen herausgelöst, offen, entscheidungsabhängig und als Aufgabe in
das Handeln jedes einzelnen gelegt. Die Anteile der prinzi-
piell entscheidungsverschlossenen Lebensmöglichkeiten nehmen ab, und die Anteile der entscheidungsoffenen, selbst her-
zustellenden Biographie nehmen zu.* **Normal**biographie verwandelt sich in **Wahl**biographie – mit allen Zwängen und 'Frö-
sten der Freiheit', die dadurch eingetauscht werden."* (BECK,
U. / BECK-GERNSHEIM, E: Das ganz normale Chaos der
Liebe. Frankfurt/M.: Suhrkamp 1990, S. 12/13) Und THO-
MAS ZIEHE referierte in Stuttgart auf dem Deutschen Germanistentag 1985 über „JUGENDKULTUREN – angesichts
der Entzauberung der Welt – Veränderte Möglichkeitshorizonte und kulturelle Suchbewegungen". *„Insgesamt sehe ich
in den drei kulturellen Tendenzen, die ich hier angeführt habe
– REFLEXIVITÄT, MACHBARKEIT, INDIVIDUIE-
RUNG – eine bedeutsame Veränderung von Möglichkeitsho-
rizonten, die dem einzelnen zur Verfügung stehen, ihm aber
auch aufgenötigt sind."* (S. 13) Diese veränderten Möglich-

keitshorizonte seien ein Produkt der Moderne. Bisherige Handlungsmuster, das Moderne biographisch zu bewältigen, würden damit schubartig entwertet. ZIEHE registriert in diesem Zusammenhang sogenannte „kulturelle Suchbewegungen": eine davon sei die **Subjektivierung**. Diese sei getragen von der Sehnsucht nach Expressivität, die als ein Wert gesehen werde, sich authentisch ausdrücken zu können, körperbezogene Workshops, Tanzkurse, Theaterereignisse in der grünen Subkultur folgten diesem Muster auch und erfreuten sich entsprechender Resonanz. In der **Ontologisierung** gehe es um die Suche nach Gewißheit. *„Versuche der Wiederverzauberung würde ich hier einordnen, z. B. neoreligiöse Gruppen und gewachsenes Interesse für Spiritualität."* (S. 20) Bei der **Potenzierung** wird nach ZIEHE etwas künstlich mit Bedeutung aufgeladen. *„Gesucht wird nicht Nähe, auch nicht Gewißheit, sondern Intensität."* (S. 21) Der eigene Habitus, Form, Stil werde zum vorherrschenden Geltungskriterium. Dies könne zum Ausdruck kommen durch die Dauerfaszination des Computerbildschirms, *„es können Leidenschaften sein, sich in Graffitis auszudrücken, und es kann sich um die Zeichen handeln, die ich mir selbst zuordne, Embleme, die bis in die Bedeutungs-Subtilitäten hinein nur von gleichgesinnten Kennern decodiert werden können."* (S. 22)

Es ist doch einsichtig, daß einer so gesamtgesellschaftlichen Tendenz die Schule und insbesondere der Deutschunterricht nicht allein den außerschulischen Angeboten und Mitbewerbern das Feld überlassen kann. Allerdings werden darauf nicht nur der schriftliche Sprachgebrauch, sondern auch die anderen Lernbereiche antworten müssen.

Daß das **Schreiben** in besonderem Maß geeignet ist, zu dieser Identitätsgewinnung beizutragen, ergibt sich aus dem Unterschied zwischen gesprochener Sprache und Geschriebenem:

Schreiben ist nicht, wie manche unterrichtliche Praxis immer noch nahelegt, bloße Verschriftlichung gesprochener Sprache, sondern eine Umset-

zung des Sprechdenkens in geschriebene Sprache. *Ausgehend von dieser Prämisse kann die mögliche Leistung des Schreibens für die Identitätsgewinnung in folgenden Punkten verdeutlicht werden:*

1. *Stärker als das mündliche Reden kann das Selbstgeschriebene als ein eigenes Produkt erfahren werden, in dem Inneres vergegenständlicht nach außen getreten und somit faßbar ist. Solche Selbstobjektivation stärkt die Selbstgewißheit.*

2. *Da dem Ich im Geschriebenen Selbsterlebtes, Gefühltes, Gedachtes materiell gegenübertritt, entsteht eine ausdrückliche Bewußtheit davon, daß das Ich Subjekt seiner Erlebnisse, Gefühle und Gedanken ist. Das vergegenständlichte Eigene wird interpretierbar, das Betroffensein von der Umwelt zum Nachdenken über die Betroffenheit.*

3. *Im Schreiben von sich selbst kann Biographie als Vergewisserung des eigenen Lebensbezuges geleistet werden und das lebensgeschichtlich gewonnene Selbst-Sein durch Strukturierung Gestalt gewinnen. In manifester Weise erhält im biographischen Erzählen das Vergangene Dauer und erweist sich so als sichtbarer Teil der Identität.*

4. *Im Schreibakt selbst ist die Sprachproduktion im Vergleich zum Sprechdenken und zur mündlichen Sprache verlangsamt und wird deshalb mit begleitender Reflexion durchsetzt. Sofern es beim Geschriebenen um eigene Gefühle, Gedanken, Erlebnisse geht, kommt ein Selbstreflexionsprozeß in Gang.*

5. *Beim Lesen des Selbstgeschriebenen wird das Subjekt in manifester Weise zum Adressaten der eigenen Äußerung und tritt auch dadurch sich selbst gegenüber.*

Zusammenfassend ist festzuhalten, daß die im Sprechdenken oft diffus und in geringer Bewußtheit ablaufenden Identitätsprozesse beim Schreiben bewußter, greifbarer und beherrschbarer werden können. Diese Rolle geschriebener Sprache als Stütze im Identitätsprozeß wird entwicklungspsychologisch faßbar in der Pubertät als der Phase der größten Identitätserschütterungen, wenn Tagebuch, bekenntnishafte Briefe und poetische Versuche mit der Tendenz der Selbstdeutung zum häufigsten Medium der Ich-Bewältigung werden. (SPINNER, 1980, S. 74/54)

Folgende gesellschaftliche Tendenzen sind noch zu berücksichtigen:

– Die **Schreibbewegung** allgemein wendet sich gegen eine Vereinnahmung durch die Massenmedien, durch die eine Konsumhaltung provoziert wird bis hin zur geplanten, verplanten Freizeit- und Feriengestaltung (z. B. in bestimmten

Clubs). So existieren in der Bundesrepublik vielfältige
Schreibgruppen, in Universität und Volkshochschulen (vgl.
SCHALK / ROLFES, 1986; ERMERT, K. / BÜTOW, TH.
(Hrsg.): Was bewegt die Schreibbewegung? Kreatives Schreiben – Selbstversuche mit Literatur. Loccum 1990) und als freie
Vereinigungen. Aktivitäten in diese Richtung gehen auch vom
schreib- und poesietherapeutischen Institut in Berlin aus; seit
1990 wird sogar ein Fernlehrgang im kreativen Schreiben angeboten (vgl. v. WERDER, 1990). SCHALK / ROLFES haben ein leidenschaftliches Pamphlet gegen die Methoden des
traditionellen Aufsatzunterrichts verfaßt:

Vom Thema abgewichen
oder Schreiben befreit auch Menschen unter 18

Nieder mit der Zerstörung kindlicher Phantasie!

Ein Pamphlet.

** Der herkömmliche Deutschunterricht ist bestenfalls in der Lage, Proto-
kollanten, stammelnde Langeweiler oder Literaturkritiker hervorzubringen.*

** Kaum haben die Kinder die Sprache erlernt, wird sie ihnen schon wieder
weggenommen. Wer schreibt schon gern Diktate?*

** Stupide Bildgeschichten, nach denen Aufsätze geschrieben werden sol-
len, verjagen den Rest eigener Bilder aus dem Kopf.*

** Jahrelanges Interpretieren und Analysieren fremder Texte läßt die eige-
nen schöpferischen Kräfte verkommen. Wenn später das Ausdrucksvermö-
gen ungenügend ist, sollen allein Fernsehen und Comics daran schuld sein.*

** Kinder brauchen einen Freiraum für Phantasie-, Sprach- und Schreib-
spiele, in dem sie ihre schöpferischen Kräfte ohne Angst vor Zensuren frei
entfalten können!*

** Weg mit der Trennung in verschiedene Schulfächer! Wie wärs mit einem
Theaterstück mit Liedern und akrobatischen Einlagen?*

** Schreiben darf nicht nur Üben für später sein! Klassen- und Schulzeitun-
gen geben den Texten einen unmittelbaren Zweck und motivieren.*

* Nieder mit der Zerstörung kindlicher Phantasie! Her mit der Sprache!
(S. 60)

– Ich habe schon im Zusammenhang mit dem produktionsorientierten Literaturunterricht darauf hingewiesen, daß verstärkt in den 80er und 90er Jahren auf die Fähigkeiten und Möglichkeiten der **rechten Gehirnhälfte** gesetzt wird (vgl. dazu das Schaubild von RICO, S. 117), die besonders beim personalen Schreiben mobilisiert werden sollen.

– **Möglichkeiten und Verfahren des personalen Schreibens**
Seit fast einem Jahrzehnt habe ich selbst in der Schreibbewegung (u. a. beim Bad Segeberger Schreibkreis) Erfahrungen gesammelt und mit Studenten/Lehrern (in der Fortbildung) und mit Schülern im Praktikum solche Schreibformen erprobt.

– Die **Clusteringmethode** (G. L. RICO) ist ein **nicht-lineares Brainstorm-Verfahren**, das auf der freien Assoziation basiert (Cluster = Haufen). Dabei soll das bildliche Denken gefördert, die unnachgiebige Zensur des begrifflichen Denkens umgangen werden. Der Schreiber soll die Angst verlieren. Das „Clustering" wird von ihr als die „Kurzschrift des bildlichen Denkens" bezeichnet.

Um ein **Kernwort** werden spontan und möglichst schnell Assoziationsketten notiert, um die Zensur und Kontrolle auszuschalten. Hier ein Cluster-Beispiel, was natürlich bei jedem Menschen anders aussehen wird.

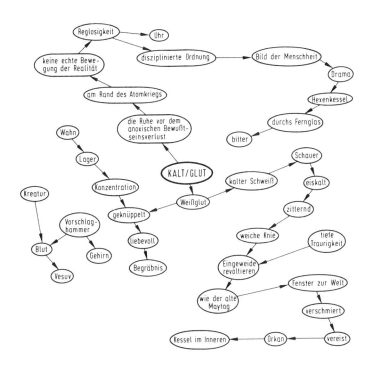

RICO, S. 236. Ein Beispiel für das Widerspruchs-Cluster

Das Clusterverfahren umfaßt folgende Schritte:

RECHTE	LINKE Gehirnhälfte
1. Assoziationsanreiz 2. Kernwort 3. Cluster bilden 4. Versuchsnetz / Umschalten 5. Dominantes Gefühl / zentrale Aussage 6. Kurztext	

(v. WERDER, 1986, S. 92)

Das Cluster mobilisiert die kindlichen Sprachmuster, die kindlichen My-
then. Es durchbricht die Schale des genormten Realismus der Klischees der
Alltagsrede, die nur zu oft im Schreiben alle Lust abblocken. Das Kind lebt
weitgehend mit der rechten Gehirnhälfte (dem Unbewußten). Erst durch
die Sozialisation baut sich die Macht der linken Gehirnhälfte auf (das Be-
wußtsein), die alle Spontaneität im Denken durch das Zensieren der Ge-
fühle unterbindet. Das Clusterverfahren setzt: Freie Assoziation gegen ste-
rile Systematik, Bild gegen Begriff, Originalität gegen Konvention, Ganz-
heit gegen Detail und kindliche Originalität gegen erwachsene Routine. (v.
WERDER, 1986, S. 92)

LUTZ von WERDER (1986) hat die Regeln übersichtlich und
einprägsam zusammengefaßt:

Therapeutisch ergiebig sind:

1. Texte über wichtige Bezugspersonen (Vater, Mutter, Großeltern, die Ge-
liebte, den Freund, den Gegenspieler).

2. Texte, die die Bilder des Unbewußten anregen (Traumbilder, archetypi-
sche Symbole, Gattungserfahrungen in Urphantasien).

3. Texte, die die Lebensprobleme des Schreibers aufgreifen (Probleme des
Alters, Familienkonflikte, Ängste, Körpergefühle, Schreibbarrieren).

4. Texte, die tiefe Gefühle ausdrücken (Trauer, Einsamkeit, Schmerz, Freu-
de).

5. Texte, die die Widersprüche des Lebens, die Gefühlsambivalenzen, krea-
tiv verarbeiten (Liebe – Tod, Ohnmacht – Macht).

Literarische Regeln:

Die Berücksichtigung literarischer Regeln verbessert nicht nur die Wirkung eines Textes nach außen, ihre Befolgung kann auch die Qualität der Abarbeitung von Verdrängtem verbessern helfen. RICO betont folgende literarische Stilmittel:

1. Einbau wiederkehrender Sprachelemente: Jeder Text sollte einen roten Faden besitzen. Ein geschlossener Gedankenkreis im Text gibt diesem eine besondere Kraft. „Kehren Sie am Ende Ihres Textes zu dem Bild des Anfangs zurück."

2. Entwicklung von Sprachrhythmen: Musik in Worte bringen. Den Sprechrhythmus von Dichtern nachahmen: die langen Sätze Thomas Manns, die lyrischen Explosionen von Thomas Wolfe usw.

3. Metaphern gebrauchen: Bilder aus Kunst und Literatur benutzen, die Außergewöhnliches mit Alltäglichem verknüpfen. Ästhetik des Schocks, der Expression, der Dichte.

4. Kreative Spannung erzeugen: Widersprüche tanzen lassen, beide Seiten des Lebens raus lassen, die Konflikte, die überall sind.

5. Überarbeitung des Textes: Überflüssiges, Triviales, Klischees streichen und die expressiven Seiten der Sprache verstärken.

Die literarischen Prinzipien heißen: Ganzheitlichkeit, Bilder, Sprachrhythmen, Metaphern, Wiederkehr entscheidender Gedanken, kreative Spannung, Schließen des Kreises, Überarbeitung.

Poesietherapeutische Prinzipien:

1. Gelassenheit bei der Arbeit am Cluster

2. Erinnerungen an Bezugspersonen

3. Das magische Denken der Kindheit beleben

4. Mit Träumen arbeiten

5. Die Kräfte der Meditation nutzen

6. Aktive Imagination betreiben

7. Die persönlichen Erfahrungen transzendieren

8. Einen ganzheitlichen Entwurf versuchen (v. WERDER, 1986, S. 92–95)

Im schulischen Bereich läßt sich die Clustermethode universell einsetzen. Im Bereich des **Erzählens** (ich sage bewußt nicht Erlebniserzählung) könnte schon in der Grundschule „geclustert" werden, so daß der Schüler nun tatsächlich durch das „Versuchsnetz" auf Persönliches stößt, das er gerne aufschreiben möchte, zunächst für sich selbst, aber auch um anderen von sich mitzuteilen. Insofern haben diese Schreibformen auch kommunikativen Charakter. Allerdings sollte man das **Prinzip der Freiwilligkeit** des Vorlesens nicht verletzen, wenn der Text jemand zu persönlich, zu intim gerät.

Auch beim **Erörtern** kann man mit einem Cluster beginnen, was in etwa einer Stoffsammlung entspricht, allerdings mit dem Unterschied, daß bei diesem Brainstorming-Verfahren alle Gedanken und Ideen zugelassen, ja erwünscht sind. Eine scheinbare Ordnung wird durch die Form des Clusters vermieden. Allerdings müßte der Lehrer in diesem Zusammenhang abweichende, kreativ-unkonventionelle Ausarbeitungen akzeptieren. Denn gerade der Schüler, der in personalen Schreibformen geübt ist, wird, so bestätigen Lehrer immer wieder, auch bei den traditionellen Aufsatzformen versuchen, originell-subjektive Lösungen zu produzieren, sofern er mit der Zustimmung und dem Verständnis des Lehrers rechnen kann.

– Aktivierung von Körpergefühlen

Charakteristisch für viele personale Schreibformen ist es, daß die übliche traditionelle Themenstellung abgelöst wird durch andere Verfahren, die versuchen, **die Person als ganzes mit ihren Emotionen und Erfahrungen** anzusprechen und dabei auch die „Bedürfnisse" der rechten Gehirnhälfte zu berücksichtigen.

Ein solches Vorgehen bedeutet das **Aktivieren** von Körpergefühlen. Jeder Mensch speichert in seinem Gehirn Bilder, Erfahrungen, Erlebnisse, Gefühle, zu denen er nicht ohne weiteres Zugang hat, weil sie sich einem rationalen Zugriff entziehen, u. U. auch nicht durch das Clustering evoziert werden können.

Die **Körpergefühle** beziehen sich dabei auf alle **fünf Sinne**:

Tasten – Riechen – Hören – Sehen – Schmecken.

Beim Tasten, Riechen und Schmecken haben wir jeweils bei

unseren Versuchen die Augen verbunden, um die Konzentration auf **einen** Sinn zu erleichtern.

Wir stellten fest, daß Schüler es gar nicht gewohnt waren, tastend mit einem Gegenstand umzugehen. Denn es kommt darauf an, an die subjektiv-bedeutsame Ebene heranzukommen. Dazu muß ich mir Zeit lassen, muß mich selbst wahrzunehmen versuchen.

Dazu haben wir folgende Hilfen angeboten (5. Klasse, Hauptschule):

tasten → fühlen → denken

erst: vorsichtig   dann: genauer

fest? – weich?	„Für mich angenehm?"
spitz? – stumpf?	„Woran denke ich, was fällt mir ein?"
groß? – klein?	„Was fühle ich?" Kälte? Wärme?
gleichmäßig?	„Was bewirkt der Gegenstand?" Duft?
fest? – weich?	„Für mich angenehm?"
unregelmäßig?	Aufmerksamkeit, ... Geräusche?

> Versuche durch Tasten, den Gegenstand möglichst genau kennenzulernen und darauf zu achten, welche Erlebnisse dir dabei einfallen.

Damit der erste Schritt erleichtert wird, haben wir den Schülern als Möglichkeit die **Identifikation mit dem Gegenstand** in der Ich-Form angeboten. Je geübter eine Klasse sein wird, desto weniger werden solche Hilfen notwendig sein. Die Gegenstände müssen sorgfältig ausgewählt werden (bei uns z. B. Muschel, verschiedene Steintypen, Holzkästchen, Keramikfigur, Tomate). Wir haben solche Dinge zu vermeiden versucht, die schon von vorne herein negative Gefühle auslösen könnten. Auch bei Versuchen mit anderen Körpergefühlen haben wir sorgfältig Arrangements vorbereitet. Es würde zu weit führen, diese im Rahmen einer Einführung darstellen zu wollen.

Beispiel eines Textes aus einer 5. Klasse:

Ich, der arme Stein

Ich bin ein Stein, wie es so viele auf der Erde gibt. Doch bestimmt werden nicht alle Steine so schlecht behandelt wie ich. Ich will euch mal eine kleine Geschichte aus meinem Leben erzählen. Als ich gerade fünf Jahre alt war, wurde ich und drei von meinen Freunden auf einen hohen Laster geworfen. Der Laster war mindestens zwei Meter hoch. Na was solls! Auf jeden Fall landete ich und meine Freunde auf einem hohen Steinberg. Als wir ungefähr zwei Monate auf dem Steinberg waren, passierte etwas Schreckliches. Meine Freunde wurden von einer riesigen Schaufel verschleppt. Seitdem war ich allein und mußte mich ohne meine Freunde zurecht finden. Das war nicht sehr einfach, ich mußte viel durchstehen und hatte oft Glück. Jetzt bin ich hier am Rande dieser schrecklichen Fabrik.

(Die Rechtschreibfehler wurden beseitigt.)

Der Schüler hat in diese Geschichte seine ganze Biographie verpackt. Damit wird auch deutlich, daß die Grenzen hin zum therapeutischen Schreiben fließend sind.

Vielleicht sollte gesagt werden, daß die Studenten in den Schreibseminaren und die Lehrer in der Fortbildung diese Verfahren selbst einüben.

So fordert SCHOBER zu Recht: „*Für die Ausbildung von Deutschlehrern ist deshalb eine entsprechende Selbsterfahrung zentral. Nur wenn die Studierenden in der Gruppe erfahren haben, wie ein Virulentmachen von Themen in Gesprächen oder Spielen zum Schreiben führt und wie im so vorbereiteten Schreibakt authentische Texte entstehen, die beim Vorlesen die Zuwendung aller haben, suchen sie auch in der Klasse nach Ansatzpunkten solchen Schreibens und entwickeln den Mut, sich, wie es notwendig ist, mit den Schülern auf die gleiche Stufe zu stellen, also mitzuschreiben und auch selbst das Eigene vorzulesen. Schreibseminare an der Hochschule, möglichst in*

Verbindung mit Praktika, leisten hier die beste Vorbereitung."
(SCHOBER, O.: Selbstvergewisscrung durch Lesen und
Schreiben. In: SPANHEL, D. (Hrsg.): Curriculum vitae. Essen 1988, S. 144)

Es ist deshalb in meinen Veranstaltungen ein Grundprinzip,
daß die Lehrer (bei der Fortbildung) und Studenten an der
Hochschule **selbst schreiben**, was ich auch selbst praktiziere,
nicht unbedingt im Sinn des Musterhaften, sondern als Modell,
sich auch in den Erfahrungsprozeß einzubringen.

Im folgenden sollen weitere Verfahren nur angedeutet werden:

– **Situatives Schreiben**

Alles was man in einer **Situation** vorfindet (z. B. Raum, Gegenstände, Gerüche, Menschen, optisches und akustisches Material) kann zum Schreiben anregen. Das Schulhaus und die nähere Umgebung werden zum Schreibanlaß, zum überdimensionalen Cluster.

Man kann neben diesen natürlichen Situationen auch künstliche schaffen.

– **Schreiben in Selbsterfahrungsprozessen**

Die Gedanken, Assoziationen, Gefühle werden schriftlich festgehalten, die ansonsten in der Reflexionsphase mündlich im Gespräch mitgeteilt werden. Die schriftliche Form hat ein höheres Maß von Objektivität (siehe SPINNER, S. 151/152), und es wird häufiger Divergentes festgehalten, da die Vermittlungsprozesse wegfallen.

Wichtig ist, daß es uns dabei nicht um die Form des therapeutischen Schreibens geht, nur um das Notieren der Gefühle, sondern um das Gestalten eines Textes. Allerdings sind die Grenzen fließend.

In der Schule genügen schon einfache Warming-up-Übungen
(siehe S. 229 ff.) als Schreibanlaß.

– **Schreiben in Gruppenprozessen, als Gruppenprozeß**

Diese Form ist mit der vorherigen verwandt, und man wird in

allen diesen Bereichen Überschneidungselemente feststellen können.

Schreiben **„in Gruppenprozessen"** bedeutet, daß man sich gegenseitig wahrnimmt, z. B. ein Porträt oder Kurzcharakteristik anfertigt auf der Grundlage eines Partnerinterviews. – Jeder schreibt **ein Wort** auf, das ihm spontan einfällt, wirft es in die Mitte, man kann sich auf ein Wort einigen oder jeder „leiht" sich eines. – Nach dem Vorlesen wählt jeder einen Text aus, auf den er **antworten** möchte.

Schreiben als Gruppenprozeß bedeutet auch, daß man gemeinsam an einem Text arbeitet. Jeder beginnt mit zwei/drei Sätzen und gibt dann seinen Anfang weiter, so daß am Ende etwa 10 Schüler mitgearbeitet haben. Wichtig ist dabei, daß man lernt, sich in den Text einzufühlen. Variante: Nur der letzte Teilsatz ist sichtbar, der Rest wird umgeknickt. Das ergibt meist absurde Ergebnisse.

Personales Schreiben sollte immer auch kreativ sein, deshalb sind mit diesem Bereich Überschneidungen zu konstatieren.

– **Manche Verfahren der humanistischen Psychologie**

z. B. – **die „Phantasiereise"** (nach der Gestaltpädagogik)

    – **Identifikation**

    – **Experiment**

Ich verweise auf S. 73, wo ich im Zusammenhang mit der Gestaltpädagogik diese Methoden dargestellt habe.

– **Schreiben zur biographischen Selbstvergewisserung (Ich-Identität) – Schreiben in Regressionsprozessen**

Man wird diese Möglichkeiten erst mit Beginn der Pubertät einsetzen können, da eine gewisse Selbstreflexivität Voraussetzung ist.

Aber auch hier werden bevorzugt Verfahren eingesetzt, die die Imagination erleichtern, also z. B.:

– Eigene **Kinderfotos** werden mitgebracht und in Kleingruppen besprochen. Sie können in vielfältiger Weise Schreibanlaß sein.

– **Gegenstände aus der Kindheit** (Spiele, Tiere, Gebrauchsartikel wecken Erinnerungen.)
– **Videoaufzeichnungen**

GUDJONS, H. u. a. (Auf meinen Spuren. Entdecken der eigenen Lebensgeschichte. Hamburg 1986) schlagen eine Fülle von praktischen Übungen vor, von denen etwa ein Drittel schriftlich zu machen ist.

Regression bedeutet „*das Zurückschreiten, Zurückgreifen sowohl im Sinne der Rückbildung als Atrophie, Degeneration, Dissimilation als auch das Zurückgreifen auf frühere Entwicklungsstadien.*" (DORSCH, F. (Hrsg.): Psychologisches Wörterbuch. Bern: Huber 1987[11], S. 560)

Im Zusammenhang mit dem Schreiben bedeutet dies, sich durch **aktive Imagination** in frühere Entwicklungstadien zurückzuversetzen, etwa in die frühe Kindheit. Wichtig sind dabei Räume, Gegenstände und wichtige Bezugspersonen. Die Regression wird hier bewußt provoziert und darf damit nicht negativ gewertet werden, sie dient der Vergegenwärtigung dieser wichtigen Entwicklungsphase des Menschen. Allerdings können dabei im besonderem Maße bedrängende Gefühle und Erlebnisse den Schreibvorgang bestimmen.

– **Manche Verfahren des produktionsorientierten Literaturunterrichts** (vgl. den systematischen Katalog S. 119 ff.)

Beispiele: Brief aus ganz persönlicher Sicht an eine literarische Figur; z. B. an Effi Briest oder Nora.

Identifikation mit einer Person; Darstellung, wie ich persönlich an deren Stelle gehandelt hätte.

Der Leser/Schüler schreibt aus subjektiver Perspektive einen anderen Schluß.

5.3.2 Kreatives Schreiben

Die kreativen Schreibformen sind in den 80er Jahren intensiv entwickelt worden; sie werden auch heute nur selten konsequent von den personalen zu unterscheiden versucht. Dies ist insofern leicht erklärbar, da diese Art zu schreiben, fast immer auch den Anspruch erhebt, kreativ zu sein.

Wenn man trotzdem einen Unterschied feststellen wollte, dann ist beim personalen Schreiben **der Fluchtpunkt die Subjektivität**, während es beim **kreativen das Sprachspielerische, der experimentelle Umgang mit Sprache** und Wortmaterial ist. WALDMANN hat dazu in seinem Buch „Produktiver Umgang mit Lyrik" (1988) eine Fülle solcher Operationen beschrieben.

Beispiel für einen solchen Arbeitsauftrag:

Versuche mit Vokal- und Konsonanten-Gleichklängen nach ERNST JANDL

> ottos mops
>
> ottos mops trotzt
> otto: fort mops fort
> ottos mops hopst fort
> otto: soso
>
> otto holt koks
> otto holt obst
> otto horcht
> otto: mops mops
> otto hofft
>
> ottos mops klopft
> otto: komm mops komm
> ottos mops kommt
> ottos mops kotzt
> otto: ogottogott

Schreiben Sie mehr oder weniger frei nach diesem Muster ein eigenes Gedicht mit nur einem Vokal (oder auch: mit demselben Vokal in allen betonten Silben) über: Pauls Gaul, Rolfs Frosch, Ottos Sohn, Annas Mann, Sigrids Prinz, Elses Eltern,

Werners Lehrer (Chef) oder ein beliebiges ähnliches Thema Ih-
rer Wahl.
Überlegen Sie dann, welchen klanglichen Gesamtcharakter die
Wahl eines Vokals einem Text gibt, welcher Unterschied etwa
zwischen einem Gedicht über „Lilis Kiki" und „Gudruns Gu-
ru" besteht. (S. 72)

Deutlich wird dabei aber auch, daß die Grenzen zwischen
schriftlichem Sprachgebrauch und dem produktionsorientierten Literaturunterricht fließend sind. Während bei WALD-
MANN kaum Vorschläge zum personalen Schreiben zu finden
sind, sind die meisten Übungen bei LUTZ von WERDER
„Lehrbuch des kreativen Schreibens" (1990) subjektiv orientiert.

Dazu hat er den Schreibprozeß in verschiedene Phasen aufgeg-
liedert:

Überblick über die emotionellen Schreibtechniken

PÄDAGOGISCHE PHASEN	1. Schreibanregung (5 Minuten)	2. Schreibarbeit (10 Minuten)	3. Textarbeit (20 Minuten)	4. Textdeutung (60 Minuten)
KREATIVITÄTS-PHASEN	Inspiration / Freie Assoziation / Imagination	Incubation	Illumination: Kognition / Strukturierung	Verifikation: Freie Assoziation / Kognition
PSYCHOLOGIE DES SCHREIB-PROZESSES		Ich-Ideal	Literarisches Über-Ich	
KRISEN-PUNKTE	Regressionsfurcht	Schreibblock	Schuld, Angst / Narzißtische Euphorie / Aggression, Depression	Sublimierung

Prozess-Elemente:

1. Tagesanlaß/Stimulus
2. Tagtraum/Assoziation
3a. Verdrängte Gefühle, Erinnerungen aus Jugend, Kindheit, Traumen,
3b. narzißt. Libido
3c. Archetypen
4. Latenter Text
5. Widerstand
6. Phantasiearbeit, Verdichtung, Verschiebung, Symbolisierung, Darstellung
7. Zensur
8. Urtext
9. Überarbeiteter Text
10. Gedeuteter Text

Rechte Randbeschriftung: ÜBER-ICH / ICH-IDEAL / VORBEWUSSTES / ICH / ES / KOLLEKTIVES UNBEWUSSTES

v. WERDER, 1990, S. 28

Überblick über die kreativen Schreibtechniken

Therapeutische	Dichterische	Deutschdi-daktische	Journalistische	Wissenschaftliche	Managermäßige	Philosophische
Freie Assoziation	Imagination	Imitation - von Texten - von literarischen Normen	Recherche und Darstellung	Kritisches Schreiben	Forced Relationship	Transzendieren und Meditieren
Gelenkte As-soziation	Automatisches Schreiben			Mind-Mapping	Brainstorming	
Märchencluster	Träume	Literarische Schreibspiele			Laterales Denken	
Krimicluster	Collage				Morphologisches Denken	
Therapeutische Schreibspiele	Zitat Textumbau				Synectics	

v. WERDER, 1990, S. 74

In diesem Zusammenhang ist es nicht möglich, die Schreibanlässe, -ideen, -projekte, -spiele auszuführen. Dazu einige einschlägige Literatur:

HÄVEL, W.: Warum nicht? Selber schreiben? Iserlohn: Die Schulpraxis 1988

MOSLER, B. / HERHOLZ, G.: Die Musenkußmischmaschine. 120 Schreibspiele für Schulen und Schreibwerkstätten. Essen: Neue deutsche Schule 1991

SCHALK, G./ROLFES, B.: Schreiben befreit. Bonn: Kleine Schritte 1986

Ausblick:

Problemfelder, die hier in einer Einführung nicht diskutiert werden können, die aber dennoch wichtig sind:

– **Bewertung und Beurteilung schriftlicher Arbeiten**

(Vgl. dazu WEBER, A.: Aufsatzlehre und Aufsatzbeurteilung. In: BECK, O. / PAYRHUBER, F.-J., 1978[2])

Ich möchte zur Anregung und zum Nachdenken die Überlegungen von K. SPINNER einbringen, da sich ja alle neueren Ansätze der Aufsatzdidaktik mit dieser Problematik auseinandersetzen müssen; denn meßbare Normen und auch gemeinsame verbindliche Themen (vgl. die Cluster-Methode), die damit untereinander vergleichbar wären, werden weitgehend abgelehnt.

Zur Aufsatzbeurteilung

Aufsatzleistungen werden gewöhnlich auf der Grundlage einer Notengebung beurteilt, die das Produkt des einzelnen an einem einheitlichen Maßstab mißt. Was auf einem unverwechselbaren individuellen Entwicklungsprozeß beruht, wird bewertet als Erfüllung bzw. Verfehlen einer Sollvorstellung und mit Noten oder Punkten quantifiziert. Selten erhält ein Schüler eine Rückmeldung, die Rücksicht nimmt auf das, was für ihn das Geschriebene bedeutet. Daß er in der Folge immer mehr versucht, seine eigene Subjektivität beim Aufsatzschreiben herauszuhalten, ist nur konsequent. Ein anderes Schülerverhalten würde voraussetzen, daß es dem Lehrer nicht nur um das Erreichen einer einheitlichen Qualifikation geht, sondern er Interesse an der Manifestation von Individualität hat. Er müßte sich fragen, was der Schüler von sich zu verstehen gibt, wie er mit seinen Bedürfnissen, seinem äußeren Verhalten, seinen Werteinstel lungen zu Rande kommt, wie er mit diesen Dimensionen reflexiv sprachlich umzugehen weiß, wo Verschüttetes, Erwachendes, Verdrängtes spürbar wird. Sein Urteilen wäre dann nicht ein Notengeben, sondern eine Einschätzung des sich manifestierenden Identitätsprozesses, den er als interessierter Leser wahrnimmt – eine unter den gegenwärtigen institutionellen Bedingungen von Schule gewiß noch reichlich utopische Zielvorstellung. Erforderlich wäre auch – und dies dürfte zumindest teilweise realisierbar sein – eine entsprechende Rückmeldung an den Schüler: Der Lehrer korrigiert nicht einfach nur formal das Geschriebene, sondern reagiert mündlich oder schriftlich auf den Inhalt des Aufsatzes, indem er einen weiterführenden Gedanken äußert, eine Frage stellt, sein Interesse für eine bestimmte Aussage kundgibt, einen Einwand erhebt; statt nur Zensor zu sein und mit dem Rotstift zu operieren, tritt er so in eine tatsächliche Kommunikation mit dem Schüler. → *mündl. Korrektur*

Der Schulpraktiker wird freilich fragen, woher er dann die notwendigen Zeugnisnoten hernehmen soll. Das Problem erfordert eine grundsätzliche Überlegung: Die Perfektionierung der Notengebung mit dem Bestreben nach abgesicherter Objektivität hat in den letzten Jahren dazu geführt, daß immer mehr Einzelnoten erteilt werden, damit die Endnote exakt errechnet werden kann. Dadurch ist der Notendruck in die einzelnen Stunden hineingetragen worden und zugleich der Lehrer der Verantwortung enthoben, eine Gesamtbeurteilung zu leisten und zu verantworten, die er aus einer Interpretation des sich in einzelnen Arbeiten nur bruchstückhaft zeigenden Lernprozesses gewinnt. Wenn er wieder den Mut fände zur Notengebung als einem interpretierenden Akt und nicht bloß einer Angelegenheit der Fehler- und Punktearithmetik und die Kultusministerien das auch zugestehen würden, wäre er nicht mehr gezwungen, jeden Aufsatz einzeln zu benoten, sondern brauchte sein Wissen um die unterschiedlich gelagerten Fähigkeiten und Fortschritte der Schüler erst am Ende des Schulhalbjahres in eine Note zu übersetzen. Gewiß wird seine Entscheidung damit anfechtbar – aber wo es nicht nur um Fertigkeiten, sondern auch um Selbstwerdung geht, ist objektive Quantifizierbarkeit sowieso eine Illusion, die nur um den Preis einer Mißachtung des Schülers als Person aufrechterhalten werden kann. Auch hier drängt der identitätsorientierte Ansatz über die gegenwärtigen institutionellen und gesellschaftlichen Bedingungen hinaus, die die Schüler veranlassen, in entfremdeter Weise ihr Interesse in einer immer größeren Kalkulierbarkeit von Schulleistungen zu sehen. Dem Lehrer bleibt in vielen Fällen nicht viel mehr übrig, als den zugrunde liegenden Widerspruch bewußt zu machen. (K. SPINNER, 1980, S. 77–79)

– Schreiben als Prozeß und zur Kognitionsförderung
(Vgl. dazu BEISBART, O.: Schreiben als Lernprozeß. In: Der
Deutschunterricht. 1989, Heft 3, S. 5–16.)
Ein besonderes Problem dieser zwei Jahrzehnte andauernden
Diskussion um das Schreiben mit zweifellos beeindruckenden
Innovationen, die den Aufsatzunterricht zu revolutionieren in
der Lage wären, ist die relative Folgenlosigkeit in der Praxis.
Es wären vermehrt Seminare anzubieten, die Studenten dar-
auf vorbereiten, und Lehrer sollten in Fortbildungsveranstal-
tungen die Grundlagen dazu erwerben können.

6   Reflexion über Sprache

6.1 Allgemeines

Zunächst muß man feststellen, daß selbstverständlich auch in
anderen Lernbereichen des Deutschunterrichts über Sprache
nachgedacht wird. Besonders in Kapitel 3 „Das Prinzip Kommunikation im Deutschunterricht" wurde bereits Grundlegendes erörtert. Wenn dennoch dafür ein eigenes Kapitel reserviert wird, dann hat das seinen Grund darin, daß viele
sprachliche Phänomene (etwa der Grammatik, der Orthographie, der Semantik) noch nicht diskutiert wurden. Dazu
taucht in vielen Lehrplänen der Begriff **„Sprachbetrachtung"**
auf, der unterschieden wird **vom mündlichen Sprachgebrauch** (vgl. auch die Ausführungen zu den Lernbereichsglie-
derungen S. 37 ff.).

Dagegen nimmt BOUEKE (in: HOPSTER, 1984, S. 339)
Stellung: *„Daß eine 'Übersetzung' des Begriffs 'Reflexion
über Sprache' durch den dafür gelegentlich gebräuchlichen
traditionellen Begriff 'Sprachbetrachtung' für eine solche Be-
stimmung nicht ausreicht, versteht sich von selbst."* Er gliedert unter in folgende Bereiche:

– *Reflexion über Fragen des Sprachsystems (systemlinguisti-
scher Aspekt)*

– *Reflexion über Fragen des Sprachgebrauchs, des sprachlichen Handelns, und zwar entweder* **fremden** *oder* **eigenen**
sprachlichen Handelns (pragmalinguistischer Aspekt)

– *Reflexion über unterschiedliche auf Sprache bezogene
Fragen (Sammelgruppe für verschiedene Aspekte).* (S. 340)

Es ist zwar wichtig, sich über die Abgrenzung der Lernbereiche Gedanken zu machen, da dies auch Rückwirkungen auf
die inhaltliche Füllung hat, dennoch dürfte eine solche Diskussion mehr heuristischen Wert haben, d. h. wir handeln
pragmatisch, da im Deutschunterricht die einzelnen Lernbe-

reiche doch nicht isoliert abgehandelt werden sollen. Dennoch meine ich, den Bereich **menschliche Kommunikation** hier ausklammern zu dürfen, da ihm **zentrale Steuerungsfunktion** zukommt. Man könnte dem Herausgeber N. HOPSTER vorwerfen, selbst inkonsequent gewesen zu sein, denn neben dem oben erwähnten Aufsatz „Reflexion über Sprache" (mit Einschluß der Kommunikation) finden wir im selben Buch einen eigenen über die *„Mündliche Kommunikation"* (BAYER, S. 307–333). Ich möchte zunächst einen kurzen Blick auf die Geschichte des Sprachbuches nach 1945 werfen, da – ähnlich der Lesebuchgeschichte – daraus schon auf methodisch-didaktische Konzeptionen geschlossen werden kann. Das **Sprachbuch als Medium** wird aber nicht nur für die Reflexion über Sprache eingesetzt, sondern auch für den Rechtschreibunterricht sowie den Aufsatzunterricht. Traditionell aber steht im Zentrum der Grammatikunterricht.

6.2 Grammatikunterricht

Nach 1945 wurden die Sprachbücher vom nationalsozialistischen Gedankengut gereinigt (ähnlich dem Lesebuch). Das Sprachbuch sollte als Medium **muttersprachlicher Bildung** dienen (vgl. dazu L. WEISGERBER: *Muttersprache und Geistesbildung. 1929; Muttersprachliche Bildung. 1932,* und nach dem Krieg dann sein vierbändiges Werk „*Von den Kräften deutscher Sprache", 1949–1957.* Zum Standardwerk in der Lehrerbildung wurde: *Das Tor zur Muttersprache. Düsseldorf: Schwann 1950).* (Vgl. REUSCHLING, G., 1981)

„*Muttersprache* ist die Sprache der Menschen, die zu einer historisch entstandenen Sprachgemeinschaft gehören. Über die Jahrhunderte hinweg wurde die Muttersprache, wie sie sich heute darstellt, von den Angehörigen der Sprachgemeinschaft entwickelt. Damit wurde sie auch von Weltbild, Werten und Denkweisen der Sprachgemeinschaft geprägt, sie wirkt mit* *dieser Ausprägung auf die Sprachgemeinschaft zurück. Das Kind wächst somit zugleich mit seiner sprachlichen Entwicklung in das Weltbild und die geistigen Möglichkeiten seiner Sprachgemeinschaft hinein.*" (BARNITZKY, 1987, S. 10)

– **Muttersprache** wird als die **hochsprachliche** Variante verstanden.
– HUMBOLDTs Begriff der **inneren Sprachform** ist der Bezugsrahmen.
– Der Lehrer ist **Sprach-Vorbild** und **Modell** für die Schüler (Bereich Sprachpflege, Gesprächs- und Sprecherziehung).

„In Lehrplänen und Richtlinien der ersten Nachkriegsjahrzehnte tauchten folglich die Begriffe muttersprachliche Bildung und Muttersprache sehr oft auf, und letzterer fand sich auch in den Titeln von Sprachbüchern dieser Zeit, die sich mitunter bei teilweise gewandelter Konzeption bis in die Gegenwart gehalten haben." (KREJCI, in: LEHMANN / STOKKER, 1981, Bd. 2, S. 170). Die inhaltsbezogen-funktionale Sprachauffassung hätte zunehmend die Sprachbücher nach 1945 geprägt, wenngleich die traditionelle Auffassung von Sprache keineswegs völlig verdrängt worden und selbst über die Phase der Linguistisierung des Sprachunterrichts bis heute in Mischkonzepten wirksam geblieben sei.

Ein solches traditionelles Sprachbuch ist das von RAHN-PFLEIDERER „Deutsche Sprach-Erziehung" (o. J.) z. B. für die 5. Klasse (Gymnasium). Gegliedert wird in ***Reden und Schreiben*** (vor allem der Aufsatzunterricht; das Reden beschränkt sich auf das Erzählen eines Erlebnisses als Vorbereitung für den Schreibvorgang), ***Sprachlehre***, die untergegliedert wird in *Satzlehre (Wort und Satz; Die Satzarten; Subjekt und Prädikat usw.)*, in *Wort- und Formenlehre (Die Wortarten; Substantiv und Artikel; Die Deklination usw.)*, in *Lautungs- und Rechtschreiblehre (Selbstlaute und Zwielaute; Die Schärfung; Der S-Laut usw.)* und in die ***Sprachkunde*** *(Familiennamen; Tier- und Pflanzennamen, Necken und Schelten)*.

In diesem Sprachbuch finden wir in der Gliederung nur *formale Elemente*, wobei diese noch weitgehend am Modell der *traditionellen*, der *lateinischen* (bzw. griechischen) *Grammatik* erarbeitet werden. Inhaltsbezogene Betrachtungen (nach WEISGERBER) findet man kaum. Da wird vor allem das Interesse auf die schriftlich fixierte Sprache gelenkt, weniger auf das Sprechen. Man wird nicht bestreiten können, daß die Art der Grammatikbetrachtung vor allem „Zuliefererdienst" für die Fremdsprachen leistet, aber weniger zu einem vertieften Verständnis der deutschen Sprache beiträgt. Aber gerade deshalb wird sie auch bis in unsere heutige Zeit betrieben, da sie von einem klaren Kategorien- und Definitionssystem ausgeht.

In der zweiten Hälfte der 60er, Anfang der 70er Jahre kann sich ein Sprachbuch etablieren, das sich an der damals an den Universitäten besonders intensiv betriebenen *Systemlinguistik* orientiert. Eine solche Konzeption finden wir im *Sprachbuch* des Klett-Verlags (1970). Verschiedene wissenschaftliche Grammatik-Systeme werden mit einbezogen: Die **Dependenz-** oder **Valenzgrammatik** (von LUCIEN TESNIERE) wird bevorzugt berücksichtigt, aber auch auf die **Konstituentengrammatik** (Phrasenstrukturgrammatik) und die **generative Transformationsgrammatik** wird Bezug genommen. Allerdings werden hier schon erste Anzeichen der **kommunikativen Wende** erkennbar, wenn auch erst in Ansätzen (so im Bd. 5 z. B. *Auskunft geben und einholen; Wie stellt man Fragen? Kannst du Anzeigen aufsetzen?*). Gleichzeitig werden die Sprachbücher attraktiver vom Layout her, Bilder, Comics, Fotos werden einbezogen und als Sprechanlaß genutzt.

KREJCI beschreibt noch einen weiteren Typ des Sprachbuchs, das *„als Medium zur Erfahrung von Sprache in Wirklichkeitszusammenhängen"* (S. 171) genutzt und vor allem in der Grundschule eingesetzt wurde (Titel: *Unsere neue Welt, Sachbuch und Sprachbuch*, 1967; *ergründen – verstehen – mitteilen. Sprachbuch zum Sachunterricht in der Grundschule*, 1973).

Ende der 60er Jahre wurde die **„Muttersprachliche Bildung"**
im Sinne LEO WEISGERBERs durch verschiedene Entwicklungen radikal in Frage gestellt. Vor allem sprachsoziologische
Untersuchungen betonten, daß es **die** Sprachgemeinschaft
und **die** Muttersprache gar nicht gibt. Man konstatierte, daß
verschiedene soziale Schichten auch ein unterschiedliches
Sprachverhalten aufwiesen. BASIL BERNSTEIN (Studien
zur sprachlichen Sozialisation. Düsseldorf 1973) hat mit seinen Untersuchungen (in England) größten Einfluß auch auf
die deutsche Diskussion gehabt. Er unterschied zwischen dem
elaborierten Code (ausdifferenzierten) der Mittelschicht und
dem **restringierten** (eingeschränkten) der Unterschicht. Er lö-
ste in der Bundesrepublik Deutschland eine Welle soziolingui-
stischer Forschungen aus (vgl. dazu OEVERMANN, U.:
Sprache und soziale Herkunft. Berlin 1970; SCHLEE, J.: So-
zialstatus und Sprachverständnis. Düsseldorf 1973). Was als
die Muttersprache angenommen wird, ist danach nichts anderes als das Sprachverständnis einer bürgerlichen Schicht.

Im Gefolge der Studentenunruhen (nach 1968) wurden auch
Muttersprache und Sprachfähigkeit nicht als Werte an und für
sich begriffen, sondern die Erkenntnis, daß mit Sprache auch
manipuliert und Macht ausgeübt wird, relativierte diese hehren Vorstellungen. Sprache wurde nun **im Verwendungszusammenhang** gesehen, als **Möglichkeit der Kommunikation**.
(Vgl. dazu vor allem KOCHAN, D.C. (Hrsg.): Sprache und
Sprechen. Schrödel Verlag).

Die Wende zum kommunikationsorientierten Sprachbuch
vollzog Mitte der 70er Jahre auch das des Diesterweg-Verlags
(1. Aufl. 1975).

Im Inhaltsverzeichnis für die 5. Klasse lesen wir z.B.: *Elemente der Kommunikation: Kommunikationsweg, Sprachbesitz –
Elemente der Kommunikation: psychische und soziale Faktoren – Analyse eines Rollenspiels, Elemente der Kommunikation – Situation und Sprachgebrauch – Adressatenbezogenes
Sprechen – Sprache als System (Satzglieder, Umstell- und Er-*

satzprobe) – Formen der asymmetrischen Kommunikation (Modalverben). Man bedenke, daß dieses Sprachbuch für Zehnjährige gedacht ist (dieser Trend setzt sich in der 6. Klasse nahtlos fort)! Eher fühlt man sich in ein Proseminar an der Universität versetzt; WATZLAWICK wurde auf diese Weise in die Schule „transportiert".

Nicht nur **Syntax**, **Semantik** finden nun Berücksichtigung, sondern auch die **Pragmatik**. Die Grundfrage wird für alle Sprachbücher dieselbe „Was vermögen sprachliche Phänomene im Sprachverwendungszusammenhang zu leisten?" **Die Funktion** rückt in den Mittelpunkt, es genügt nicht die Bezeichnung und Benennung des sprachlichen Elements. (Vgl. DIEGRITZ, 1980; BOETTCHER / SITTA, 1981)

Eine weitere Entwicklung in den 70er Jahren geht in die Richtung des **handlungsorientierten Sprachbuchs**. Konsequent versucht dies *„Denken – sprechen – handeln"* (Hrsg. GIEHRL, H. E. / LEHMANN, J., Donauwörth, Auer 1976 ff.). Die Sprachbücher (bis zum 10. Schuljahr und für alle Schultypen) werden nach **Sprachhandlungssituationen** (vgl. auch HEBEL, F. (Hrsg.): Sprache in Situationen. München: Urban & Schwarzenberg 1976. Die Situationen werden als Hörspielkassette beigegeben.) gegliedert (z. B. 5. Klasse: *Einkaufen – Wir sind Verkehrsteilnehmer – Auf dem Weg zur Schule – Vater und Mutter arbeiten. 6. Klasse: Panne – Beim Arzt – Sparen – Auf dem Volksfest – Wohnen – Unsere Stadt – Menschen bei der Arbeit – Freizeit – Schule, Schüler, Mitschüler – Quiz für Leseratten.*).

So wird in die Volksfestsituation das appellative Sprechen eingebaut am Beispiel eines billigen Jakobs (mit Kassettenrecorder aufgenommen). Auch Phänomene der *Massenkommunikation* werden aufgegriffen; das *Beschreiben von Vorgängen, der Schlager und die Diskussion, der Temporalsatz* und sogar die *Zusammen- und Getrenntschreibung* werden an Hand dieser Situation erarbeitet. Es wird deutlich, daß hier das *integra-*

tive Konzept bevorzugt wird. Alle Leistungen der Sprache werden aus der Situation abgeleitet, dies gilt für den mündlichen und schriftlichen Sprachgebrauch gleichermaßen (ja auch einschließlich der Reflexion über Sprache). Begründet wird dieses Vorgehen mit der Lebensrealität, in der diese verschiedenen Formen auch ungetrennt vollzogen werden und damit, daß der Schüler befähigt werden soll, gegenwärtige und zukünftige Lebenssituationen zu bewältigen (vgl. Kap. 2, ROBINSOHN; BEISBART, O.: Das Sprachbuch für die Grundschule. In: HACKER, 1980, S. 100 ff.).

Dieses Konzept wirft viele Fragen auf. Denn welche Situationen werden ausgewählt, wie sollen sie gelöst werden (Einfluß der jeweils spezifischen soziokulturellen Rahmenbedingungen)? Für den Lehrer stellte es sich als ziemlich problematisch heraus, daß keine Systematik der grammatikalischen Elemente angestrebt wurde, und damit wurde auch der Schüler überfordert. Ein Register konnte diesem immanenten Nachteil nicht abhelfen.

Ähnlich der Entwicklung des Lesebuchs registrieren wir heute **pragmatische Mischtypen**. Viele Sprachbücher suchen einen vermittelnden Weg zu beschreiten, und je nach Einstellung der Herausgeber und Mitarbeiter wird mehr kommunikations- oder handlungsorientiert vorgegangen, wobei auch traditionelle Elemente untergemischt werden.

„praxis sprache" (vom Westermann-Verlag, Herausgeber BAURMANN, MAIWORM, MELZER, MENZEL, SCHOBER, SCHULZ, 1977 bis 1990 mit Neubearbeitungen) ist ein solcher Mischtyp (Beispiel für die 5. Klasse): ***Unterrichtseinheit I*** (Schulwechsel → projektorientiert) – *Sprache verwenden: Mündlicher Sprachgebrauch (Miteinander – nebeneinander – Gespräche – Streitfälle – Sich einigen – Sich entscheiden – Telefonieren – Gefühle äußern – Handlungsziele usw.); **Sprache erfahren und untersuchen** (Zeichen – Körpersprache – Eine tolle Werbung usw.); **Grammatik** (Das Wichtigste im Satz betonen – Teile des Satzes umstellen usw.).*

Insgesamt kann man feststellen, daß eine gewisse Systematik in bezug auf Grammatik und Rechtschreiben erhalten bleibt, grundsätzlich kommunikationsorientiert verfahren wird, aber auch handlungsorientierte (und projektorientierte) Elemente dann berücksichtigt werden, wenn sie sich als besonderes Vorhaben in einer bestimmten Jahrgangsstufe anbieten.

BOUEKE schlägt folgende Inhalte für den Grammatikunterricht vor:

I.   *Sprache als System von Zeichen*
1.   *Zeichen als Mittel der Verständigung*

a)   *nicht-sprachliche Zeichen*
     – parasprachliche Signale (Lautstärke, Sprechtempo, Pausen, Flüssigkeit des Sprechens usw.) – die „Sprache" des Körpers (Gestik, Mimik, Körperhaltung, ritualisierte Zeichen wie: Händeschütteln, Winken, Verbeugung, „Knicks" usw.) – die „Sprache" der Tiere („Bienensprache", „Sprache der Delphine", Laute, Gebärden, Bewegungen von Tieren allgemein) – Zeichen in der Öffentlichkeit (Verkehrszeichen, Hinweiszeichen, Zeichen mit politischer Bedeutung: Fahne, Hammer und Sichel, Bundesadler usw.) – religiöse Zeichen (Kreuzschlagen, Falten der Hände usw.) – Farbzeichen (schwarz für „Trauer", rot für „Gefahr" usw.) – mathematische und naturwissenschaftliche Zeichen (Gleichheitszeichen, Zeichen für „größer als" bzw. „kleiner als", Pluszeichen, Minuszeichen usw.) – Zeichen in Atlanten, Reiseführern, Prospekten usw. – Geheimzeichen / Geheimkodes – Morsezeichen – Flaggenzeichen – analoge (ikonische) und digitale (willkürliche / konventionelle) Zeichen

b)   *sprachliche Zeichen*
     – Unterschiede zwischen sprachlichen und nichtsprachlichen Zeichen – Wörter als Zeichen (Zweiseitigkeit, Konventionalität der Zuordnung von Form und Bedeutung) – lautmalende Wörter – Wörter und Sachen / Zeichen und Wirklichkeit – Modelle des sprachlichen Zeichens (Bühlers „Organon"-Modell, „semiotisches Dreieck")

c)   *Schriftzeichen*
     – Bilderschriften, Alphabetschrift – Druckschrift und Schreibschrift – Erfindung und Folgen des Buchdrucks (massenhafte Verbreitung von Texten) – graphische Gestaltung von Texten / Zeitungen / Werbeanzeigen / Büchern – Probleme der Zuordnung von Lauten und Buchstaben (Rechtschreibung / Rechtschreibprobleme)

2. *Wörter als Einheiten des Zeichensystems „Sprache"*

    – Der Umfang des Lexikons (der Wortschatz) – die Häufigkeit der einzelnen Wörter / „Grundwortschatz" – Eigennamen (Personennamen, Straßennamen, Ortsnamen, Spitznamen, Kosenamen usw.) – Wortbildung (Zusammensetzung, Ableitung) – Gliederung des Wortschatzes: Wortarten – Wortfelder – Erbwörter / Lehnwörter / Fremdwörter

3. *Die Grammatik des Zeichensystems „Sprache"*

a) *Ebene der Laute*

    – Vokale und Konsonanten – Umlaute, Doppellaute – Das Vokalsystem (Vokaldreieck bzw. -viereck) – das Konsonantensystem (Artikulationsart und Artikulationsstelle als Koordinaten)

b) *Ebene der Wörter*

    – die Struktur der Wörter (Sprechsilben, Wortstämme, Vor- und Nachsilben, Morpheme) – Flexion der Wörter – Formen des Verbs: Präsens, Imperfekt usw. – Aktiv / Passiv – Indikativ / Konjunktiv / Imperativ

c) *Ebene des Satzes*

    – Satzarten – Gliederung des Satzes – die einzelnen Satzglieder – Satzbaupläne – einfache / komplexe Sätze

d) *Ebene des Textes*

    – Verknüpfung von Sätzen zu Texten – pronominale Verkettung von Sätzen – Textsorten

II. *Sprache und Bedeutung*

    – denotative und konnotative Bedeutung – semantische Analyse von Wörtern (z. B. „Großvater" = Vater des Vaters oder der Mutter, männlich) – Ober- und Unterbegriffe – Homonyme (Bank – Bank, Tau – Tau usw.) – Synonyme – Antonyme / Gegenwörter (Tag und Nacht, rechts und links usw.) – Sprachbilder (Vergleiche, bildhafte Redewendungen, Personifikationen, Metaphern) – verhüllende / beschönigende Redeweise (Euphemismen wie „entschlafen" für „sterben", „freisetzen" für „entlassen" usw.) – stehende Redewendungen (Sprichwörter, Redensarten, Zwillingsformeln: Haus und Hof, Rat und Tat usw.) – Wortbedeutung / kontextuelle Bedeutung / situative Bedeutung

(BOUEKE, S. 347/48)

BARNITZKY (1987) fordert für die Umsetzung dieser Inhalte in bezug auf die Grundschule vier Prinzipien:

– *Prinzip 1:* **Situationsbezug**
Sprachunterricht hat Situationen zum Ausgangspunkt, in denen Kinder sprachlich handeln und in denen sie ihr sprachliches Handeln als sinnvoll erfahren. Aus der Situation heraus begründet sich das Sprachlernen; in ihr verbindet sich die sprachliche Erscheinung mit einer inhaltlich-lebendigen Vorstellung.
– *Prinzip 2:* **Primat des Mündlichen**
Kinder bringen im Sprachunterricht ihre bereits erworbenen Sprachmöglichkeiten ein und handeln damit in der jeweiligen Situation. Dies ist zunächst vor allem Sprechen und Verstehen im mündlichen Sprachgebrauch.
– *Prinzip 3:* **Entwickelnder Sprachausbau**
Kinder bringen in Situationen (siehe Prinzip 1) ihre Sprachmöglichkeiten ein (siehe Prinzip 2). Dabei erfahren sie durch Mitschüler, durch die Lehrerin / den Lehrer, durch Texte neue Sprachmöglichkeiten und erproben sie. Neue Situationen des Klassenlebens und des Unterrichts erfordern solche erweiterten sprachlichen Fähigkeiten. Die Kinder lernen, aus ihrem Repertoire die angemessenen sprachlichen Mittel zu wählen, einzusetzen und zu beurteilen.
– *Prinzip 4:* **Sprachprinzip bei aller schulischer Arbeit**
Situationen, die sprachliches Handeln herausfordern und fördern, bestimmen über den Sprachunterricht hinaus weithin das Leben und Lernen in der Schule. (S. 38/39)

Aus diesen Prinzipien kann man ableiten, wie umfassend dieser Sprachunterricht verstanden wird (kommunikations-, handlungs- und auch projektorientiert). Eine innere Differenzierung, wie oben dargestellt, ist deshalb notwendig.

6.3 Rechtschreibunterricht

In allen Lehrplänen und auch in fast allen Sprachbüchern wird der Rechtschreibunterricht als eigener Lernbereich ausgewiesen.

Die Bedeutung des „Rechtschreiben-Könnens" wird in der gesellschaftlichen Öffentlichkeit immer noch hoch eingeschätzt. Betriebe und Institutionen bauen oft in ihre Eignungstests auch eine Rechtschreibprüfung ein. Da im öffentlichen Leben Schriftlichkeit eher zu- als abnimmt (wenn auch oft

über den PC vermittelt), darf wohl nicht erwartet werden, daß
man in grundsätzlichen Fragen toleranter wird.

So ist es außerordentlich wichtig, daß in der Schule eine solide
Grundlage erarbeitet wird, wobei der Grundschule eine be-
sondere Bedeutung beim Aufbau einer rechtschriftlichen
Kompetenz zukommt.

So werden im Lehrplan Bayerns folgende Ziele und Aufgaben
formuliert:

*„Aufgabe der Grundschule ist es, dem Schüler elementare
Rechtschreibsicherheit zu vermitteln. Diese umfaßt die Be-
herrschung des Grundwortschatzes sowie einiger wichtiger
Besonderheiten der Rechtschreibung. Da die deutsche Rechtschreibung sich nicht auf ein einziges allgemeingültiges Prinzip zurückführen läßt, muß der Unterricht das Klangbild, das
Schriftbild und das Bewegungsschema der Wörter bzw. Wort-
formen sichern sowie ihre gedankliche Durchdringung ge-
währleisten. Voraussetzung und Grundlage für erfolgreiche
Rechtschreibarbeit ist die Erziehung zur Sorgfalt in allen
schriftlichen Darstellungen."* (KMBl I, So.-Nr. 20/1981,
S. 568)

Die Normen der Rechtschreibung setzt der DUDEN, der im
Juni 1903 im Bibliographischen Institut in Leipzig als der sog.
Buchdrucker-Duden erschien. Basis war die erste *Konferenz
zur Herstellung größerer Einigkeit in der deutschen Rechtschreibung* 1876 in Berlin; Bayern und Österreich hatten nicht
teilgenommen, weshalb der entscheidende Erfolg noch ver-
sagt blieb. Wichtiger wurde dann die zweite *Berliner orthogra-
phische Konferenz* 1901, bei der man sich im ganzen deutschen
Sprachraum (einschließlich Österreichs und der Schweiz) auf
ein gültiges amtliches Wörter- und Regelbuch einigte. KON-
RAD DUDEN, ein Gymnasialdirektor, hatte an beiden Kon-
ferenzen teilgenommen und schon 1880 ein *„Vollständiges Or-
thographisches Wörterbuch der deutschen Sprache"* (187 Sei-

ten!, die 20. Auflage 1991 als erste gesamtdeutsche nach der Wiedervereinigung nun über 800 Seiten) herausgegeben. Die im Duden festgelegten Schreibweisen wurden 1955 von der Kultusministerkonferenz der Bundesrepublik Deutschland als verbindlich anerkannt.

Die Dudenredaktion betreibt eine **deskriptive Normierung** der Orthographie, d. h. die Mitarbeiter sammeln täglich die in großen Publikationsorganen auftretenden Rechtschreibfälle, Wortneuschöpfungen und Fachtermini:

„Der sich wandelnde Wortschatz der deutschen Gegenwartssprache, seine geradezu explosionsartige Ausfächerung macht eine Aktualisierung des Dudens in bestimmten zeitlichen Abständen unerläßlich. Gesellschaftliche und kulturelle Veränderungen, wissenschaftlicher und technischer Fortschritt führen zu neuen Wortschöpfungen, lassen Fachtermini in die Allgemeinsprache eindringen, begünstigen Entlehnungen aus anderen Sprachen. Die Dudenredaktion, die die Bewegungen im Wortschatz des Deutschen sorgfältig beobachtet und registriert, hat für die 19. Auflage der Rechtschreibung eine Fülle von neuen Wörtern aus allen Bereichen unseres Lebens erfaßt und ihre Schreibung auf der Grundlage der amtlichen Regeln festgelegt." (Aus dem Vorwort zum DUDEN 1986)

In einem Vortrag, an dem ich selbst teilgenommen habe, bestätigte der Chefredakteur GÜNTHER DROSDOWSKI, daß es nicht primär Ziel der Dudenredaktion sei, die Orthographie zu vereinfachen, sondern Ziel sei es, die Veränderungen in der Sprachgemeinschaft zu registrieren und nachzuvollziehen. Wenn häufig genug eine bestimmte (falsche) Schreibweise in wichtigen Printmedien auftaucht, dann wird diese wohl auch mit der Zeit vom Duden zugelassen. Über neue Schreibweisen stimme man in der Dudenredaktion ab. In Frankreich dagegen gibt es eine **präskriptive** (vorschreibende) Rechtschreibregelung durch die Académie française, die schon von Ludwig XIV. gegründet wurde. Freilich lassen sich auch da nur schwer Neuregelungen durchsetzen, da eine Sprachgemeinschaft ein sehr starkes Beharrungsvermögen entwickelt. So sind auch alle bisherigen Versuche einer Vereinfachung der Rechtschreibung im deutschen Sprachraum gescheitert (z. B. die recht weitgehenden Vorschläge der *2. Wiener Gespräche zur Reform der deutschen Rechtschreibung vom 21. bis 23. Mai 1990*). Durch die Wiedervereinigung der beiden deutschen Staaten ergeben sich möglicherweise neue Perspektiven. (Vgl. den ersten gesamtdeutschen DUDEN 1991)

Da sich die deutsche Sprache über Jahrhunderte hinweg entwickelt hat, ist sie nicht widerspruchsfrei. Es gibt zwar **Prinzipien**, die aber untereinander konkurrieren, und immer wieder durchbrechen Ausnahmen die Regel.

OSWALD WATZKE hat diese Prinzipien zusammengestellt.

Prinzipien der deutschen Rechtschreibung

I Beinlich	II Helmers	III Riehme

1. Das Lautprinzip
Unsere Schreibweise ist ihrem Wesen nach noch eine Lautschrift. Bis in die erste Hälfte der mhd. Zeit erhielt nur Gehörtes ein Zeichen und umgekehrt wurde jeder Buchstabe gesprochen.

1. Das phonologische Prinzip
Z.B.: „so", „gehen".

1. Das phonologische Prinzip
Nicht Lautschrift im herkömmlichen Sinne, sondern Phonemschrift. – Das führende Prinzip in unserer Rechtschreibung.

2. das historische Prinzip
Beibehaltung von Schriftbildern trotz Wandlung der gesprochenen Sprache, z.B. sp geschrieben, obwohl schp gesprochen; aus „stanel" wurde „Stahl" („stummes" h).

2. Das historische Prinzip
Z.B.: „Schuh", weil früher „schuoch" gesprochen, also Beibehaltung früherer Schreibweisen trotz sprachlicher Veränderung.

2. Das etymologische (morphologische) Prinzip
Z.B.: „väterlich" zu „Vater"; „gab" zu „Gabe".

3. Das ästhetische (oder pseudo-äst.) Prinzip
Zusätzliche willkürliche Zeichen aus finanziellen oder „Schönheitsgründen", z.B.: GOtt, unnd, Walldt; für i am Ende ein y (auch j); Verstoß des Dehnungs-h vor oder in der Nähe von Ober- und Unterlängen (jedoch nicht konsequent).

3. Das etymologische Prinzip
Z.B.: lobt mit „b" geschrieben, obwohl „p" gesprochen; stammt von „loben" ab.

3. Das historische Prinzip
Z.B.: früher gesprochen li-eb (also zweisilbig), heute gesprochen „lieb" (einsilbig) und trotzdem „ie" beibehalten; „ie" erhielt Charakter der Längenbezeichnung. Übertragung auf andere, die es ursprünglich nicht besaßen (z.B.: Biene, Giebel, wiegen).

4. Das Analogieprinzip
Fast unauffällige Wirksamkeit dieses Prinzips; wir schreiben „befehlen" gemäß etwa „Fehde", obwohl das geschichtl. Schriftbild entsprechend der Aussprache befelhen" war.

4. Das ästhetische Prinzip
Z.B. verlangte Joh. Chr. Gottsched (1748) „sey", weil „sei" nicht gut aussehe.

4. Das logische Prinzip
Unterscheidungsschreibung von Homonymen, um deren Bedeutungsunterschied hervorzuheben, z.B.: das – daß.

5. Das etymologische Prinzip
Hand mit „d", weil Hände gesprochen wird; Häuser von Haus abgeleitet. Manche Wortverwandtschaft wurde nicht oder zu spät erkannt, z.B.: Stengel zu Stange, behende zu Hand.

5. Das analogische Prinzip
Z.B. weil in „sehen" nach dem historischen Prinzip das „h" erhalten blieb, wurde aus „geen": „gehen".

5. Das grammatische Prinzip
Regelungen, die durch grammatisch-syntaktische bzw. grammatisch-semantische Erwägungen bestimmt werden, z.B. Groß-, Getrennt- und Zusammenschreibung, Interpunktion. Z.B.: zusammen laufen: gemeinsam; aber zusammenlaufen: gerinnen.

6. Das Unterscheidungsprinzip (logische Prinzip)
Gleicher Wortklang, andere Bedeutung: Mohr – Moor, Lied – Lid (aber nicht konsequent, z.B.: Hahn – (Wasser-) – Hahn).

6. Das differenzierende Prinzip
Gleicher Wortklang (durch Sprachveränderung) mit anderer Bedeutung, z.B.: „Saite" (mhd.: seite) und „Seite" (mhd.: site).

6. Das graphisch-formale Prinzip
Das nichtgesprochene „h" z.B., das weder aus historischen noch aus rein ästhetischen Gründen beibehalten wurde, sondern zur besseren Erfassung des Schriftbildes (Hohn, Sohn, Lohn).

7. Großschreibung der Hauptwörter
Von J. Becherer 1696 als erstem gefordert.

7. Das hervorhebende Prinzip
Die Großschreibung der Substantive.

IV Kochan und Mitarbeiter	V Augst	VI Braun
1. Das phonetisch-phonologische Prinzip Ein Wort wird so geschrieben, wie es gesprochen wird; die Phonem-Graphem-zuordnung bildet die Grundlage der deutschen Rechtschreibung.	**1. Das Lautprinzip** Keine Lautschrift im engeren Sinne, sondern eine annähernd phonologische Schrift, die freie oder komplementäre Lautvarianten durch einen Buchstaben oder eine Buchstabenkombination wiedergibt.	**1. Das phonemische** (oder phonologische) **Prinzip** Gleichschreibung eines jeden Phonems; Unterscheidungsschreibung eines jeden anderen Phonems. Lockerung des ph.P.: ein Phonem – mehrere Zeichen (/eu/ : eu und äu); Durchbrechung des ph.P.: ein Zeichen – verschiedene Phoneme (v : /f/ und /w/ bei Vase).
2. Das morphologische Prinzip In Flexionsformen und Ableitungen wird die gleiche oder ähnliche Schreibweise eines Wortes gewahrt, auch wenn verschiedene Phoneme gesprochen werden, z. B.: Hund – Hundes; Band – Bändchen.	**2. Das Stammprinzip** Konstanthalten eines Schriftbildes in unterschiedlicher Umgebung. Allgemein: Auslautverhärtung und Umlaut, z. B.: Tag – Tages; schwebst – schweben; Wald – Wälder.	**2. Das morphemische** (oder morphologische) **Prinzip** Gleichschreibung desselben Morphems (z. B.: Freund : Freunde [t/:/d/]); Unterscheidungsschreibung verschiedener Morpheme (Wal : Wahl); Ähnlichkeitsschreibung verwandter Morpheme (Hand : Hände). (Neben diesen beiden hierarchisch geordneten Prinzipien nennt Braun noch die historischen und ästhetischen Faktoren, denen er nicht den Rang eines Prinzips zuordnet.)
3. Das etymologische Prinzip Ein Wort wird so geschrieben, daß seine Herkunft zu erkennen ist, bes. bei Fremdwörtern: Chor. Bei deutschst. W.: Zusammenwirken dieses Prinzips mit dem morphologischen u. dem analogischen (2. und 7.).	**3. Das Homonymieprinzip** Unterscheidung lautgleicher, aber sinnverschiedener Wörter, z. B.: Laib – Leib, Ferse – Verse; du hast – du haßt (das nur partielle Homonymie, weil Unterscheidung in anderen Flexionsformen).	
4. Das grammatische Prinzip Groß- und Kleinschreibung (auch substantivierte Verben usw.), Zeichensetzung und Unterscheidung von das und daß.	**4. Das ästhetische Prinzip** Aus Gründen der „Verträglichkeit" von Buchstabenfolgen, z. B. keine Doppelschreibung von u, ck für kk, Roheit mit einem „h", „Sparschreibungen" wie „am", „in", „was" usw.	
5. Das logische Prinzip Unterscheidung von Homophonen, z. B.: Mohr – Moor, Lied – Lid.	**5. Das pragmatische Prinzip** Groß- und Kleinschreibung bei Anreden (Du, du), z. T. Fragen der Höflichkeit (Eure Exzellenz), z.Z. Homonymendifferenzierung („Kommen Sie/sie heute abend?"). Ferner Großschreibung von Eigennamen.	
6. Das ästhetische Prinzip Ein Wort wird so geschrieben, daß sein Wortbild „gut" aussieht, z. B.: „sp" und „st" statt „schp" und „scht".	**6. Das grammatische Prinzip** Die Übertragung suprasegmentaler Elemente ins Optische: Groß-, Klein-, Getrennt-, Zusammenschreibung, Zeichensetzung.	
7. Das Analogieprinzip Übertragung der Schreibweise gleichlautender Wörter bzw. Wortteile auf andere, z. B. bei vielen ie-Schreibungen.		

OSWALD WATZKE: Rechtschreibunterricht in der Sekundarstufe I. München 1976, S. 14/15.

Da das Lernen der Rechtschreibung ein äußerst komplexer Vorgang ist, sollten möglichst viele Komponenten berücksichtigt werden, die auch in allen einschlägigen Publikationen gefordert werden:

- **Die visuelle** (das wiederholte Lesen),
- **die akustische** (das aufmerksame Hören),
- **die sprechmotorische** (das deutliche Sprechen),
- **die schreibmotorische** (das gegliederte Schreiben),
- **die semantische** (das Verbinden der Laut-/Buchstabenketten mit Bedeutung),
- **die kognitive** (das Erfassen von Gesetzmäßigkeiten),
- **die mnemotechnische** (das Einprägen von nicht-gesetzmäßigen Besonderheiten und Ausnahmen, wie etwa beim Erlernen von Fremdwörtern).

(MENZEL, Praxis Deutsch, Heft Nr. 32, Rechtschreibung 2, 1978, S. 20)

Es liegt auf der Hand, daß zwischen den einzelnen Methoden Überschneidungen festgestellt werden können, so sind z. B. mnemotechnische Elemente immer am Rechtschreiblernprozeß beteiligt. Nach MENZEL ist der Streit, über welche Methode besser gelernt werde, sekundär. Die einzelnen Schüler bevorzugten mit großer Wahrscheinlichkeit *bestimmte Kanäle*, also eher über das Auge oder eher über das Ohr oder eher über die Schreibmotorik, und zweitens kämen bei der Vermittlung bestimmter orthographischer Probleme ganz unterschiedliche Komponenten ins Spiel. Manche Schwierigkeiten, wie etwa die Schreibung anlautender Konsonanten b oder p, g oder k usf., könnten gar nicht unter Verzicht auf das Akustische und Sprechmotorische gelöst werden, andere, wie die Unterscheidung von daß – das, seien auf die kognitive Komponente angewiesen.

Zu allen Zeiten wurde über die mangelnde Rechtschreibkompetenz der Schüler geklagt. Nach MENZEL (Praxis Deutsch,

Heft Nr. 69, Rechtschreibung, 1985) sei dies nicht ganz gerechtfertigt:

*„Der Rechtschreibunterricht mit den heute vorliegenden
Sprachbüchern, Rechtschreibprogrammen und selbst erstell-
ten Übungen ist, wie wir aus Einzelergebnissen unserer Untersuchungen erfahren haben, so effektiv, daß*

*– Grundschüler in ihren Texten im Durchschnitt etwa 93 % der
verschiedenen Wörter, die sie selbständig verwenden, richtig
schreiben,*

– Hauptschüler am Ende des 10. Schuljahres rund 96 %,

– und Realschüler am Ende des 10. Schuljahres rund 98 %.“

(S. 9)

Liste der 50 häufigsten Fehlschreibungen

1	daß	das	1738
2	dem	den, dehm	242
3	einen	ein, einem	179
4	einem	einen, ein	143
5	denn	den	127
	das	daß	127
7	kam,	–en kahm, kamm	123
8	den	dehn, denn	107
9	ihm	ihn, im	100
10	Sie (Anrede)	sie	88
	zu+Infinitiv (zu essen)	zuessen	88
12	zu Hause	zuhause	87
13	dann	dan	80
14	war, -en, wäre, -n	wahr, wäre	74
15	vielleicht	vieleicht	70
16	ein bißchen	ein bischen, Bißchen	63
17	nicht, nichts	nich, nichs	62
18	fiel, -en	viel, fiehl	57
19	mit+Verb (mitbringen)	mit bringen	56
20	meist, -e, -en, -ens	meißtens	51
21	ihn	in, ihm	50
	laß, -t, läßt	last, leßt	50
23	Angst	angst	48
	hast, hatte, -n, hätte -n	haßt, hate, hette	48

25	heran-, herein-, heraus-		
	+ Verb	herein kommen	46
	seinem	sein, seinen	46
27	auf einmal	aufeinmal	45
28	meinem	mein, meinen	43
	Mal, -e	viele male	43
30	kriegen, krieg, -e, gekriegt	krigen, gegriegt	42
	nächste, -n	nechste, näcksten	42
	wollt, -e, -en	wolte	42
33	muß, -t, te, ten	muste, mussten	41
34	widersprechen	-wieder-	40
	erwidern		
35	zurück + Verb (zurückgeben)	zurück geben	38
	abends	Abends, abens	38
37	ver- (als Vorsilbe)	fer-	36
	ent- (als Vorsilbe)	end-	36
39	kaputt	kabutt, kaput	35
	herein, heraus, heran	herrein, herraus, herran	35
41	Morgen	morgen	34
	irgendwo, irgendwie,		
	irgendwas	irgent-, irgend wie	34
42	selbständig	selbstständig	33
43	nämlich	nähmlich, nemlich	32
44	Ihr, -e, -en (Anrede)	ihr	31
45	ließ, -en	lies, liessen	31
	viel, -e	fiel, vil	31
	wußte, -n, wüßte, gewußt	wuste, gewusst	31
48	las, -en	laß, lahsen	30
	weiß, -t	weis, weist	30
	interessant, interessieren,		
	Interesse	intresant, interessiren	30

Fehlerkategorien – Häufigkeitsrangfolge

1. Klein- statt Großschreibung der Nomen (13,94 %)
2. Groß- statt Kleinschreibung (9,33 %)
3. das statt daß (8,59 %)
4. Flexionsendungen falsch oder fehlen – außer Dat./Akk. (5,84 %)
5. Einfach- statt Doppelkonsonant (5,38 %)
6. Getrennt- statt Zusammenschreibung (5,28 %)
7. Fehler in der Schreibung des h (4,79 %)
8. Fehler in der Schreibung der s-Laute (4,28 %)

 9. Dativendungen falsch (3,9 %)
10. Sonstige Konsonantenweglassungen (3,82 %)
11. Sonstige Fehler im vokalischen Bereich (3,68 %)
12. Fehler in der Schreibung der Umlaute (3,51 %)
13. Fehler in der Schreibung von i, ie (2,95 %)
14. Doppel- statt Einfachkonsonant (2,76 %)
15. Akkusativendungen falsch (2,70 %)
16. Zusammen- statt Getrenntschreibung (2,74 %)
17. Konsonantenhinzufügungen (2,42 %)
18. Fehler bei den Konsonanten k, ck, ch, g (2,27 %)
19. Fehler bei den Konsonanten d, t (2,21 %)
20. Satzanfänge klein (2,11 %)
21. Sonstige Fehler (1,90 %)
22. Fehler bei den Konsonanten v, f, pf, ph (1,8 %)
23. Konsonantenvertauschungen (1,44 %)
24. Fehler bei den Konsonanten z, tz, ts, c (0,67 %)
25. daß statt das (0,63 %)

(1985, S. 10)

Aus der Häufigkeit der Fehler kann man als Lehrer auch sehen, in welchen Bereichen besonders geübt werden muß. Und
nach MENZEL sind die Ursachen für die Fehler zu suchen: im
fehlerhaften Sprechen – **Unaufmerksamkeit** – **in der Bildung
falscher „Hypothesen"** *(z. B. Analogiefehler: „kahm" wie
„nahm"; Herleitungsfehler: kamen von kommen; falsche Re-
gelableitung: „ein Bißchen" wie ein Bissen)* – im **mangelnden
Regelwissen** – und im **unzureichenden Training**. (1985, S. 10)

Die curricularen Lehrpläne machen in der Grundschule sehr
detaillierte Vorschläge zur Gestaltung des Rechtschreibunterrichts, da in den ersten Schuljahren der Grund gelegt wird. Als
Beispiel sei hier die 3. Jahrgangsstufe (Bayern) aufgenommen:

3. JAHRGANGSSTUFE

1. Wörter aus dem Grundwortschatz richtig schreiben

*Optisches, akustisches und sprechmotorisches Erfassen und Strukturieren
von Wörtern*

Schulen des richtigen Abschreibens in Sinnschritten
Inhaltliches Klären von Wörtern, z. B. in Worträtseln
Auswendigschreiben von Sätzen bzw. Texten nach gründlicher Vorberei-
tung
Zusammensetzen von ungeordneten Buchstaben (Purzelwörter) zu sinn-
vollen Wörtern
Ordnen der Wörter nach Wortarten

2. Vom Grundwortschatz aus auf die Rechtschreibung weiterer Wörter
schließen

Ordnen von Wörtern mit gleichen Buchstabengruppen, z. B.

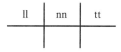

Bilden von Ableitungen mit Hilfe von Vor- und Nachsilben
Zusammenstellen von Wortfamilien, z. B. „sprechen"

3. Einige Besonderheiten der Rechtschreibung kennen

– Großschreibung von Namenwörtern einschließlich abstrakter Begriffe
  Suchen von abstrakten Namenwörtern in Texten; Eingehen auf die Be-
  deutung
  Ableiten von Namenwörtern, z. B. aus Zeitwörtern oder Eigenschafts-
  wörtern
  Zerlegen von zusammengesetzten Namenwörtern
  Ordnen von Namenwörtern nach Nachsilben
– Großschreibung von Anredefürwörtern
  Unterstreichen der Anredefürwörter in Karten oder Briefen
  Einsetzen der Anredefürwörter in Lückentexten
– Mitlautverdopplung
  Hören und Sprechen des kurz gesprochenen Selbstlauts vor dem verdop-
  pelten Mitlaut
  Kennzeichnen des kurz gesprochenen Selbstlautes
  Ordnen von Wörtern mit Mitlautverdopplung, z. B. mm, rr, ss
  Bilden von Reimwörtern
– Umlautungen
  Bilden von Umlautungen durch Setzen in die Mehrzahl, Verkleinerung,
  Ableitung, Beugung, z. B.
  Ball – Bälle, Haus – Häuschen, Kamm – kämmen, tragen – du trägst

Zurückführen auf das Grundwort, z. B. der Läufer – laufen
– bezeichnete Dehnungen
 Sammeln und Ordnen von Wörtern mit Dehnungen, z. B. aa, ie
 Zusammenstellen von Wortfamilien, z. B. „fahren"
– weiche Mitlaute am Ende von Wörtern
 Bilden von Reimwörtern mit gleichem Auslaut
 Verlängern des Wortes, z. B. durch Mehrzahlbildung; Verdeutlichung des
 weichen Auslauts durch Trennen: Kind – Kinder – Kinder
– einige besondere Fälle der Trennung
 Trennung von Wörtern aus dem Grundwortschatz, z. B. mit st, ck, tz;
 Erarbeiten von Merkhilfen
 Kennzeichnen der Trennungsstelle im Wort

(KMBI I So.-Nr. 20/1981, S. 570)

Selbstverständlich sollten gerade beim Rechtschreibunterricht die **Lerngesetze** berücksichtigt werden (vgl. SCHU-
STER, 1982, das Kap. „*Vergessen und Behalten*"). Das Lernen über viele Kanäle ist natürlich Voraussetzung, z. B.:

– Häufiger kürzere Lerneinheiten statt einmal einer großen Se-
 quenz. Die Vergessenskurve fällt zunächst dramatisch ab. Ein
 Wiederholen in regelmäßigen Intervallen ist notwendig.
– Verzicht auf Zugleichbehandlung ähnlicher Phänomene
 (Vermeidung der sog. „Ranschburgschen Hemmung").
– Vor dem Einprägungsprozeß eine Konzentrationsphase
 vorausschicken (Lernhemmungen vermeiden!).

7 Lernbereichsübergreifende Formen, Methoden und Probleme

Es sollen hier einige Methoden, Verfahrensweisen und Probleme angesprochen werden, die sich nicht ohne weiteres in die vorhergehenden Kapitel einordnen lassen. Dabei können diese im Rahmen einer Einführung nur angedeutet werden.

7.1 Der projektorientierte Deutschunterricht

Die einzelnen Lernbereiche sollen nicht isoliert im Deutschunterricht nebeneinander „behandelt", sondern immer dann „verbunden" werden, wenn sich dazu die Gelegenheit ergibt; dies hat eine lange didaktische Tradition. So spricht ULSHÖFER (1965[2], S. 56) vom **verbundenen Deutschunterricht**. Der Projektgedanke wurde aber Ende der 60er Anfang der 70er Jahre wieder belebt und engagiert vertreten. So hat eine Gruppe von Didaktikern (BEHR / GRÖNWOLDT / NÜNDEL / RÖSELER / SCHLOTTHAUS, 1975) Mitte der 70er Jahre ein Buch vorgelegt mit dem Titel: Folgekurs für deutschlehrer: Didaktik und methodik der sprachlichen kommunikation. **Begründung und beschreibung des projektorientierten deutschunterrichts**. Das Buch umfaßt 728 Seiten! Der **gesamte** Deutschunterricht sollte durch dieses Verfahren umgestaltet werden. Heute ist man etwas bescheidener geworden, hat man doch die institutionellen und bürokratischen Rahmenbedingungen falsch eingeschätzt und die Bereitschaft des Lehrers, sich umzustellen, zu optimistisch beurteilt. Sicher hat die Projektorientierung auch heute eine wichtige Funktion, wenn man dadurch auch nicht **die** Veränderung der Schule erreichen kann. Was ist nun **projektorientierter Deutschunterricht**?

7.1.1 Beschreibung des projektorientierten Deutschunterrichts

Nach BEHR u.a. gilt das Projekt *„der erreichung eines konkreten ziels in der gesellschaftlichen wirklichkeit: der beschaffung eines spielplatzes, der einrichtung einer klassenbücherei, der herstellung einer klassenzeitung, der herbeiführung eines konferenzbeschlusses über die veränderung der hausaufgaben.*" (S. 69) Deutlich wird hier noch eine gewisse ideologische Ausrichtung spürbar, die auf Veränderung der Realität abzielt. Ohne diese Ausrichtung definiert KREJCI: *„Mit Projektunterricht bezeichnet man* **didaktische Unternehmungen**, *die auf Bewältigung eines oft umfangreichen und komplexen Vorhabens durch* **gemeinsame** *Anstrengung von Lernenden und Lehrenden abzielen.*" (KREJCI, in: STOCKER, 1976, S. 355/356)

Bei der Auswahl, Vorbereitung, Durchführung und Reflexion des Vorhabens soll den Schülern ein hohes Maß an **Selbsttätigkeit** und **Selbstbestimmung** zukommen. So soll im Idealfall durch den Schüler selbst die Wahl des Projekts durch Bedürfnisermittlung (wobei durchaus zwischen dem subjektiven und objektiven vermittelt werden kann) erfolgen.

Die Schüler machen vielfältige **Erfahrungen**, die meist nicht auf den schulischen Raum beschränkt bleiben, sondern in die außerschulische Lebensrealität hinausgreifen. Dies bedeutet gleichzeitig auch, daß oft völlig Unvorhergesehenes, Überraschendes geschehen kann. Die Kinder und Jugendlichen lernen **verantwortliches Handeln**, da sie ihren Arbeitsbereich, ihre Aufgabenstellung selbständig durchführen müssen. In kleinen Gruppen (im Team) oder zumeist mit einem Partner werden Recherchen, Interviews, handwerkliche, organisatorische Arbeiten erledigt.

Der Lehrer selbst hat die **Funktion**, den Überblick zu wahren, helfend einzugreifen, wenn Schwierigkeiten auftauchen, insgesamt sollte er sich aber weitgehend zurückhalten. Je nach inhaltlicher Ausrichtung unterscheiden wir verschiedene **Projekttypen**: das **Unterhaltungs- und Kontaktprojekt** (eine Theateraufführung für die Eltern, ein geselliger Nachmittag zusammen mit den ausländischen Mitbürgern usw.), das **Orientierungs- und Forschungsprojekt** (Registrierung und Beschreibung der Spielplätze im Einzugsbereich der Schule; für die Oberstufe der Gymnasien: Erkunden der Zeugnisse des Barock in einer Stadt, einschließlich der theoretischen Beschäftigung mit dieser Epoche), das **Veränderungsprojekt**, das von einer Orientierung ausgehen, die dann im Versuch, zu verändern, überführt werden kann, (z. B. den Kinderspielplatz in einen mit Abenteuercharakter umzuwandeln, Antrag auf eine Fußgängerampel). Auch ein „gescheitertes" Projekt muß nicht unbedingt negativ beurteilt werden. Wenn sich z. B. der Abenteuerspielplatz nicht erreichen läßt, kann dies für die Schüler ein wichtiger Lernprozeß sein, insofern als sie erfahren, daß auch mit bester Absicht in einer Gesellschaft nicht alles letztendlich durchzusetzen ist. Allerdings ist dann vor allem die **Reflexionsphase** besonders wichtig, damit in einem Prozeß der Aufarbeitung eventuelle Frustrationen aufgefangen werden können. Man unterscheidet die Phase der **Motivation** und **Zielentscheidung**, die Phase der **Planung**, der **Durchführung** und der **Reflexion**. Nicht immer wird dieser Ablauf **so geordnet** erfolgen, denn besondere Ereignisse machen oft erneute planerische Schritte notwendig, so daß eine **offene Meta-Planung** (Planung des Planens) erfolgt.

Projektorientierter Deutschunterricht muß zumindest **lernbereichsübergreifend**, eventuell **fächerübergreifend** (z. B. beim Kasperltheater die Erstellung der Figuren im Kunstunterricht, der Bühne im Werken, der Songs und Lieder im Musikunterricht) gestaltet werden.

Projektorientiert heißt dabei, daß nicht immer idealtypisch alle Bedingungen erfüllt sein müssen, denn dem stehen oft *„in der schulischen und außerschulischen Wirklichkeit zahlreiche materielle, personelle und strukturelle Gegebenheiten entgegen."* (KREJCI, in: STOCKER, S. 359) Die Anregung zu einem Projekt kann auch einmal vom Lehrer ausgehen. Und sicherlich sind nicht alle Lerninhalte und –ziele mit dieser Methode zu erreichen, immer dann wenn die Informationsvermittlung im Vordergrund steht (auch bei der Vermittlung von systematischen Kenntnissen, aufeinander aufbauenden Fähigkeiten und Fertigkeiten), und manche Lernbereiche bedürfen nicht immanent der Projektmethode. Erfahrungsbezogenes Lernen ist auch in anderen Zusammenhängen möglich. So formulierte in den 70er Jahren die schon erwähnte Lüneburger Gruppe apodiktisch: *„lernen durch erfahrung versteht sich als ein der praxis ausgesetztes lernen."* (BEHR u. a., S. 69)

Ähnlich dem kommunikativen Schreiben in der Aufsatzdidaktik unterscheiden wir heute auch zwischen **simuliertem** und dem **Ernstfallprojekt**. Freilich muß man zugeben, daß dem Projektgedanken das tatsächliche Hinausgreifen in die Lebensrealität, also der Ernstfall, angemessener ist als das So-Tun-als-Ob.

7.1.2 Anmerkungen zur Geschichte des Projekts

Nur kurz soll ein Blick auf die **Geschichte** der **Projektbewegung** geworfen werden, die ihren Ursprung in den USA hat (um 1900). Die Arbeiten des Philosophen und Pädagogen J. DEWEY (1859-1952) werden als grundlegend angesehen. (J. DEWEY / KILPATRICK, W. H.: Der Projektplan, Weimar 1935; engl. 1918).

Nach DEWEY gibt es nur eine wissenschaftliche Methode, die des geschulten Denkens, das sich den äußeren Gegenständen anpaßt und mit den logischen Formen zusammenfällt. Sie ist zugleich der Weg der Bewältigung der Lebensfragen. Erziehung ist Denkschulung, nicht im Sinne einer Einübung vorgegebener logischer Formen, sondern der Entwicklung solcher Formen in der denkenden Bewältigung der zu einer Auflösung drängenden konkreten Schwierigkeiten. Diese Pädagogik kommt daher der **Erlebnispädagogik** sehr nahe. Er hat dem **Arbeitsunterricht** in den USA den Weg gebahnt. Erziehung in diesem Sinne ist stets auch Einpassung des Menschen ins Gemeinschaftsleben. Diese Richtung auf Sozialerziehung, auf die Verantwortlichkeit jedes einzelnen und auf die prüfend experimentierende Haltung in einer unfertigen Welt machen ihn zum Repräsentanten einer typisch amerikanischen Philosophie.

KILPATRICK (1871-1965, Schüler und Freund DEWEYs) wendet dessen mehr philosophisch ausgerichtete Erkenntnisse auf die Pädagogik an: Leben sei fortwährendes Lernen; darum müsse die Methode des Lernens sich unmittelbar am Leben orientieren.

In Deutschland kommen die Vorstellungen der **Arbeitsschule** dem Projektgedanken am nächsten. Die Selbsttätigkeit und die Aktivität des Schülers werden als wesensnotwendiges Bildungs- und Eziehungsziel anerkannt und methodisch berücksichtigt. Sie unterscheidet sich daher von der sogenannten Wort- und Lernschule, die den eigenen Antrieb des Schülers vernachlässigte und ihn mehr oder weniger in der Passivität des Aufnehmens beließ. Dem aus der Geschichte stammenden ersten Wesensmerkmal der Arbeitsschule, der **Handbetätigung**, fügen KERSCHENSTEINER / GAUDIG / SCHEIBNER u. a. das der geistigen **Selbsttätigkeit** hinzu. Seit 1912 bemüht sich namentlich F. X. WEIGL um eine Ausbreitung der **Arbeitsschule** im katholischen Sinne zur religiös-sittlichen Taterziehung. B. OTTO (1859-1933) vertrat eine Pädagogik vom Kinde aus, die besonders stark den natürlichen Bildungstrieb und Fragendrang des Kindes mit seinem echten Sachinteresse berücksichtigen und sein selbständiges Denken sowie seine Verantwortung in der Gemeinschaft fördern will. Eine wesentliche Rolle spielt dabei der freie Gesamtunterricht, der ohne Fächerung, ohne inhaltliche Planung, d. h. als Gelegenheitsunterricht, möglichst auch ohne direkte Lehrerführung als freies Gespräch verschiedenartiger Kinder nach dem Modell eines Familientischgesprächs die Fragen der Kinder in ihrer eigenen Sprache und in ihren eigenen Denkbemühungen zu beantworten sucht. Seine Schüler, J. KRETSCHMANN, O. HASSE und A. REICHWEIN (geb. 1898, 1944 in Berlin/ Plötzensee hingerichtet) entwickeln diese Vorstellungen weiter und vertreten die Auffassung, daß Unterricht in Vorhaben, in Projekten zu organisieren sei. Auch hier steht die erzieherische Funktion eines solchen Verfahrens im Vordergrund. Es ist verständlich, daß diese Entwicklung im Nationalsozialismus unterbrochen wurde, denn das selbständige Denken des Schülers war unerwünscht. Und wie am Anfang schon festgestellt, gewinnt der Projektgedanke im Zusammenhang mit der Studentenbewegung der „68er" Generation erneut an Gewicht und Bedeutung, denn nun sollten wieder kritische, selbstverantwortliche Schüler bzw. Staatsbürger erzogen werden.

7.1.3 Beschreibung eines Projektbeispiels im Deutschunterricht

Projekte im Deutschunterricht im engeren Sinne sind solche, die Themen realisieren, die **Gegenstand des Deutschunterrichts** sind (z. B. das Kasperletheater; eine Theateraufführung; Einrichtung einer Kinder- oder Jugendbuchbibliothek; eine Autorenlesung). Im weiteren Umkreis können es aber auch Aufgaben oder Probleme sein, die mit den Arbeitstechniken des Deutschunterrichts (z. B. Einrichtung eines Abenteuerspielplatzes, z. B. Diskussion, Briefe schreiben, überzeugen, überreden usw.; Installation einer Fußgängerampel) gelöst werden können.

Im folgenden möchte ich ein konkretes Beispiel eines projekt-

orientierten Vorgehens schildern, wobei es mir darauf ankommt, besonders die überraschenden Elemente herauszu-
stellen.

Für die Zeitschrift PRAXIS DEUTSCH (Heft KRIMI 11/
1980) wollte ich meinen Beitrag in der Form des Projekts erstellen. Eine 9. Klasse eines Gymnasiums war dazu bereit. Es
war nicht unbedingt ihr Bedürfnis, aber sehr schnell identifi-
zierten sie sich mit der Aufgabe. Auf einen Text, der in ein Kri-
minalhörspiel umgewandelt werden sollte, hatten wir uns
schnell geeinigt.

Szene wie aus einem Kriminal-Lustspiel

*Zwei junge Bambergerinnen brachten Haschraucher zur Poli-
zei*

*Recht couragiert zeigten sich zwei junger Bambergerinnen
und spielten quasi Polizei. Vielleicht ist ihnen aber auch inzwischen klar geworden, daß sie ein recht gewagtes Spiel gespielt
hatten, das leicht hätte ins Auge gehen können.*

*Die beiden Mädchen im Alter von 16 und 17 Jahren hatten sich
am frühen Dienstagabend in einer Diskothek in der Innen-
stadt aufgehalten. Dort machten sie die Bekanntschaft von
zwei auswärtigen Männern, 19 und 22 Jahre alt. Diese forderten die Mädchen auf, mit ihnen das Lokal zu verlassen und an
einer einsamen Stelle im Stadtgebiet Haschischzigaretten zu
rauchen. Zum Schein gingen die Mädchen auf das Ansinnen
ein, und gemeinsam lief man zu einer recht dunklen Stelle unter der Unteren Brücke. Dort zündeten die Männer selbstge-
drehte und mit Haschisch vermischte Zigaretten an und rauch-
ten diese. Die Mädchen aber lehnten – wie sie es von Anfang
an vorgehabt hatten – das Rauchen ab. Als sich dann einer der
Männer eine zweite Haschischzigarette anzündete, gab es den
großen Knall.*

*Ein Mädchen zog nämlich aus der Handtasche eine Schreck-
schußpistole und erklärte den beiden verdutzten Burschen,*

daß sie festgenommen wären und mit zur Polizei müßten. Die beiden jungen Männer waren so überrascht und verschreckt, daß sie an keinerlei Gegenwehr dachten. Gehorsam marschierten sie vor den Mädchen her zur nahegelegenen Polizeiinspektion Geyerswörth, wo sie von den Polizeibeamten in Empfang genommen wurden.

Die Mädchen hatten nicht einmal vergessen, die nötigen Beweismittel zu sichern, sie hatten nämlich die von den Männern weggeworfenen Zigarettenkippen aufgehoben und mit zur Polizei genommen.

(Fränkischer Tag 20.12.1979)

„Die Eigengesetzlichkeit des projektorientierten Unterrichts zeigte sich besonders deutlich. Schon in der ersten Stunde tauchten viele offene Fragen auf:

– Warum nimmt die Heldin eine Pistole mit?

– Hatten die Mädchen keine Angst?

– Wie sehen sie aus, welche Schule besuchen sie?

– Was hätten sie wohl gemacht, wenn die jungen Männer sich gewehrt hätten?"

(PRAXIS DEUTSCH, 44/80, S. 39)

Nach anfänglichen Schwierigkeiten mit der Polizei (Datenschutz) gelang es einer Schülergruppe unter meiner Führung, die Mädchen ausfindig zu machen. Wir beschlossen, sie zur „Uraufführung" einzuladen. Inzwischen hatte man auch der Kriminalpolizei von unserem Vorhaben berichtet. Sie wollte ebenfalls mit zwei Beamten an der Aufführung teilnehmen. Nachdem wir an einem Vormittag (alle Stunden wurden uns zur Verfügung gestellt) die Aufnahme „gefahren" hatten, die mit vielen Spezialarbeitsaufträgen der Schüler, meist in Gruppen, verbunden war, luden wir die Mädchen in die Schule ein. Da wir vermuteten, daß das Gespräch für uns wichtige Informationen enthalten könnte, wurde beschlossen, dieses auf

Tonband aufzuzeichnen. Die örtliche Presse hatte ebenfalls davon erfahren und versprach, zu kommen (daraus wurde später ein halbseitiger Artikel). Die Mädchen der Klasse erklärten sich bereit, für das leibliche Wohl zu sorgen, da diese Veranstaltung nicht am Vormittag stattfinden konnte. Die Schüler befragten die „Heldinnen", wie es denn wirklich gewesen sei. Manche Passagen aus dem Hörspiel, das höchste Anerkennung fand, entsprachen erstaunlich gut der Realität, andere wiederum nicht. Die Brutalität der Protagonistinnen überraschte jedoch sehr, da sie die Amerikaner (davon war im Zeitungsbericht auch nicht die Rede), die hart bestraft worden waren (500 Dollar Strafe und unehrenhafte Entlassung aus der Armee), doch absichtlich in die Falle gelockt hatten.

Die Kriminalbeamten hatten vor allem die Intention, die Schüler dahingehend zu beeinflussen, daß sie nicht auf eigene Faust kriminalistische Aktionen durchführen sollten. Die Schüler hatten sich bis zu diesem Zeitpunkt keine Gedanken über die Folgen und die moralische Seite des Handelns der Mädchen gemacht.

Eigentlich hatten wir die Absicht, mit diesem Nachmittag das Projekt enden zu lassen. In der darauffolgenden Deutschstunde wurde nun beschlossen, eine Dokumentation anzuschließen. Aus der eineinhalbstündigen Unterhaltung wurden schließlich sieben Minuten verwendet.

Übergeleitet zur Dokumentation wurde mit folgender Passage: „*Nachdem wir das Hörspiel fertiggestellt hatten, wollten wir wissen, wie das Geschehen tatsächlich abgelaufen ist. Wir luden die 'Heldinnen' an einem Nachmittag zu uns ein. Im folgenden sind die wichtigsten Antworten aus dem Tonbandprotokoll zusammengefaßt.*" Die Dokumentation endet mit der Nennung der Strafen, und der Hörer muß selbst die Folgerungen ziehen, beurteilen, ob dieses Handeln moralisch gerechtfertigt ist.

Ich mußte schließlich die Schüler überreden, unser Werk dem Bayerischen Rundfunk zu schicken, da sie nicht so ohne weiteres von der Qualität ihrer Arbeit überzeugt waren. Schon zwei Wochen später kam der Anruf, daß man dieses Hörspiel (mit zwei Sendeterminen) senden wollte.

Darüber hinaus stellten die Schüler ihre Kopien anderen zur Verfügung, die nicht zu ihrer Klasse gehörten. Manche Deutschlehrer benutzten diese als Hörspiel.

Es ist klar, daß ein solches Vorgehen viel Zeit erforderlich macht. Wir haben dafür etwa 20 Schulstunden benötigt.

Gleichzeitig aber sind eine Fülle von Lernzielen implizit abgedeckt worden, so daß der Aufwand dennoch gerechtfertigt erscheint. So wurden z.B. vielfältige Formen des schriftlichen Sprachgebrauchs (Dialog, Charakteristik, Bericht, Glosse, Brief, Drama) erprobt und ihre Wirkung (abhängig von der Intention) als Feedback unmittelbar erfahren. Als Beispiel sei hier die Zusammenfassung aus dem Jahresbericht abgedruckt.

[...] Wir fielen, wie es also der Zufall wollte, der Vermittlung unseres Deutschlehrers zum Opfer. In der nächsten Deutschstunde übernahm dann Herr Schuster den Oberbefehl. Er besprach zuerst den Zeitungsartikel und ließ ihn uns in einzelne Szenen gliedern. Als Hausaufgabe sollten wir in Gruppenarbeit jeweils eine Szene in Dialoge umsetzen. Nach anfänglichem Stöhnen und einigen Flüchen war das Ergebnis doch einigermaßen brauchbar (jedenfalls schien Herr Schuster zufrieden zu sein).

Es kam zu allgemeiner Kritik und schließlich verfaßten wir aus den verschiedenen Beiträgen ein einheitliches Manuskript, das eine Studentin im Schweiße ihres Angesichts abtippte.

Rollenverteilung und Sprechproben folgten. Probleme hierbei gab es vor allem bei der Wiedergabe des Textes auf eine möglichst natürliche Weise. Doch auch diese Schwierigkeiten konnten wir letzten Endes meistern. Einige von uns beschafften Schallplatten mit dem entsprechend heißen Sound, und Herr Schuster besorgte eine Platte mit Geräuschen; abgesehen davon, daß z.B. Schritte eher wie Hufgeklapper klangen, war das sehr effektvoll.

Und dann war der Tag des großen Lampenfiebers gekommen: Man schritt zur Aufnahme im Sprachlabor. Unsere Tontechniker haben alles so organisiert, daß es bei der Aufnahme kaum noch Probleme gab, von der Ablenkung der „Stars" durch das ständige Blitzen der Fotoapparate abgesehen.

Unser Wirken soll nämlich auch in Bildern für die Nachwelt erhalten blei-
ben. Die Musik wurde nachträglich von einer Gruppe im Tonstudio der
Universität dazugeschnitten.

Als krönender Abschluß des Projekts fand ein Treffen mit den beiden Mäd-
chen, den Original-Heldinnen der Geschichte, statt, die wir nur mit Mühe
hatten ausfindig machen können. Ebenso waren die Kripobeamten, die den
Fall bearbeitet hatten, eingeladen. Auch die Presse hatte sich angesagt. Um
das Ganze abzurunden, buken die Mädchen Kuchen, und Herr Schuster
spendierte Getränke. Nach der Premiere unseres Hörspiels schilderten die
beiden Mädchen den wahren Verlauf des Geschehens. In der folgenden
Diskussion konnten wir einiges über die Hintergründe der Handlungsweise
der Mädchen und auch Allgemeines über Drogen und das Waffenschutzge-
setz erfahren.

Während des ganzen Nachmittags wurden die Gespräche auf Tonband fest-
gehalten. Ausschnitte fügten wir dem Hörspiel zu. Weil unser Werk bei al-
len, die es hörten (Studenten, Lehrer und Schüler) große Resonanz fand,
wurde der Entschluß gefaßt, die Aufnahme an den Bayerischen Rundfunk
zu senden.

Was wir anfangs als Witz aufgefaßt hatten, wurde Wirklichkeit: Der Bayeri-
sche Rundfunk zeigte sich sehr interessiert und wird das Hörspiel im Schul-
funk senden.

Zum Schluß dieses Überblicks möchten wir allen herzlich danken, die sich
für das Gelingen des Hörspiels so tatkräftig eingesetzt haben.

Die Motivation der Schüler stand während des gesamten Projekts völlig außer Frage.

Eines möchte ich in diesem Zusammenhang noch einmal betonen, daß jeweils beim Übergriff in die Lebenswirklichkeit
für uns völlig unkalkulierbare Ereignisse eintraten, die nun
wiederum neue didaktisch-methodische Entscheidungen und
Planungen notwendig machten.

Bleibt noch nachzutragen, daß das recht beachtliche Sendeho-
norar in eine Klassenfahrt investiert wurde.

7.1.4 Grenzen der Projektorientierung

Dazu schreibt GLÖCKEL:

„Auch kann man nicht alles in Projekten lernen:

– Schon aus organisatorischen Gründen bleiben sie eher die Ausnahme.

Sie kosten außerordentlich viel Zeit, passen nicht in den üblichen Stundenplan und fordern einen Einsatz, den man nicht ständig durchhalten kann.

– Es ist auf die Dauer gar nicht einfach, sinnvolle und durchführbare Aufgaben von gesellschaftlich relevanter Bedeutung zu finden. Projekte sind kaum wiederholbar.

– Es gibt prinzipielle Grenzen. Handlungsziele sind nicht immer Lernziele, der Handlungsdruck oder -zug in der Realsituation kann das Lernen auch beeinträchtigen. Der Lernprozeß folgt anderen Gesetzen als der Produktionsprozeß." (S. 142)

Die Begeisterung der 70er Jahre ist zwar verflogen und einer eher nüchternen Beurteilung gewichen. Dennoch, meine ich, ist es sinnvoll und ertragreich, im Laufe eines Schuljahres, projektorientiert zu arbeiten, es muß ja nicht immer ein so expandierendes Projekt, wie das oben geschilderte, sein. Da dies ein ganzheitliches Lernen darstellt, ist der Lernerfolg in der Regel auch erheblich größer.

7.2 Das Spiel als Gegenstand und Methode des Deutschunterrichts

Das **Spiel** kann als Methode in allen Lernbereichen eingesetzt werden, aber es ist auch **Gegenstand** des Deutschunterrichts; denn das Drama ist: *„die dichterische Verdeutlichung eines Geschehens durch Rollenträger. Im Unterschied zu Epik und Lyrik wird das Drama umgesetzt in die Wirklichkeit der Bühne, muß sich also mit dem **Theatralischen** verschmelzen. Zum Drama gehört neben dem Wort notwendig das Mimische.*" (BRAACK, I., 1972, S. 117)

W. HINCK faßt unter „Drama" und „Dramatik" alle sprachlichen Werke zusammen, *„die auf Versinnlichung im Theater bzw. auf der Bühne angelegt sind. Diese Bühne kann auch ein Podium oder die Straße sein.*" (HINCK, W.: Das moderne Drama in Deutschland. Göttingen: Vandenhoeck 1973, S. 11) Eine moderne Dramendidaktik betont in besonderer Weise das „Selberspielen", da dies charakteristisch für das Dramatische ist. (Vgl. SCHUSTER, 1979) Zu diesen dramatischen Formen zählen z. B. die **Pantomime**, das **Stegreifspiel**, **Kasperletheater** (Marionetten-, Puppentheater).

Das Spiel hat im Deutschunterricht eine lange Tradition. Bis Anfang der 60er und 70er Jahre war es jedoch vor allem das **darstellende Spiel** (Schauspielgruppe, Schulspiel im Sinne von Theater), das im Deutschunterricht zu finden war. Daneben wurde im Literaturunterricht, etwa das Stegreifspiel und die Pantomime, geübt. Ab den 70er Jahren kamen dann aus der **Psychologie** (der Encounter, Sensitivity-Bewegung usw.) und dem **alternativen Theater** (z. B. dem BOAL-Theater) neue Impulse, die zusehends im Deutschunterricht, vor allem auch im Lernbereich „Mündlicher Sprachgebrauch", Bedeutung gewinnen konnten (vgl. auch dazu die kommunikative Wende).

Da das Spiel im Deutschunterricht zu meinen besonderen Forschungsschwerpunkten gehört, greife ich in der folgenden Darstellung auf meine verschiedenen Veröffentlichungen zurück (vgl. dazu das Literaturverzeichnis).

7.2.1 Begriffsbestimmung und Funktionen

Das Bedürfnis zu spielen und die Freude am Spiel gehören elementar zum Menschsein, zu unserer anthropologischen Grundausstattung, was nicht bedeutet, daß nicht auch Tiere dies tun können. Das Kleinkind lernt spielerisch fast alle Fähigkeiten und Fertigkeiten, die es benötigt, um die Anforderungen des Alltags bewältigen zu können. Selbst der Erwerb der Muttersprache enthält viele solcher spielerischer Elemente, ja dieses Experimentieren mit Sprache ist ein höchst kreativer Akt.

Definitionen zum Wesen des Spiels sind Versuche, die Annäherungen bedeuten und keineswegs den Gegenstand ein für allemal festlegen.

So kommt SCHEUERL etwa zu folgender Definition: *„Spiel, spielen ist ein Bewegungsablauf, der durch Momente der Freiheit, der Ambivalenz, der relativen Geschlossenheit und der besonderen Zeitstruktur und Realitätsbeziehung ('innere Unendlichkeit', 'Scheinhaftigkeit', 'Gegenwärtigkeit') von anderen Bewegungsabläufen unterschieden werden kann."* (1975, S. 347)

ELKE CALLIES (1976, S. 7–11) hat eine pragmatische Sammlung von **Merkmalen des Spiels** aufgestellt, die für den schulischen Bereich besonders geeignet sind:

> *Spiel = intrinsisch motiviertes Verhalten*
> *zweckfreies Verhalten*
> *freiwilliges Tun*
> *handelnde Auseinandersetzung mit der Umwelt*
> *selbstbestimmte Aktivität*
> *Tätigkeit mit Spaß und Vergnügen*
> *expressives Verhalten*
> *Aktivität mittlerer emotionaler Spannungslage*
> *frei von formellen Sanktionen und sozialen Repressionen*
> *kein Ernstcharakter*
> *vermittelt als Quasirealität zwischen Phantasie und*
> *Wirklichkeit gekennzeichnet durch Ambivalenz*

Daß es kaum möglich ist, das Spielen real zu definieren, liegt sicher auch daran, daß es in so vielfältiger Weise das menschliche Leben durchdringt, und der Begriff „Spiel" semantisch für so viele Tätigkeiten verwendet wird. *„Spiele können nutzlose Überflüssigkeiten sein, bestenfalls geeignet, Langeweile zu verscheuchen. Sie können aber auch ins Zentrum des Daseins rücken, Leidenschaften erregen, bis daß ein Spieler 'alles auf eine Karte setzt': Geld, Vermögen, die eigene Existenz. Innerhalb der Gesamtheit aller Aktivitäten oder Erlebnisweisen kann Spielen bei Erwachsenen, Jugendlichen und Kindern eine ganz unterschiedliche Bedeutung haben: Es kann angenehme Unterbrechung des Alltags sein oder zentrale Ausdrucksweise des Erlebens. Es kann ein Reservat sein, streng ausge-*

grenzt aus dem Ernst des übrigen Daseins; oder gerade ein verbindendes Moment, das alle Lebensäußerungen eines Menschen, einer Gruppe durchwirkt. " (SCHEUERL, H., in: FLITNER, A., 1988, S. 33)

Die Gesellschaft toleriert, ja hält das Spielen des Kleinkindes für dessen physische und psychische Entwicklung für besonders wichtig. Mit dem Eintritt in die Grundschule beginnt der „Ernst des Lebens", und häufig werden in dieser Phase schon die spielerischen Elemente des Unterrichts zurückgedrängt. Betrachtet man die Lehrpläne unter diesem Gesichtspunkt, so fällt auf, daß kontinuierlich die Bedeutung des Spiels abnimmt, das für die Entwicklung des Kindes und Jugendlichen (und u. U. auch des Erwachsenen) unterschätzt wird, da angeblich nur mit Arbeit wirkliches Lernen erreicht werden kann und Spiel mit bedeutungslosem Tun assoziiert wird.

Wer sich einmal mit der Spielforschung befaßt hat, wird feststellen können, daß dazu eine geradezu überwältigende Fülle von Literatur existiert (vgl. dazu z. B. die 4 Bde. „Handbuch Spielpädagogik" von K. J. KREUZER; 1983–1984), so daß man im Rahmen einer solchen Erörterung nur eine Auswahl treffen (auch in bezug auf Definitionen und Funktionen) und nicht auf alle möglichen Querverweise eingehen kann.

Allgemeine Funktionen des Spiels

Aufbau der persönlichen Identität

Im Spiel ist es notwendig, jeweils Kooperationsbereitschaft, aber Abgrenzungsleistungen zu erbringen, was je nach Alter unterschiedliche Möglichkeiten und Formen generiert.

Das Spiel als Assimilation der Wirklichkeit (nach PIAGET / INHELDER, in: FLITNER, 1988, S. 131).

Das Kind bzw. der Jugendliche muß sich immer auf die Umweltgegebenheiten beziehen, sie ins Spiel einbringen und u. U. auch verändern (z. B. seine Verhaltensschemata). In die-

sem Zusammenhang hat das (sprachdidaktische) Rollenspiel
einen besonderen Stellenwert. Denn dabei muß der einzelne
auf seine Erfahrungen zurückgreifen.

Das Spiel als entdeckendes Lernen (nach BRUNER / SHER-
WOORD, in FLITNER, 1988, S. 158 ff.)

Da im Spiel keine harten Sanktionen wie im wirklichen Leben
zu erwarten sind, kann das Kind / der Jugendliche neues Verhalten erproben, kann Probleme zu lösen versuchen, sein kreatives Potential stärker einbringen und nutzen. Manchmal
wird dies auch als experimentierendes Lernen bezeichnet.

**Das Spiel als Übergang zum abstrakten Denken und geplan-
ten Handeln** (nach WYGOTSKI, L. S., 1977, S. 36 ff.)

Diese Funktion wird vor allem Fiktions- und Regelspielen zugeschrieben, da es hier um Trennung von Gegenstand und Bedeutung oder Handlung und Bedeutung geht, d. h. die Bedeutung eines Gegenstandes kann von der Wahrnehmung dieses
Gegenstandes und der Sinn einer Handlung vom konkreten
Handlungsvollzug abgelöst werden.

Das Spiel als Therapie

In der Psychotherapie werden die unterschiedlichsten Spielformen eingesetzt, um therapeutische Prozesse anzubahnen
(vgl. dazu Band 4 von KREUZER, J., 1984, der sich ganz mit
„Spiel im therapeutischen und sonderpädagogischen Bereich"
befaßt.) und zu stabilisieren, vor allem im Zusammenhang mit
der Humanistischen Psychologie. Im Spiel werden Erlebnisse,
Verletzungen, Traumata und Ängste verarbeitet, die Umwelt-
beziehung evtl. umorganisiert. Seelische Konflikte können
auf diese Weise bewußt und evtl. gelöst werden. Therapeuten
sprechen von der kathartischen (reinigenden Funktion) der
Spiele. Ja, für den geübten Teilnehmer/Lehrer kann die Beobachtung des Kindes als diagnostisches Hilfsmittel genutzt werden. In der Schule wird man diese Funktion nicht gezielt und
kontrolliert ansteuern wollen und können. Dennoch sind sol-

che Nebenwirkungen nicht auszuschließen, da diese sich elementar mit dem Spiel ereignen.

Das Spiel als Förderung der Sprachentwicklung und kommunikativen Kompetenz

Im Spiel kommt es unwillkürlich zur Artikulation, zum Ausdruck und zur Kommunikation, da es am vorhandenen Objekt bzw. bei der notwendigen Interaktion immer etwa zu beschreiben, etwas mitzuteilen gibt. Diese Voraussetzung kann genutzt werden, das Kommunikationsverhalten zu verbessern. Darüber hinaus kann im Spiel mit Sprache diese Funktion ebenfalls erreicht werden.

Das Spiel und die soziale Entwicklung

Durch das Spiel lassen sich leicht und schnell soziale Gruppen konstituieren, da es den Spiel-Partnern gemeinsame Erfahrungen ermöglicht und die Beteiligten in recht engen Kontakt miteinander bringt. *„Sie bauen einen gemeinsamen Bestand von Erinnerungen an Erlebnissen und von Interpretationen auf. Folglich bieten sie eine vielfältige Auswahl an Identifikationsmöglichkeiten und bereiten Kooperationen vor. Da sie helfen, grundsätzlich geklärte und tragfähige Sozialbeziehungen miteinander zu unterhalten, sorgen sie zugleich für eine Grundlage kritischer Auseinandersetzungen mit Problemen in der Gruppe, aber auch mit Neuem, das von außen hereingetragen wird.“* (KRAPPMANN, in: FLITNER, 1988, S. 172)

In diesem Zusammenhang sollen weitere Funktionen des Spiels nur angedeutet werden:

– Das Ausbilden des emotionalen Ausdrucks (Lachen, Weinen, Zorn, Trauer),
– das Vertrautwerden mit dem Körper (z.B. mit pantomimischen Übungen).

Dies bedeutet auch
– die Ausformung der Bewegungen, der Körpersprache,
– die Schärfung der Sinne und der Wahrnehmung, die Verbesserung der Gedächtnisleistungen und der Ausdauer.

Angesichts der positiven Wirkungen des Spiels, wobei sich die Spielforscher, wie wohl selten, einig sind, ist es kaum verständlich und sicher auch nicht gerechtfertigt, daß manche Lehrer sich doch diesem Bereich gegenüber recht reserviert verhalten. Gründe lassen sich wohl dafür anführen. In der Ausbildung wird das Spiel (einschließlich praktischer Übungen) zu wenig berücksichtigt. Es bringt eine gewisse (wenn auch positive) Unruhe ins Klassenzimmer, die der Lehrer oft als anstrengend erlebt. Und nicht zuletzt muß die **Lehrperson** bereit sein, **als Modell** zu wirken, d. h. selbst mitzuspielen, sich einzubringen und auch etwas von sich preiszugeben. Ich selbst beschäftige mich seit Jahren mit diesem so wichtigen Lernbereich an der Universität in der Ausbildung der zukünftigen Lehrer, an den Schulen, in den Praktika und in der Lehrerfortbildung. Dabei wird neben der notwendigen theoretischen Fundierung immer Wert darauf gelegt, praktische Erfahrungen zu sammeln. Ich selbst bin jeweils zwar einerseits Organisator, aber andererseits auch immer **Teilnehmer**, Modell, nicht im Sinne des Vorbildhaften, sondern im Sinne des Teilhabens, der Bereitschaft, sich selbst in die Situation zu begeben.

7.2.2 Das Rollenspiel im Deutschunterricht

So wie es unmöglich ist, das Spiel als solches in realer Weise zu definieren, wird ebenso der Rollenspielbegriff in den unterschiedlichsten Zusammenhängen gebraucht und je nach diesem Zusammenhang unterschiedlich abgegrenzt.

JÜRGEN FRITZ, der den Versuch unternimmt, die verschiedensten Spielformen zu klassifizieren, ordnet das Rollenspiel dem **Symbolspiel** zu. (Vgl. das Schema S. 211)

FRITZ meint, daß das **Symbolspiel** der vielseitigste Spieltyp sei.

„Im Symbolspiel verwandelt das Kind Gegenstände (oder sich

```
SYMBOLSPIEL

Bauspiel                                    Bausteine
                                            Fröbelsteine
                                            LEGO

Darstellungsspiel
        Fingerspiel
        Figurenspiel                        Spielfiguren
                                            PLAYMOBIL
                                            Puppen, Teddies
                                            Handpuppen
                                            Marionetten

        Schattenspiel                       Schattenspielfiguren
        Rollenspiel
                Abenteuerspiel
                Konfliktspiel
                Simulationsspiel, Planspiel
                Hörspiel, Video

        Pantomime
        Theater
                Figurentheater              Puppentheater
                                            Kaspertheater
                                            Marionettentheater

        Kabarett
        Sonderformen (inhaltlich bestimmt)
                Kriegsspiel
                Märchenspiel
                Zirkusspiel
```

FRITZ, J.: Mit Spielliteratur umgehen. Mainz o. J., S. 14.

selbst) in etwas anderes. Es schafft sich aus Bausteinen, aus Puppen, Figuren, aber auch mit Hilfe von Verkleiden und Schminken eine Spielwelt, in der es sich handelnd zurechtfindet und es anderen präsentiert." (FRITZ, J., o. J., S. 13)

Die Hochform des Symbolspiels sei das **Darstellungsspiel mit Personen**. Für diese Spielform werde meist der Sammelbegriff **„Rollenspiel"** gewählt. Zu diesem Bereich zählt er auch Simulations- und Planspiele, Abenteuer-, Konflikt- und Kriegsspiele. Alles, was im Leben des Menschen vorkomme, könne Anlaß für ein Rollenspiel sein. Werde das symbolische Spiel von Menschen für ein Publikum inszeniert, spreche man von Theater. Dazu zählt er Kabarett, Pantomime und Märchen, das Hörspiel und eine Videoaufzeichnung, die vorgeführt werde. Neben dieser sehr weit gefaßten Eingrenzung des Rollenspiels existieren spezielle Definitionen für bestimmte Aufgaben. So ist aus der Psychotherapie (vgl. MORENO und sein Psychodrama) eine Art des Rollenspiels von der Deutschdidaktik übernommen und zum sprachdidaktischen Rollenspiel weiterentwickelt worden, so vor allem von BARBARA KOCHAN (1974), die es für einen kompensatorischen und emanzipatorischen Sprachunterricht einsetzen wollte. Weitgehend Einigkeit besteht heute auch darin, daß dieses sprachdidaktische Rollenspiel

– Wirklichkeit simuliert,
– verschiedene soziale Rollen thematisiert,
– und einen lösbaren oder auch unlösbaren Konflikt enthält.
  (Vgl. SCHUSTER, 1985b, S. 43)

Wir können festhalten, daß es die Semantik des Wortes erlaubt, einen sehr weiten Rollenspielbegriff zu gebrauchen, daß es aber auch Entwicklungen gegeben hat, die auf eine spezielle Verwendung und Eingrenzung abzielten (etwa das sprachdidaktische und auch das literarische Rollenspiel → vgl. FREUDENREICH / SPERTH, 1983).

Das sprachdidaktische Rollenspiel
Funktionen

Gerade diese Form kann nach KRAPPMANN (1972) wichtige Funktionen erfüllen, die auch im realen Leben gebraucht werden:

Empathie – die Fähigkeit, sich in die Psyche des Rollenpartners hineinzuversetzen. Wie wichtig auch in der Psychologie diese Fähigkeit eingeschätzt wird, zeigt ein Interview mit ALFI KOHN (USA) in „Psychologie heute" (10, 90; S. 36–41). KOHN meint: „*Wenn es gelänge, eine ganze Generation zu erziehen, für die andere Menschen Subjekte sind, in die man sich einfühlen und deren subjektives Erleben man nachvollziehen kann, dann wäre schon viel gewonnen.*" Umgekehrt seien soziale Veränderungen nur dann wirklich sinnvoll, wenn sie ergänzt werden durch die Fähigkeit zu Empathie auf der individuellen Ebene. „*Ich möchte so weit gehen zu behaupten, daß wahre Demokratie erst von empathiefähigen Individuen verwirklicht werden kann.*" (S. 40)

Demokratie bedeute ja nicht, daß eine Mehrheit sich gegenüber einer Minderheit durchsetze, sondern daß ein Konsens gefunden werde in einem Prozeß, der sehr stark dem empathischen Einanderzuhören ähnele.

Rollendistanz – die Fähigkeit, übernommene Rollen „distanziert", d.h. vor dem Hintergrund einer neuen Situation kritisch betrachten und evtl. revidieren zu können.

Ambiguitätstoleranz – die Fähigkeit, die zwischen Rollenpartnern divergierenden Erwartungen und Bedürfnisse (auch unterschiedliche Norm- und Wertvorstellungen) ertragen zu können.

Kommunikative Kompetenz – die Fähigkeit, die eigene Rolleninterpretation situationsgemäß darzustellen.

Das Rollenspiel kann im Deutschunterricht mit ganz unterschiedlichen Zielvorstellungen eingesetzt werden, z. B.:

– Zur Repräsentation eines Konflikts

Solche **Konflikte** können sein:

- Die Tochter will am Sonntag Jeans anziehen, der Vater verbietet es ihr.
- Ein fast erwachsener Sohn will mit der Freundin in den Urlaub fahren, die Mutter der Freundin ist strikt dagegen.
- Die Ehefrau setzt sich mit ihrem Mann auseinander, weil er nicht im Haushalt hilft. (Variante: Kinder/Jugendliche helfen zu wenig.)

Unserer Beobachtung nach ist es außerordentlich wichtig, daß die Konflikte aus dem Erfahrungsbereich der Kinder und Jugendlichen stammen, zumindest sollte es Identifikationsmöglichkeiten geben, was schon möglich ist, wenn ein Verhalten durch Beobachtung erlebt wurde.

– Zur Veränderung von Rollenverhalten;

– zur Auseinandersetzung mit Regeln und Normen im mündlichen Sprachgebrauch;

– zur Beobachtung nonverbalen Verhaltens (Körpersprache);

– zur Möglichkeit, Gefühle äußern zu lernen.

(Vgl. dazu D. FREUDENREICH, 1983 und SCHOBER, O., 1990)

– als Vorübung zum schriftlichen Sprachgebrauch

Wenn in einer Bildgeschichte ein Konflikt enthalten ist, kann dieser gespielt werden. Auch im Zusammenhang mit der Erörterung läßt sich das Rollenspiel gut einsetzen, wenn in der Themafrage Konflikte enthalten sind;

– als Form eines dramatischen Geschehens,

das wir in in ein Hörspiel umwandelten. Der Dialog (auf Kassette festgehalten) wird der Sprechsituation gemäß natürlich ausfallen. Eine dramatische Zuspitzung läßt sich, wenn es notwendig ist, im nachhinein leicht einfügen. Das Originaltonhörspiel benutzt z. B. auch Reportageelemente, um damit in der Art der Collage u. U. realitätsverfremdend Aussagen zu machen.

Man unterscheidet **zwei Typen** des sprachdidaktischen **Rollenspiels**.

Im **offenen Rollenspiel** gehen die Schüler von einer zwar vorher festgelegten Situation aus, die sie aber spontan, unreflektiert in bezug auf ihr soziales und sprachliches Verhalten ausfüllen (entspricht dem *role-taking*). Wenn gezielt eine Rolle, ein Verhalten festgelegt wird, dann sprechen wir vom **geschlossenen Rollenspiel** (vom *role-making*). Man kann durchaus ein Spielgeschehen zunächst „offen" gestalten lassen und dann in einem zweiten Durchgang, nach einer entsprechenden Reflexionsphase denselben Konflikt gezielt durch die Veränderung des einen oder anderen Rollenverhaltens „geschlossen" spielen lassen.

Durchführung und Methoden des sprachdidaktischen Rollenspiels

Nach K. D. BÜNTING / KOCHAN (1973, S. 172) gliedert man das Rollenspiel in

● **Motivationsphase:** Diskussion und Auffinden der Spielsituation (sofern sie sich nicht schon aus dem Unterrichtsgeschehen von selbst ergeben hat); Rollenverteilung, Beobachtungsaufträge. Dabei ist wichtig, daß die Zuschauer/Zuhörer genaue Beobachtungsaufträge (schriftlich oder mündlich) erhalten, z. B. Achten auf das nonverbale Ausdrucksverhalten, auf körpersprachliche Phänomene.

● **Aktionsphase:** Das Spielen

● **Reflexionsphase:** Befragung und Diskussion

Einbezug der Zuschauerbeobachtungen, z. B. Äußerungen der Spieler und Beobachter zu ihren Gefühlen (die Spieler können weiterhin mit ihren Spielnamen angesprochen werden); evtl. Anschließen weiterer Aktionsphasen, Generalisationsversuch.

Verschiedene Verhaltensweisen mit Lösungsmöglichkeiten werden miteinander verglichen, Überlegungen auf einer allgemeineren Ebene können angestellt werden, z.B. wer hat so etwas schon erlebt? Wie beurteilt ihr jetzt diese Erfahrung? Werdet ihr Euch in ähnlichen Situationen anders verhalten? Welche Schwierigkeiten können sich dann ergeben? Durch die Überlegung, warum es solche Probleme überhaupt gibt, wird die Spielsituation repräsentativ für ähnliche Konflikte.

Noch einige Ratschläge zur praktischen Durchführung

Das Rollenspiel muß sorgfältig geplant werden, die Situation muß in Konturen den Spielern präsent sein, z.B. wie alt ist die Figur, welche Charaktere haben Vater und Mutter, gibt es Geschwister, wie ist der ökonomische, gesellschaftliche Status der Familie. Nicht geplant (im **offenen** Rollenspiel) sind schließlich der Dialog, der Ablauf und letztendlich auch nicht der Ausgang des Spiels.

Hilfreich, um leichter zur Identifikation mit der darzustellenden Figur zu finden, ist es, zu Beginn des Spiels die Lebensumstände **monologisieren** zu lassen, z.B. „Ich bin Peter, 12 Jahre alt, ich habe noch zwei Geschwister, meine Eltern sind etwa Mitte 30 und sehr streng; deshalb habe ich Angst, mit diesem schlechten Zeugnis jetzt nach Hause zu gehen."

Dieses Verfahren eignet sich im übrigen meist auch in anderen Rollenspielzusammenhängen, wie auch z.B. folgende Methode beim Spielverlauf: Häufig können sich Zuschauer nicht mit dem Geschehen auf der „Bühne" identifizieren und zeigen eine Reaktion, etwa folgendermaßen: „Nein, so würde ich nie, ja ich würde ganz, ganz anders handeln!" Dabei kann das sog. **„Stop-Verfahren"** helfen, d.h. derjenige, der eine Handlungsalternative aufzeigt, kann diesen Protagonisten austauschen und an irgendeiner Stelle neu beginnen. Das Spiel kann somit beliebig lange fortgesetzt werden, und dies hat dazu noch den Vorteil, daß mehr Spieler sich aktiv beteiligen können. Zum erstenmal habe ich dieses Verfahren an einem Theaterabend des AUGUSTO BOAL (vgl. Lit. Verz. 1989[2]) beobachten können. In seinem **„Forumtheater"** läßt er ein sehr provokatives, ge-

schlossenes Rollenspiel ablaufen, so daß die Zuschauer geradezu empört sind und sich aufgefordert fühlen, sich selbst mit
Handlungsalternativen einzuschalten. Ich selbst habe mit dieser Methode einmal mit einer Studentengruppe gearbeitet, die
dreieinhalb Stunden bis zur physisch-psychischen Erschöpfung
agierte. Aber auch im schulischen Raum haben wir damit gute
Ergebnisse erzielen können; allerdings sollte der Lehrer darauf
achten, daß jeder Spielidee zunächst genügend Zeit gewährt
wird, diese zu entfalten, d.h. daß dieser einwechselnde Spieler
nicht sofort wieder abgelöst wird.

In diesem Zusammenhang wird die Funktion des **Rollentau-
sches** fast überflüssig, da jeder sich an der ihm wichtig erschei-
nenden Position einbringen kann. Dennoch ist die schon ge-
nannte Ambiguitätstoleranz besonders an dieses Verfahren gebunden. Denn gerade durch das Erleben der einen und anderen Rolle kann ein und dieselbe Person beide Positionen begreifen lernen. Schülern fällt es ziemlich schwer, sich in andere
Menschen hineinzuversetzen und sich mit diesen zu identifizieren (vgl. die Einleitung über die Empathie). Unsicherheiten
zeigen sich durch ein Verlegenheitslachen und oft auch durch
ein direktes Herausfallen aus der Rolle. Je häufiger aber das
Rollenspiel im Unterricht geübt wird, desto selbstverständlicher wird diese Methode akzeptiert. Nutzen sollte man als Vorbereitung und Aufwärmen (Warming-up-Spiele und Übungen)
kollektive Spielformen, wie sie aus dem pantomimischen und
interaktionistischen Bereich (vgl. dazu auch die NEW GA-
MES) angeboten werden (dazu: GUDJONS 1987[3]; FLUE-
GELMANN 1980/82; MÜLLER 1981, VOPEL 1981, vgl. dazu
auch S. 229).

Neben dem Monologisieren ist selbstverständlich der **Dialog**
wichtigste Methode des Rollenspiels. Es wird aber auch eine
spezielle Technik verwendet, die aus der Psychotherapie, dem
Psychodrama MORENOs (dazu PETZOLD, H., 1985)
stammt, die sog. Alter-ego-Methode. Jedem Spieler wird ein
Partner beigegeben, der verschiedene Aufgaben übernehmen
kann:

– Der Partner kann dem Spielenden helfen, seine Haltung zu verdeutlichen, ihm Stichwörter, Argumente liefern;

– ihm unbewußte, verdrängte Gedanken und Gefühle mitteilen (als Alter ego aus den Tiefenschichten der Psyche), die aber in der Regel nicht unmittelbar von dem Spielenden einbezogen werden. Diese Technik erfordert eine gewisse Übung und Disziplin. Spieler A spricht, Spieler B antwortet / Alter ego von B spricht – Spieler A antwortet auf Spieler B / Alter ego von A spricht usw. Selbstverständlich muß sich das Alter ego nicht zu jeder Antwort äußern. Wir haben uns manchmal damit geholfen, daß das Alter ego zu Anfang und Ende seines „Beitrags" mit den Fingern schnippst oder einfach ein Zeichen mit der Hand macht.

– Ein Dialog zwischen dem Spielenden und dem jeweiligen Alter ego kann die Szene beenden.

Die zweite Alter-ego-Technik setzt ein ich-reflexives Denken voraus und wird deshalb erst im Laufe der Pubertät möglich, also etwa ab der 7. Jahrgangsstufe. Je jünger die Schüler sind, desto linearer verläuft das Spiel. Das **helfende** Alter ego ist aber auch schon bei Kindern im Grundschulalter einsetzbar.

Das Planspiel

Das Planspiel (vgl. zur Geschichte und Systematik des Planspiels M. BONK-LUETKENS, 1983) ist gegenüber dem **Rollenspiel die komplexere Variante des Simulationsverfahrens**. Nach B. KOCHAN (In: STOCKER, K., 1976) bezieht sich das Planspiel auf Konflikte zwischen Gruppen und Institutionen. Wichtiger Bestandteil sei die gruppeninterne Entwicklung einer Verhaltensstrategie. Das Rollenspiel thematisiere demgegenüber meist Konflikte zwischen einzelnen, oder es werde eine am Konflikt beteiligte Gruppe im Spiel nur durch wenige oder durch einen Spieler repräsentiert.

JÜRGEN FRITZ nennt als mögliche Themen für Ausgangssituationen: „Ein Schüler soll aus der Schule entfernt werden"; „ein Lehrer wird vom Dienst suspendiert"; „Rauchen in der Schule"; „Probleme in einem Jugendzentrum"; „eine Wohnsiedlung soll abgerissen werden"; „Rechte von Lehrlingen werden verletzt" (S. 222).

Aus dem Thema des Planspiels und seiner Konfliktstruktur ergeben sich die verschiedenen am Planspiel beteiligten Parteien und Interessengruppen, beim Thema „Rauchen in der Schule" z. B. Schülermitverwaltung, Schulleitung, Elternbeirat, Lehrerkollegium, Schülerinitiativgruppe Raucherecke.

Da sich das Planspiel nicht nur auf Selbsterfahrenes, sondern auch auf eine **gesellschaftlich-institutionelle Wirklichkeit** bezieht, ist es notwendig, Informationen verschiedenster Art (bis hin zur Einladung oder Befragung von Experten) einzuholen und von den einzelnen Gruppen muß entschieden werden, in welcher Form diese dem Plenum zugänglich gemacht werden. Arbeitsweisen werden sich ergeben, wie: Erstellen von Interviews (Befragungen, statistische Auswertung), Sichten von Literatur und Materialien, Entwerfen und Schreiben von Briefen (zur Information, mit Bitten u. a.), von Flugblättern; Aufsuchen von Institutionen, Ämtern und u. U. Vor-Ort-Besichtigungen. In der Klasse ergeben sich daraus Kurzreferate, Statements, Plenums- und Podiumsdiskussionen (Notwendigkeit von Protokollen).

Elemente des Planspiels sind auch Rollenspiele zwischen Gruppen und in Gruppen: *„Bedingt durch die Ausgangslage müssen die Spieler Rollen übernehmen, sie durch ihre Person ausfüllen, sich mit ihnen identifizieren, sich in Beziehung zu anderen Rollen setzen. Das Planspiel ist damit auch eine Methode zur Rollenerforschung."* (FRITZ, 1981, S. 223)

Aus dem bisher Gesagten wird deutlich, daß das Planspiel eine gewisse Verwandtschaft mit Projektunterricht (bzw. dem projektorientierten Unterricht) aufweist, der als komplexes Verfahren u. a. dadurch gekennzeichnet ist, daß verschiedene Lernbereiche und evtl. auch Fächer einbezogen werden.

Das Stegreifspiel

Das Stegreifspiel („sprechen, ohne vom Pferd, ohne aus dem Stegreif = Steigbügel zu steigen") hat eine lange Tradition. Es hat seinen Ursprung in der **Commedia dell'arte im 16. Jahrhundert in Italien**. Die Commedia dell'arte war ein Straßentheater, das im improvisierten Spiel aktuelle Geschehnisse in einer Stadt darstellte, wobei häufig auch Sozialkritik geübt wurde. Bevor jedoch die Staatsmacht eingreifen konnte, war man meist schon wieder verschwunden. *„Die Commedia dell'arte artikulierte die progressiven Ideen ihrer Zeit. Besonders im 16. Jh., als noch 'Abweichler' von einer durch Staat und Klerus bestimmten Konvention auf dem Scheiterhaufen enden konnten, waren subtil gefaßte Spielgeflechte mit vielen Metaphern die einzige Möglichkeit, das neue Denken jener Zeit zum Ausdruck zu bringen. Daher behielt die Commedia dell'arte für die nächsten zweihundert Jahre ihres Bestehens das Fehlen eines festen Textes als grundlegendes Kennzeichen stets bei."* (HARJES, R., 1983, S. 78)

Von Italien aus verbreitete sich diese Spielform über ganz Europa, bis im 19. Jahrhundert der Aufstieg des Bürgertums und die damit auch verbundene Pflege des Theaters diese Stegreifform weitgehend zum Verschwinden brachte, bis auf trivialisierte Restbestände auf den Jahrmärkten, etwa des Bänkelsangs. Erst in den 60er Jahren wurde es wiederbelebt, im Straßentheater und dem freien Theater (vgl. WEIHS, A., 1981). Sicher haben Studentenunruhen und die daraus resultierende Aufbruchstimmung mit dazu beigetragen. Da das Stegreiftheater eine universell einsetzbare und robuste Form des Spiels darstellt, ist dieses in Ansätzen schon seit Beginn des Jahrhunderts vor allem im Deutschunterricht benutzt worden. Unter anderen Umständen (der Forderung nach ganzheitlichem Lernen und nach kreativen Rahmenbedingungen) wird es heute verstärkt in den Unterricht einbezogen. In der Tat ist es universell verwendbar, da es nicht so eng definiert worden ist wie das sprachdidaktische Rollenspiel. Immer dann wenn es darum geht, eine Handlung, ein Geschehen, szenisch (ohne vorher festgelegten Dialog) darzustellen, kann man auf das Stegreifspiel zurückgreifen, z. B.:

– im **Literaturunterricht**, wenn es gilt, Märchen, Sagen, Fabeln, Schwänke, Lügengeschichten, Kurzgeschichten, Erzählungen oder auch einzelne Szenen aus der Jugendliteratur oder Romanen (Novellen) szenisch darzustellen;

– **im Deutsch- oder Geschichtsunterricht** bei der Vergegenwärtigung historischer Ereignisse oder vergangener Lebensformen. So können Liebeserklärungen vom Mittelalter bis in die Neuzeit nur dann gespielt werden, wenn in der Motivationsphase ausreichend Wissen und Vorstellung über das Verhältnis von Mann und Frau in der jeweiligen Epoche gesammelt worden sind. Historische Ereignisse können im Spiel vergegenwärtigt werden und offenbaren dadurch ihre affektiven Komponenten.

Das Stegreifspiel fordert, wie das sprachdidaktische Rollenspiel, die Identifikation mit der dargestellten Person. Da es aber nicht unbedingt soziale Rollen sind, kann auch das Moment der ironischen Distanzierung oder der Übertreibung eingesetzt werden. Damit gerät diese Spielform manchmal in die Nähe des Kabarettistischen.

Die Phasen des Spiels sind wie beim sprachdidaktischen Rollenspiel zu organisieren.

Die Pantomime

Auch die Pantomime stellt eine Form des Symbol-, des Rollenspiels, dar, wenn sie auch weitgehend ohne Worte erfolgt. Nach MARCEL MARCEAU, dem großen französischen Pantomimen, kann man sie folgendermaßen umschreiben: *„Für mich ist die Pantomime die Kunst, Gefühle mit Bewegungen oder durch Bewegungen auszudrücken, aber kein Ersatz der Worte durch Gesten. Die Kunst der Pantomime ist ebenfalls die Identifizierung des Menschen mit den Elementen, den Personen,* *der Natur, die uns umgibt. Es ist eine Art, das Unsichtbare sichtbar zu machen, es ist eine Kunst, den Raum zu gestalten, mit Händen zu bildhauern. Es ist die Kunst, die Gefühle zu übersetzen weiß. Durch die Pantomime integriert man sich total und übersetzt durch Gesten tiefe Gefühle des menschlichen Wesens."* (MARCEAU, M., in: MÜLLER, W., 1981, S. 9)

Die Pantomime ist Ende der 60er und in den 70er Jahren von den alternativen Theaterformen, vor allem auch vom Straßentheater populär gemacht worden (vgl. auch das BOAL-Theater), und im Gefolge der Neuorientierung der Lernziele konnte sie ähnlich dem Stegreifspiel vermehrt im schulischen Raum wieder Fuß fassen.

Die Pantomime ist ein „Vortrag" mit dem Ausdruckswerkzeug Körper. Gestik, Mimik, Körperhaltung und -bewegung ersetzen im Unterricht Kostüm, Requisit und Beleuchtung. Darstellungsmittel des Pantomimen sind:

– Der **Toc** ist das Satzzeichen der wortlosen Sprache und gliedert den Bewegungsablauf in deutlich sichtbare Phasen. *„Der Mime trinkt nun aus dem Becher: Er setzt den Becher an die Lippen – toc – er trinkt und setzt ihn mit einem toc wieder ab – er führt ihn vom Mund weg in Richtung Tischplatte und setzt ihn ab. Auch dieser Augenblick der Kontaktlösung muß im toc erkennbar sein."* (MÜLLER, 1981, S. 12)

– Der **Blick** ist die Voraussetzung für die Gestik.

– Der **Solar Plexus** („Sonnengeflecht")

Als körperliches Zentrum, als Sammelpunkt aller physischen und psychischen Kräfte dient der Nabel. Er ist der dynamische Mittelpunkt des Körpers; der Solar Plexus ist also der Punkt, an dem die Nervenbahnen zusammenlaufen, je nach Freude oder Bedrohung, Angst wird er von uns preisgegeben oder bedeckt, meist mit den Armen.

– Darstellungsbereiche der Pantomime:
Der imaginäre Gegenstand,
der imaginäre Raum,
die imaginäre Kraft,
die imaginäre Person.

WERNER MÜLLER schlägt in seinem Buch „Pantomime" (1981) eine Fülle von Übungen für den schulischen Bereich vor (er ist selbst Lehrer und gleichzeitig ein bekannter Pantomime, der mit einem eigenen Programm auftritt). Sie reichen von ganz einfachen Aufgaben bis zu komplexeren Abläufen; Gruppenpantomimen können als Auflockerung, als Warming up benutzt werden. In der Klasse kann unser Ziel nicht der perfekte Mime sein, sondern ein Schüler, der Körperbewußtsein entwickelt und der mit diesem Körper auch etwas auszudrücken vermag. Da in der Deutschdidaktik in den vergangenen Jahren besonders betont wurde, daß der Schüler die Mittel und die Ausdrucksmöglichkeiten der Körpersprache (vgl. SCHOBER, 1986) erfahren soll, hat die Pantomime eine Neubewertung erfahren, die sie aber auch selbst mitvollzogen hat, z. B. REBEL, G.: Was wir ohne Worte sagen. Übungsbuch der Körpersprache; MÜLLER, W.: Körpertheater und Commedia dell'arte; MOLCHO, S.: Körpersprache. So habe ich in meinem Aufsatz *„Inhalts- und Beziehungsaspekt von Kommunikation als Gegenstand des Deutschunterrichts"* (SCHUSTER, 1980) die Pantomime in diesem Verwendungszusammenhang zu beschreiben versucht, Kommunikationsschwierigkeiten lassen sich mit Hilfe der Pantomime erfahrbar machen. Die Pantomime kann die Körperausdrucksmöglichkeiten für alle Rollenspiele erweitern, sie kann die Beobachtungs- und die Wahrnehmungsfähigkeit fördern; jede Bewegung muß verfolgt, jede Veränderung der Gestik und Mimik erfaßt werden.

Wichtig wäre es, schon sehr früh mit pantomimischen Übungen (Vorschul- bzw. Grundschulalter) zu beginnen, in einem Alter, in dem die Schüler noch spontan und aufgeschlossen reagieren, so daß diese Fertigkeiten kontinuierlich weiterentwickelt werden könnten.

Das literarische Rollenspiel, dramatische und medial vermittelte Formen

Die genannten Spielformen sollen hier nur angedeutet werden, ich verweise auf das ausführliche Literaturverzeichnis.

Im Zusammenhang mit dem produktionsorientierten Literaturunterricht (vgl. WALDMANN, 1984) wurden Verfahren entwickelt, die das Subjekt des Schülers stärker in einen ganzheitlichen Lernprozeß integrierten. Ein solches Verfahren stellt das literarische Rollenspiel dar (vgl. SCHUSTER, 1988).

Grundsätzlich liegt der Unterschied zum sprachdidaktischen Rollenspiel darin, daß der Text als konstituierende Voraussetzung angesehen werden muß. Das kann ein wichtiger Vorteil sein, da der Schüler sich zwar mit den literarischen Figuren beim Spiel identifizieren muß, sich aber selbst hinter ihnen verbergen kann, auch wenn er in jeden Spielvorgang seine Subjektivität einbringt. Wirklichkeit oder Handlungsweisen (auch irrealer Art in einem Märchen) werden nur vermittelt, über die Textgrundlage simuliert. Entscheidend beim literarischen Rollenspiel ist, daß nicht nur stegreifartig – dies gehört sicher auch dazu – ein Text szenisch dargestellt wird, sondern daß mit Hilfe der sozial-kreativen Phantasie durch die Schüler **im Spielakt der Text neuartig, auch darüber hinausgehend, geschaffen wird**.

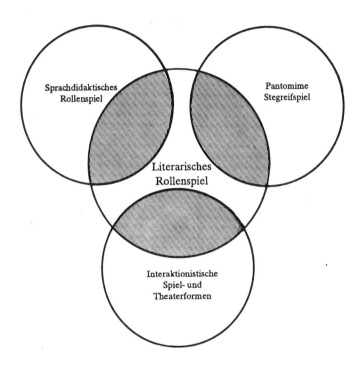

Man kann im Unterricht mit Warming-up-Übungen aus dem interaktionistischen Bereich beginnen. Teile des Textes werden **stegreifartig** szenisch dargestellt, manche eignen sich für eine **Pantomime**. Immer dann wenn ein Konflikt nur angedeutet wird, läßt er sich mit Hilfe des **sprachdidaktischen Rollenspiels** ausdifferenzieren, und evtl. können auch Handlungsalternativen aufgezeigt werden, was sich etwa auch beim Schluß einer Kurzgeschichte anbietet.

FREUDENREICH / SPERTH (1983) bringen Beispiele für die verschiedensten Textsorten, Fabeln, Kurzgeschichten, Erzählungen, Parabeln, Gedichte u. a.

Wir konnten in den Praktika einen oft sensationellen Motivationsschub feststellen, wenn die diskursiv-analytische Textarbeit übergeleitet wurde in die literarischen Spielformen. Manche Textdimension ist nur auf diese Weise zugänglich zu machen.

Das literarische Rollenspiel ist eine integrative Spielform und damit in den Randzonen sehr offen.

Es ist sicher günstig, zur Kontrolle technische Hilfsmittel (Kassettenrecorder, Camcorder) einzusetzen. Bestimmte Schlüsselszenen lassen sich abrufen und sind damit einer intensiven Reflexion zugänglich. Immer erhöhen aber auch technische Hilfsmittel die Motivation, besonders durch den Effekt, sich selbst hören und sehen zu können. Wir haben z. B. mit Hilfe des Camcorders eine Art Fernsehspiel hergestellt, ein zufälliges, **prozeßorientiertes** Produkt. Man kann natürlich **ergebnisorientiert** arbeiten, d. h. von Anfang an ist es Ziel, ein technisch relativ gutes Fernsehspiel (Hörspiel) herzustellen, das auch außerhalb des Klassenrahmens vorgeführt werden kann (vgl. dazu das Hörspiel S. 199ff.).

7.2.3 Das Kasperltheater

Diese Spielformen (Marionetten-, Masken-, Schattenspiele) gehören zwar auch zum Symbolspiel, aber der Spieler muß seiner Figur nur seine Stimme und die Bewegung vermitteln, seinen eigenen gesamten Körper braucht er nicht einzubringen.

NORBERT MILLER / KARL RIHA (1978) behaupten, daß das Kasperltheater in Wien seinen Ursprung habe, und der Komiker JOHANN LAROCHE (1745-1806), der in jungen Jahren Hans-Wurst-Darsteller (und damit ergibt sich eine gewisse Verwandtschaft zur Commedia dell'arte) war, sei der Schöpfer des Kasperl Larifari, den er 40 Jahre gespielt habe. Nach seinem Tod war das Kasperl-Theater fest etabliert.

H. PURSCHKE (1911-1986), einer der mit Haut und Haaren dem Puppenspiel verfallen war, alles sammelte, was damit zu tun hatte und dessen hervorragender Chronist wurde, widerspricht dieser Darstellung heftig. Er unterscheidet zwischen dem Marionetten- und Kasperlspiel. *„Mit den lustigen Figuren der Wiener Stegreif-Komödie hat der Handpuppenkasper überhaupt nichts zu tun, nicht einmal der Prater-Wurstel. Sie sind ein anderer, ein älterer Typ. Nur den Namen haben sie von der LAROCHE-Schöpfung bzw. vom alten Hanswurst im vorigen Jahrhundert geerbt."* (1983, S. 118) Und er vergleicht Marionetten- und Handpuppentheater, die zwar beide Puppentheater seien, aber dennoch so verschieden voneinander wie Tennis und Fußball, die beide Ballspiele seien.

Das Marionettentheater sei nach dem 30jährigen Krieg in der heute bekannten Form aufgetaucht. Der **Kasper** sei Nachfahre des **Pulcinella** (Commedia dell'arte) und sei nie Nebenfigur, sondern immer Hauptfigur gewesen. Die Urahnen reichen bis ins 13./14. Jahrhundert zurück. In Deutschland bürgerte sich nach PURSCHKE um 1850 für die lustige Figur der Handpuppenbühne der **Name Kasper** ein.

Wie dem auch sei, für unsere Arbeit in der Schule ist dieser Streit ziemlich unerheblich, da Spielformen pragmatisch genutzt werden.

Das Kasperltheater ist **die** dramatische Form, die das Kind schon sehr früh, meist sogar im Vorschulalter, im Kindergarten oder Elternhaus kennenlernt. Insofern hat es propädeutische Funktion; denn das Kind begegnet hier schon **dramatischen Grundstrukturen, dem Dialog, dem Monolog, der Szene, dem dramatischen Konflikt, der Guckkastenbühne**. Die Figuren sind keine Charaktere, sondern Typen, die sich leicht

einordnen lassen. Allerdings lassen sich in Eigenarbeit „Puppen" herstellen, die nicht typisch festgelegt sind. Beinah im Brechtschen Sinne wird der Zuschauer ins Geschehen mit einbezogen, schon mit der Eröffnungsfrage „Seid ihr alle da?"
Die Figuren und die Bühne können (fächerübergreifend) im Kunstunterricht hergestellt werden. Jeder Schüler fertigt damit seine eigene Handpuppe. (Vgl. WALDMANN, W.: Handpuppen, Stabfiguren, Marionetten gestalten, bauen, spielen. München: Hugendubel 1986)
Die Möglichkeiten des Einsatzes sind vielfältig: Im Literaturunterricht kann die Handlung (eines Märchens, Schwankes z. B.) szenisch dargestellt werden, ein dramatisches Geschehen entfaltet werden (in der Form des Stegreifspiels), in Gruppenarbeit Szenen erfunden werden, auch Alltagskonflikte (fast in der Form des sprachdidaktischen Rollenspiels) erfahrbar gemacht werden.
Der Vorteil für den Schüler besteht darin, daß er zunächst nicht mit seiner ganzen Person einer Figur Präsenz verleihen muß, sondern sich hinter ihr verstecken kann. Gerade für etwas gehemmtere Schüler ist dies u. U. sehr günstig.
Man sollte diese Spielform nicht nur auf die Jahrgangsstufen 1–6 beschränken. Unter veränderten Bedingungen kann es nach der Pubertät eine wichtige Funktion haben. Kreativität und Einfallsreichtum beleben diese Spielform. Dies konnte ich ganz besonders bei der Arbeit mit Studenten (beim Spiel der Studenten) beobachten, die vielfältige Szenen und Spielverläufe erfanden, oft in ganz erstaunlich kurzer Zeit.
Die übrigen figürlich vermittelten Spiele haben ähnliche Voraussetzungen und können in diesem Rahmen nicht näher beschrieben werden.

7.2.4 Die interaktionistischen Spielformen

(Vgl. dazu SCHUSTER, 1985)

Grundsätzlich kann man behaupten, daß die meisten Spielformen, vor allem das Symbolspiel, als interaktionistisch zu bezeichnen sind, da sich zwischen den Akteuren (und zum Teil auch in bezug auf Zuhörer/Zuschauer) **gruppendynamische Prozesse** ereignen.

Die interaktionistischen Spiele im engeren Sinne thematisieren explizit **Kommunikation** und machen Interaktion sinnlich, konkretisierend erfahrbar. Dennoch ist dieser Begriff nicht sehr glücklich gewählt. So konnte ich auch beim Konfliktrollenspiel z. B. tiefe seelische Erschütterungen beobachten.

Interaktionsspiele können zu einem akzeptierenden, positiven Klassenklima beitragen oder als „Warming-up" für andere Aktivitäten dienen.

Gleichzeitig werden nach GUDJONS (1983) folgende Bereiche miteinbezogen: Vorstellen, kennenlernen, – Wahrnehmung, Beobachtung, Kommunikation – sich selbst kennenlernen – Vertrauen, Offenheit, Echtheit – Feedback – Metakommunikation – Rollen, Normen – Kooperation – Entscheidungen, Konflikte – Kreativität, Spontaneität, Phantasie. Die Übungen und Spiele stammen aus verschiedenen Bezugsbereichen:

- **der Encounter-**(Selbsterfahrungs-)**Bewegung**
  (z. B. CARL ROGERS, TAUSCH / TAUSCH),
- **der Sensitivity-Bewegung**
  (WORMSER, R., 1976)
- **den New Games** (seit 1972 in den USA)
  Dies sind Spiele ohne Wettbewerbscharakter. Die Freude an der Bewegung und der Kooperation steht hier im Vordergrund;
- **den alternativen Theaterformen**
  (wie z.B. dem BOAL-Theater oder Living Theatre)
- **den verschiedenen Richtungen der Humanistischen Psychologie.**

Nach FRITZ (o.J.) sind solche Selbsterfahrungsspiele in der Hauptsache für Jugendliche (VOPEL, 1981, entwirft sie auch für Kinder) und Erwachsene konzipiert und sollen die Selbst- und Fremdwahrnehmung steigern, ein Bewußtsein von sich selbst entwickeln helfen. Körperwahrnehmung, Gefühle, Phantasien und Beziehungsannahmen stehen im Mittelpunkt dieser Spiele. Meditation, Feedback, Körperübungen sind wichtige methodische Elemente.

Seit 15 Jahren arbeite ich praktisch mit unterschiedlichen Gruppen: mit **Studenten** – die **Selbst**erfahrung ist wichtig, damit sie später in der Lage sind, die Übungen und Spiele weiter- zuvermitteln – mit **Schülern** in Praktika, mit **Lehrern** aller Schulformen in der Fort- und Weiterbildung (einschließlich Er- zieherinnen, Kindergärtnerinnen). So positiv die Wirkungen sich mir auch darstellen, es gab in der Praxis in der Schule doch auch Probleme:

1. Die *Klasse ist eine Großgruppe* mit nur **einem** Trainer, dem Lehrer. Ich hatte geschulte Studenten zur Verfügung, so daß wir je nach Bedarf auf Kleingruppen reduzieren konnten.

2. *Organisation* (jeweils 45 Minuten-Rhythmus) und die Räumlichkeiten sind für solche Unterrichtsformen schlecht geeignet. Wir hatten jeweils 90 Minuten Zeit und konnten den Klassenraum umgestalten, damit Platz für die Bewe- gungsspiele und Kleingruppen sich ergab.

3. *Der Lehrer* ist meist auf seine *intuitiven Fähigkeiten* zum Spielen angewiesen. Nur wenige Veranstaltungen verbin- den Theorie und Praxis des Spiels. In unseren Versuchsschu- len hatten wir oft skeptische Lehrer, die uns gewähren lie- ßen, aber offen gestanden, daß sie keine Ahnung hätten. Im Laufe des Semesters war sehr häufig ein Einstellungswandel gegenüber der Notwendigkeit dieser Spielformen beobacht- bar.

4. *Problem der Auswahl der Spiele*

Da wir mit den Schülern jeweils nur an den Praktikumstagen Kontakt hatten, kannten wir sie nur flüchtig, was sich selbstverständlich im Laufe des Semesters etwas änderte.

So konzentrierten wir uns auf die Spielformen, die nicht von vornherein allzu sehr auf psychische Erschütterung angelegt waren. Problematisch ist solch ein Verfahren wohl immer, da Spiele ganz unterschiedliche Reaktionen auslösen können.

5. *Problem der Betreuung* (Steuerung durch den erfahrenen Lehrer) einzelner Schüler, die Schwierigkeiten mit der Verarbeitung bestimmter Situationen hatten.

6. Wir hatten Probleme mit den Lehrern insofern, als sie uns immer wieder fragten, was dies eigentlich mit dem Deutschunterricht zu tun habe. Nach ihrem Verständnis von Spiel könne man Lernen nur als harte Arbeit erfolgreich betreiben. Daß das Kleinkind sich fast alle Fähigkeiten und Fertigkeiten spielerisch aneignet, wird dabei völlig außer acht gelassen.

Wenn für den Deutschunterricht in den curricularen Lehrplänen immer wieder das Ziel, die **kommunikativen Fähigkeiten** des Schülers zu fördern, betont wird, dann kann dieses Ziel nicht allein über die kognitive Ebene erreicht werden, sondern nur ganzheitlich, indem man die affektive und psychomotorische Dimension einbezieht.

Einzelne Spiele, Übungen und Experimente können hier nicht aufgeführt werden, da dies jeden inhaltlichen Rahmen sprengen würde. Ich verweise auf das Literaturverzeichnis.

Ausblick

Dies sind nicht alle Spielformen, die sich für den Deutschunterricht eignen. Sehr gute Erfahrungen haben wir mit dem BOAL-Theater gemacht (AUGUSTO BOAL, ein Brasilianer, 1931 geboren, der sich als Fortführer des Brechtschen Theaters

versteht, da er den Zuschauer selbst spielen läßt, ihn zum Protagonisten des Spiels werden läßt). (Vgl. dazu A. BOAL, 1989[2])

Lernspiele (dazu zählt J. FRITZ das Sprach-, Konzentrations-,
Gedächtnis-, Wahrnehmungs-, Öko- und Naturspiel), **Gestal-
tungsspiele** (z. B. Mal-, Zeichenspiel), **Schreibspiele** (vgl. das
Kapitel 5).

Generell zum Spiel sei abschließend thesenhaft formuliert:

● Das Spiel muß integrativer Bestandteil des Unterrichts sein,
wobei es nicht auf das vorpubertäre Alter beschränkt bleiben
darf. Jugendliche und junge Erwachsene sind ebenso zu berücksichtigen.

● Dabei ist einem Spiralcurriculum der Vorzug zu geben. Auf
jeweils einer anderen (evtl. höheren) Ebene werden dieselben
Spielformen wieder aufgenommen, wobei andere Intentionen
und Zielsetzungen wirksam werden können. Das sprachdidaktische oder literarische Rollenspiel (das Planspiel), das Stegreifspiel, die Pantomime können in verschiedenen Altersstufen
wichtige Funktionen erfüllen.

● Spiel und Spielformen werden dabei phänomenologisch in
nominaler Form definiert, so daß pragmatische Abweichungen
akzeptiert werden können. Wenn z. B. ein Stegreifspiel zu einem sprachdidaktischen Rollenspiel gerät, so wird dies zwar
konstatiert und begründet, aber nicht als „falsches" Spiel korrigiert.

● Das Rollenspiel macht ein ganzheitliches Lernen wieder
möglich. Für den einzelnen Schüler ist dies von existentieller
Bedeutung.

● In einer Welt, die vom einzelnen immer mehr Entscheidungen abverlangt, da Normen und Werte nicht mehr gesellschaftlich verbindlich geregelt werden, ist es notwendig, die Ich-Identität des Schülers fundamental zu entwickeln. Und besonders
das Spiel erscheint dafür ein wichtiges Instrumentarium darzustellen.

● Im Zeitalter sekundärer Medien kommt dem aktiven Spiel eine außerordentliche Bedeutung zu. So kann die Schule dazu beitragen, „*durch bewußte und konstruktiv-aktive Formen des sozialen Lernens die werdende Persönlichkeit so zu fördern, daß kognitive wie emotional-affektive Strukturen dieser Persönlichkeit den Menschen befähigen, im Umgang mit anderen und in Kommunikationsprozessen jene soziale Identität zu erwerben, die die soziale wie politische subjektive Handlungsfähigkeit nicht zum bloßen Anhängsel der technisch-wissenschaftlichen Entwicklung verkümmern läßt.*" (GUDJONS, H., 1983², S. 13)

7.3 Weitere Bereiche lernbereichsübergreifender Art

Da wären zu nennen:

- **Medien im Deutschunterricht**
  (Vgl. KÜBLER, H. D.: Umgang mit Medien. In: HOPSTER, 1984)

- **Freiarbeit**

- **Computer und Deutschunterricht**

  In vielen curricularen Lehrplänen wird inzwischen eine „informationstechnische Grundbildung im Fach Deutsch" gefordert (in Bayern Rahmenplan vom 8. 2 .1988).

  Ich nenne hier nur einige wenige Lernziele:

  – *Kenntnis wichtiger Fachausdrücke – Fähigkeit, mit dem schuleigenen Computer umzugehen – Bewußtsein, daß der Einsatz des Computers nicht immer möglich und sinnvoll ist – Bewußtsein von Veränderungen in der Arbeitswelt.*
  (HAGE, E. / SCHMITT, R.: Deutschunterricht und Computer. Bamberg: Buchner 1988)

  Die beiden Autoren bemerken im Vorwort: „*Erst in den 80er Jahren wurde die Notwendigkeit einer informationstechnischen Bildung im Unterricht erkannt. So forderte die Bund-Länder-Kommission 1984 die Einführung eines ver-*

pflichtenden Unterrichts in informationstechnischer Grundbildung.

Auch das Fach Deutsch wird seitdem mit dem Computer konfrontiert, sei es als Gegenstand von Problemerörterungen und Textanalysen, sei es als Werkzeug im Sprach- und Rechtschreibunterricht [Kapitel des Buches: Der Computer im Rechtschreibunterricht, im Aufsatzunterricht, als Unterrichtsthema und eigene Gestaltungsversuche mit dem Computer]. Von den meisten Deutschlehrern wurde diese Entwicklung als problematisch empfunden, nicht nur weil sie in der Regel zu wenig mit dem Computer vertraut waren, sondern vor allem weil es kaum Hilfen für den Unterricht gab." (S. 4)

Allerdings wird mit dieser zusätzlichen Aufgabe deutlich, wie sehr der Deutschunterricht immer wieder neue Inhalte verordnet bekommt, ohne daß dazu zusätzlich Zeit zur Verfügung gestellt wird.

- **Ökologie und Deutschunterricht**
  (vgl. SCHOBER, O.: Ökologisches Verhalten als Unterrichtsprinzip. Beispiel: Deutschunterricht und Ökologie. In: LIEDTKE / SCHREINER, o. J.)

Schluß

Vielleicht wird der eine oder andere Leser in der Darstellung ein Übergewicht der Beschreibung neuerer Verfahren und Methoden, vor allem in dem Kapitel „*Kommunikation als Prinzip des Deutschunterrichts*", in der *Literaturdidaktik* (mit der Produktionsorientierung), im *schriftlichen Sprachgebrauch* (mit den personalen und kreativen Schreibformen) und in den *Bereichen des Spiels* (mit dem Rollenspiel und den interaktionistischen Formen) kritisch registriert haben. Ich glaube aber, daß eine Neukonzeption besonders die neueren Tendenzen aufgreifen und einem breiteren Publikum bekanntmachen muß, auch wenn manche Probleme auf der organisatorischen oder auch grundsätzlichen Ebene noch nicht gelöst sind. Jede Fort- und Weiterentwicklung birgt Risiken in sich, die aber für die notwendige Bewegung sorgen. Sie sollten auch damit neugierig gemacht werden, sich mit diesen Phänomenen näher zu beschäftigen, auf der einen Seite theoretisch (vgl. die Auswahlbibliographie), aber vor allem durch Eigenerfahrung in entsprechenden Veranstaltungen. Ich nehme das Bild von der Fachdidaktik Deutsch als einem Haus mit verschiedenen Stockwerken und Zimmern aus der Einleitung noch einmal auf und lade Sie ein, die entsprechenden Schränke mit ihren Schubladen weit zu öffnen.

Auswahlbibliographie

Wichtige grundlegende Literatur wird mit einem Kreis gekennzeichnet, in dem jeweils das entsprechende Kapitel eingetragen ist, auf das der Buchtitel besonderen Bezug hat. Ohne Zahl ist der Titel allgemein wichtig.

Weiterführende und für einen Überblick sehr empfehlenswerte Literatur ist mit einem kleinen Pfeil versehen worden.

Es wurden auch einige ältere Werke berücksichtigt, die für die Geschichte des Deutschunterrichts bedeutsam gewesen sind.

Zeitschriften, Bibliographien, Einführungen, Handbücher (einige wenige werden hier ein zweites Mal aufgeführt, da sie wichtige Einzelaufsätze enthalten) und Lexika finden Sie in 1.3, S. 14 ff.

Manche wichtige Literatur wird auch im Kontext des jeweiligen Kapitels genannt.

Abraham, Ulf: Mehr als Nachspielen und Vorspielen: Dramatisches Gestalten zwischen Prozeß- und Produktorienteirung. In: LUSD, H. 4, 1992. S. 30-50

Ader, D. / Kress, A.: Sprechen, Sprache, Unterricht. Paderborn: Schöningh 1980

Adrion, D.: Praxis des Rechtschreibunterrichts. Freiburg: Herder 1978

Alexander, G.: Eutonie. Ein Weg der körperlichen Selbsterfahrung. München: Kösel 1984, 5. Aufl.

Amberg, S.: Bibliotherapie – Lesen als Heilmittel. In: Bertelsmann Briefe. 9/1987, S. 10–16

Ammon, U. / Simon, G.: Neue Aspekte der Soziolinguistik. Weinheim / Basel 1975

Andersen, T.: Das Puppenspielbuch. Ravensburg: Otto Maier 1979

Argyle, M. / Trower, P.: Signale von Mensch zu Mensch. Die Wege der Verständigung. Weinheim / Basel: Beltz 1981

Arnold, H. L.: Das Lesebuch der 70er Jahre: Kritik und Neuentwurf. Köln: Kiepenheuer und Witsch 1973

Atteslander, P.: Methoden der empirischen Sozialforschung. Berlin: W. de Gruyter 1971

Augst, G. (Hrsg.): Deutsche Rechtschreibung mangelhaft? Materialien und Meinungen. Heidelberg: Quelle & Meyer 1974

Austermühl, E.: Lyrik in der Sekundarstufe I. Hannover: Schroedel 1982

Barnitzky, H.: Sprachunterricht heute. Frankfurt: Scriptor 1987

Batz, M. / Schroth, H.: Theater zwischen Tür und Angel. Hamburg: Rowohlt 1984

Baumgarten, M. / Schulz, W. (Hrsg.): Die Freiheit wächst auf keinem Baum ... Theaterkollektive zwischen Volkstheater und Animation. Berlin: Medusa 1979

Baumgärtner, A. C.: Ballade und Erzählgedichte im Unterricht. München: List 1979, 3. überarb. u. erw. Aufl.

Baumgärtner, A. C. (Hrsg.): Ansätze historischer Kinder- und Jugendbuchforschung. Baltmannsweiler: Schneider 1980

Baumgärtner, A. C. (Hrsg.): Literaturrezeption bei Kindern und Jugendlichen. Baltmannsweiler: Schneider 1982

Baumgärtner, A. C. (Hrsg.): Volksüberlieferung und Jugendliteratur. Würzburg: Königshausen u. Neumann 1983

④ Baumgärtner, A. C.: Deutsche Kinder- und Jugendliteratur 1960–1980. In: Jugendbuchmagazin, Jg. 32, H.4, 1982, S. 171–179

Baumgärtner, A. C.: Kinder- und Jugendliteratur im Deutschunterricht. Versuch eines Überblicks. In: Lehmann, J. / Stocker, K. (Hrsg.), 1981, Bd. 2, S. 146–156

Baumgärtner, A. C. / Pleticha, H. (Hrsg.): ABC und Abenteuer. Texte und Dokumente zur Geschichte des deutschen Kinder- und Jugendbuches. 2 Bde. München: Deutscher Taschenbuchverlag 1985

Baumgärtner, A. C. / Watzke, O.: Wege zum Kinder- und Jugendbuch. Donauwörth: Auer 1985

○ Baurmann, J. / Hoppe, O. (Hrsg.): Handbuch für Deutschlehrer. Stuttgart u. a.: Kohlhammer 1985

Baurmann, J.: Fachtexte. Basisartikel. In: Praxis Deutsch 48/1981: 10 ff.

Baurmann, J.: Mündlicher Sprachgebrauch. In: Baurmann / Hoppe (Hrsg.), 1985, S. 258–280

→ Baurmann, J.: Textrezeption und Schule. Stuttgart: Kohlhammer 1980

Bayer, K. / Seidel, B.: Gesprochene Sprache. Basisartikel. In: Praxis Deutsch 24/1977, S.11 ff.

→ Bayer, K.: Mündliche Kommunikation. Paderborn / München / Wien / Zürich: Schöningh 1982

Beck, O.: Theorie und Praxis der Aufsatzbeurteilung. Bochum: Kamp 1979

→ Beck, O. / Hofen, N.: Aufsatzunterricht Grundschule. Hohengehren: Schneider 1990

Beck, O. / Payrhuber, F.-J. (Hrsg.): Aufsatzbeurteilung heute. Zielsetzung, Methoden, Beispiele. Freiburg i. B.: Herder 1978, 2. Aufl.

Beck, O. / Payrhuber, F.-J. (Hrsg.): Praxis des Aufsatzunterrichts in der Grundschule. Freiburg / Basel / Wien: Herder 1981

Becker, G. E.: Planung von Unterricht. Durchführung von Unterricht. Auswertung und Beurteilung von Unterricht (= Handlungsorientierte Didaktik, Teil 1-3). 3 Bde. Weinheim / Basel: Beltz 1984-86, 3. (2.) Aufl. 1988

Becker, J. (Hrsg.): Die Diskussion um das gute Jugendbuch. Darmstadt: Wiss. Buchgesellschaft 1986

→ Beisbart, O. / Koß, G. / Marenbach, D.: Einführung in die Praxis des Deutschunterrichts. Donauwörth: Auer 1985

Bergmann, R. u. a.: Einführung in die deutsche Sprachwissenschaft. Heidelberg: Winter 1981

Berne, E.: Spiele der Erwachsenen. Hamburg: Rowohlt 1985

Birkenbihl, V. F.: Kommunikationstraining. Landsberg/Lech: Moderne Verlagsgesell. 1987, 8. Aufl.

Birner, H.: Jugendzeitschriften unter der Lupe. München: Oldenbourg 1983

Bleckwenn, H.: Stilarbeit. Basisartikel. In: Praxis Deutsch 101/1990, S. 15–20

Blöchl, E. / Mischon, C. (Hrsg): ...sich in die Worte zu verwandeln ... Therapeutische und pädagogische Aspekte des kreativen Schreibens. Berlin: Schelsky/Jeep 1991

→ Blumensath, Heinz: Ein Text und seine Inszenierung. In: Praxis Deutsch, H. 115. 1992. S. 27-29

→ Boal, A.: Theater der Unterdrückten. Frankfurt: Suhrkamp (1979) 1989, 2. erw. Aufl.

→ Boehnke, H. / Humburg, J.: Schreiben kann jeder. Hamburg: Reinbek 1980

→ Boettcher, W. u. a.: Sprache. Das Buch, das alles über Sprache sagt. Braunschweig: Westermann 1983

⑥ Boettcher, W. / Sitta, H.: Der andere Grammatikunterricht. München / Wien / Baltimore: Urban &. Schwarzenberg 1981

Bommert, H.: Grundlagen der Gesprächspsychotherapie. Stuttgart: Kohlhammer 1977

Bonk-Luetkens, M.: Planspiele und Planspielmodelle. In: Kreuzer (Hrsg.), 1983, Bd. 2, S. 269–283.

Born, M. / Lueg, K.-H.: Zur Praxis der Aufsatzbewertung. Düsseldorf: Schwann 1979

Born, M. / Sahr, M.: Kinderbücher im Unterricht der Grundschule. Baltmannsweiler: Schneider 1985, 1990 2. Aufl.

Boueke, D. (Hrsg.): Der Literaturunterricht. Weinheim / Berlin / Basel: Beltz 1971

⑤ Bothe, K. / Waldmann, G.: Erzählen. Eine Einführung in kreatives Schreiben und produktives Verstehen von traditionellen und modernen Erzählformen. Stuttgart: Klett 1992

Boueke, D. / Hopster, N. (Hrsg.): Schreiben – Schreiben lernen. (Festschrift) Rolf Sanner zum 65. Geburtstag. Tübingen: Narr 1985 (= Tübinger Beiträge zur Linguistik, 249)
darin besonders:

⑤ Boueke, D. / Schülein, F.: Personales Schreiben – Bemerkungen zur neueren Entwicklung in der Aufsatzdidaktik. S. 277–301

⑥ Boueke, D.: Reflexion über Sprache. In: Hopster (Hrsg.), 1984, S. 334–372

Braak, I.: Poetik in Stichworten. Kiel: Hirt 1972, 4. Aufl.

Brand, P. / Schulze, V. (Hrsg.): Medienkundliches Handbuch. Die Zeitung. Braunschweig: Westermann 1987, 4. Aufl.

Brauneck, M. (Hrsg.): Autorenlexikon deutschsprachiger Literatur des 20. Jahrhunderts. Reinbek: Rowohlt 1984

Brauneck, M. / Schneilin, G. (Hrsg.): Theaterlexikon. Begriffe und Epochen, Bühnen und Ensembles. Reinbek: Rowohlt 1986

Bredella, L.: Einführung in die Literaturdidaktik. Stuttgart: Kohlhammer 1976

Brenner, G.: Kreatives Schreiben. Bielefeld: Cornelsen 1990

Brüggebors, G.: Körperspiele für die Seele. Hamburg: Rowohlt 1989

Brüggemann, Th. / Ewers, H. H. (Hrsg.): Handbuch zur Kinder- und Jugendliteratur. Von 1750–1800. Stuttgart: Metzler 1982

Bruner, J. S. / Sherwood, V.: Das Erlernen von Regelstrukturen in den frühesten Spielen von Mutter und Kind (Guckuck-da). In: Flitner, 1988, S. 158–167

→ Bühler, K.: Sprachtheorie. 1934 Nachdruck: Stuttgart / New York: G. Fischer (1965) 1982, § 2: Das Organonmodell der Sprache, S. 24-31

→ Bünting, K.-D. / Kochan, D. C.: Linguistik und Deutschunterricht. Kronberg/Ts.: Scriptor 1973

Bürger, Chr.: Deutschunterricht – Ideologie oder Aufklärung. Frankfurt 1970

③ Burow, O.-A. / Scherpp, K.: Lernziel: Menschlichkeit. Gestaltpädagogik – eine Chance für Schule und Eziehung. München: Kösel 1981

Bussmann, H.: Lexikon der Sprachwissenschaft. Stuttgart: Kröner 1983

Bütow, W. (Leiter des Autorenkollektivs): Methodik Deutschunterricht Literatur. Berlin-DDR: Volk und Wissen 1977

Büttner, Chr. (Hrsg.): Spielerfahrungen mit Schülern. München 1981

Callies, E.: Spielen ein didaktisches Instrument für soziales Lernen in der Schule? In: Die Grundschule 1/1976

③ Cohn, R. C.: Von der Psychoanalyse zur themenzentrierten Interaktion. Stuttgart: Klett 1983, 6. Aufl.

Conrad, R. (Hrsg.): Lexikon sprachwissenschaftlicher Termini. Leipzig: VEB Bibliographisches Institut 1985

Correll, W.: Lernpsychologie. Donauwörth: Auer 1983, 18. Aufl.

→ Dahrendorf, M.: Kinder- und Jugendliteratur im bürgerlichen Zeitalter. Königstein/Ts.: Scriptor 1980

Dahrendorf, M.: Umgang mit Jugendliteratur. In: Hopster, 1984, S. 205–225

Davidson, D. / Jenchen, H. J.: Das Praktikum. München: Oldenbourg 1980

⑥ Diegritz, Th. (Hrsg.): Diskussion Grammatikunterricht. München: Fink 1980

→ Diegritz, Th. / Rosenbusch, H. S.: Kommunikation zwischen Schülern. München: Urban & Schwarzenberg 1977

→ Dittmar, N.: Soziolinguistik. Frankfurt/M.: Athenäum 1973

Doderer, K. (Hrsg.): Lexikon der Kinder- und Jugendliteratur. Personen-, Länder- und Sachartikel zu Geschichte und Gegenwart der Kinder- und Jugendliteratur. 3 Bde. und 1 Ergänzungs- und Registerband. Weinheim / Basel: Beltz u. Pullach: Verlag Dokumentation 1975–82

Doderer, K. (Hrsg.): Zwischen Trümmern und Wohlstand. Literatur der Jugend 1945–1980. Weinheim, Basel: Beltz 1988

Dychtwald, K.: Körperbewußtsein. Essen: Synthesis 1981

Eckhardt, J.: Kinder- und Jugendliteratur. Darmstadt: Wiss. Buchgesellschaft 1987

Eggert, H. / Rutschky, M. (Hrsg.): Literarisches Rollenspiel in der Schule. Heidelberg: medium lit. 10, 1978

→ Eibl-Eibesfeldt, J.: Die Biologie menschlichen Verhaltens. Grundriß der Humanethologie. München / Zürich: Piper 1984

Engelmann, S.: Methodik des deutschen Unterrichts. 1925, Berlin / Hannover / Darmstadt, 1957, 5. Aufl.

Erlinger, H. D.: Studienbuch Grammatikunterricht. Paderborn: Schöningh 1988

Essen, E.: Methodik des Deutschunterrichts. Heidelberg 1955, 1980, 10. Aufl.

Falckenberg, B. / Titt, G.: Die Kunst der Pantomime. Köln: Prometh 1987 Farau, A. / Cohn, R. C.: Gelebte Geschichte der Psychotherapie. Zwei Perspektiven. Stuttgart: Klett 1984

Fast, J.: Körpersprache. Hamburg: Rowohlt 1971, 1991

Figge, P.: Lernen durch Spielen. Praktische Dramenpädagogik und –therapie. Heidelberg: Quelle & Meyer 1975

→ Flitner, A. (Hrsg.): Das Kinderspiel. München: Piper 1988, 5. Aufl.

Fluegelmann, A. / Tembeck, I.: New Games – Die neuen Spiele. Pittenhart-Oberbrunn: Ahorn 1980

Fluegelmann, A.: Die neuen Spiele. 2 Bde. Pittenhart / Oberbrunn: Ahorn 1982

→ Frank, H. J.: Geschichte des Deutschunterrichts. Von den Anfängen bis 1945. München: Hanser 1973 (Taschenbuchausgabe unter dem Titel: Dichtung – Sprache – Menschenbildung. 2 Bde. München: Deutscher Taschenbuchverlag 1976)

→ Franz, K. / Meier, B.: Was Kinder alles lesen. München: Ehrenwirth, 1983, 3. Aufl.

Franz, K.: Kinderlyrik. Struktur, Rezeption, Didaktik. München: Fink 1979

Frenzel, E.: Stoffe der Weltliteratur. Ein Lexikon dichtungsgeschichtlicher Längsschnitte. Stuttgart: Kröner 1983, 6. Aufl.

Freudenreich, D.: Rollenspiel und soziales Lernen im Unterricht. In: Kreuzer, J., Bd. 2 1983, S. 213-230

→ Freudenreich, D. / Sperth, K.: Stundenblätter: Rollenspiele Literaturunterricht. Sekundarstufe I. Stuttgart: Klett 1983

Freund, W.: Das zeitgenössische Kinder- und Jugendbuch. Paderborn: Schöningh 1982

Fricke, H. / Zymmer, R.: Einübung in die Literaturwissenschaft. Paderborn: Schöningh 1991

Friedrichs, J.: Methoden empirischer Sozialforschung. Opladen: Westdeutscher Verlag 1985, 13. Aufl.

Fritz, J.: Ergänzungsband zur Mainzer Spielkartei. Mainz: Grünewald 1989

Fritz, J.: Mainzer Spielkartei. Mainz: Grünewald 1987, 2. Aufl.

→ Fritz, J.: Methoden des sozialen Lernens. München: Juventa 1981, 2. Aufl.

→ Fritz, J.: Mit Spielliteratur umgehen. Hinweise zur Datenbankbenutzung. Mainz: Grünewald o.J.

→ Fritzsche, J.: Aufsatzdidaktik. Stuttgart: Kohlhammer 1980

Fritzsche, J.: Rechtschreibunterricht. Untersuchungen zu seiner Stellung und seinen Aufgaben im Deutschunterricht. Wiesbaden: Steiner 1984

Frör, H.: Spielend bei der Sache. Spiele für Gruppen. München: Chr. Kaiser 1989

Gansberg, F.: Der freie Aufsatz. Seine Grundlagen und seine Möglichkeiten. Ein fröhliches Lehr- und Lesebuch. Bremen: 1914, 1950, 4. Aufl.

→ Gatti, H.: Schüler machen Gedichte. Freiburg / Basel / Wien: Herder 1979

Geffert, H. (Hrsg.): Deutscher Aufsatz und Stilunterricht. Weinheim/Berlin: Beltz 1965, 3. Aufl.

Geißler, R.: Arbeit am literarischen Kanon. Perspektiven der Bürgerlichkeit. Paderborn / München / Wien / Zürich: Schöningh 1982

→ Gerdsen, R. / Wolff, J. (Hrsg.): Deutschunterricht im Umfeld seiner Herausforderer: Jugendkulturen und Medien. Stuttgarter Germanistentag 1985 (Veröffentlichung des Deutschen Germanistenverbandes), 1987

Gewehr, W. / Klein, K.-P.: Grundprobleme der Linguistik. Ein Reader zur Einführung. Baltmannsweiler: Schneider 1979

Giehrl, H. E.: Der junge Leser. Donauwörth: Auer (1968) 1977, 3. Aufl.

Giehrl, H. E. / Müller, E. P.: Gedichte, Balladen, Songs in der Hauptschule. Interpretation und Analysen. München: Ehrenwirth 1978, 2. Aufl.

Giffei, H.: Theater machen. Ein Handbuch für die Amateur- und Schulbühne. Ravensburg: Maier 1982

② Glöckel, H. u. a. (Hrsg.): Vorbereitung des Unterrichts. Neuausgabe. Bad Heilbrunn: Klinkhardt 1989

Glöckel, H.: Vom Unterricht. Lehrbuch der Allgemeinen Didaktik. Bad Heilbrunn: Klinkhardt 1990, 1992, erw. 2. Aufl.

Glogauer, W.: Kriminalisierung von Kindern und Jugendlichen durch Medien. Wirkungen gewalttätiger, sexueller, pornographischer und satanischer Darstellungen. Baden-Baden: Nomos 1991, 2. Auflg.

Goeppert, H. C.: Sprachverhalten im Unterricht. München: Fink 1977

Gorschenek, M. / Rucktäschel, A. (Hrsg.): Kinder- und Jugendliteratur. München: Fink 1979

Gössmann, W.: Sätze statt Aufsätze. Schriftliches Arbeiten auf der Primarstufe. Düsseldorf: Schwann 1976

Gössmann, W.: Schülermanuskripte. Schriftliches Arbeiten auf der Sekundarstufe I. Düsseldorf: Schwann 1979

Greil, J. / Krenz, A.: Umgang mit Texten in Grund- und Hauptschule. Donauwörth: Auer 1978, 3. Aufl.

Greil, J.: Arbeit am Grundwortschatz: Rechtschreibunterricht. In: Schorb, A. O. / Semmerding, G. (Hrsg.): Die 'neue' Grundschule. München: TR-Verlagsunion 1982, S. 100–104

Greil, J.: Rechtschreiben in der Grundschule. Basisüberlegungen – Wertung bisheriger Bemühungen – Unterrichtsmodelle. Donauwörth: Auer, 1984, 2. Aufl.

Griesbeck, J.: Werkstattspiele. München: Don Bosco 1982

Grimm, H. / Engelkamp, J. (Hrsg.): Sprachpsychologie. Handbuch und Lexikon der Psycholinguistik. Berlin: E. Schmidt 1981

Groeben, N.: Leserpsychologie: Textverständnis – Textverständlichkeit. Münster: Aschendorff 1982

Groeben, N. / Vorderer, P.: Leserpsychologie: Lesemotivation – Lektürewirkung. Münster: Aschendorff 1988

→ Grünewald, D.: Comics. Kitsch oder Kunst? Die Bildgeschichte. Analyse und Unterricht. Ein Handbuch zur Comicdidaktik. Weinheim / Basel: Beltz 1982

Grützmacher, J. (Hrsg.): Didaktik der Jugendliteratur. Analysen und Modelle für einen leserorientierten DU. Stuttgart: Metzler 1979

⑦ Gudjons, H.: Spielbuch Interaktionserziehung. Bad Heilbrunn: Klinkhardt (1977) 1983, 2. Aufl., 1987, 3. Aufl.

Haas, G. (Hrsg.): Kinder- und Jugendliteratur. Zur Typologie und Funktion einer literarischen Gattung. Stuttgart: Reclam, neu bearb. Aufl. 1984

→ Haas, G.: Handlungs- und produktionsorientierter Deutschunterricht. Hannover: Schroedel 1984

Hacker, H. (Hrsg.): Das Schulbuch. Funktion und Verwendung im Unterricht. Bad Heilbrunn: Klinkhardt 1980

Hagmüller, P.: Einführung in die Unterrichtsvorbereitung. Düsseldorf: Schwann 1983, 3. Aufl.

Hahn, K. u. a. (Hrsg.): Gruppenarbeit themenzentriert. Mainz: Grünewald 1987

Hamblin, K.: Pantomime. Spiel mit deiner Phantasie. Soyen: Ahorn 1979

→ Harjes, R.: Handbuch zur Praxis des Freien Theaters. Köln: Dumont
    1983

    Hastenteufel, P.: Mündigkeit im Glauben. Freiburg: Herder 1969

→ Heidemann, R.: Körpersprache vor der Klasse. Ein praxisnahes Trai-
    ningsprogramm zum Lehrerverhalten. Heidelberg: Quelle & Meyer
    1983

    Heimlich, R.: Soziales und emotionales Lernen in der Schule. Wein-
    heim: Beltz 1988

    Hein, J. / Koch, H. H. / Liebs, E. (Hrsg.): Das Ich als Schrift. Über
    privates und öffentliches Schreiben heute. Baltmannsweiler:
    Schneider 1984

    Helbig, G.: Geschichte der neueren Sprachwissenschaft. München:
    Hueber 1971

    Helmers, H. (Hrsg.): Die Diskussion um das deutsche Lesebuch.
    Darmstadt: Wiss. Buchgesellschaft 1969

    Helmers, H. / Eckhardt, J. (Hrsg.): Theorien des Deutschunterrichts.
    Darmstadt: Wiss. Buchgesellschaft 1980

→ Helmers, H.: Didaktik der deutschen Sprache. Einführung in die Theo-
    rie der muttersprachlichen und literarischen Bildung. 1966, Stutt-
    gart: Klett 11. Aufl. 1984, zitiert nach 1972[7] und 1975[8]

→ Henley, N. M.: Körperstrategien. Geschlecht, Macht und nonverbale
    Kommunikation. Frankfurt: Fischer 1988

→ Herholz, G. / Mosler, B.: Die Musenkußmischmaschine. 120 Schreib-
    spiele für Schulen und Schreibwerkstätten. Essen: Neue deutsche
    Schule 1991

    Hessisches Kultusministerium (Hrsg.): Finde, erfinde eine Person …
    Wiesbaden: Hessisches Institut für Bildungsplanung und Schulent-
    wicklung 1987

    Hiecke, R. H.: Der deutsche Unterricht auf deutschen Gymnasien.
    Leipzig: 1842, 1872, 2. Aufl.

    Hierdeis, H. (Hrsg.): Taschenbuch der Pädagogik. 2 Bde. Baltmanns-
    weiler: Schneider (1986[2]) 1990, 3. Aufl.

    Hierdeis, H. / Knoll, J. / Krejci, M.: Basiswissen Pädagogik. Mün-
    chen: Mod. Verlagsgesellschaft 1977

    Hoff, H.: Märchen erzählen und Märchen spielen. Freiburg: Herder
    1989

○ Hopster, N. (Hrsg.): Handbuch „Deutsch" für Schule und Hochschule.
    Sekundarstufe I. Paderborn: Schöningh 1984 (s. auch Einzeltitel)

    Imhasly, B. u. a.: Konzepte der Linguistik. Eine Einführung. Wiesba-
    den: Athenaion, 2. Aufl. 1982

→ Ingendahl, W.: Umgangsformen. Produktive Methoden zum Erschließen poetischer Literatur. Frankfurt: Diesterweg 1991

→ Iser, W.: Die Appellstruktur der Texte. Unbestimmtheit als Wirkungs-
   bedingung literarischer Prosa. Konstanzer Universitätsreden 28,
   Konstanz 1970

   Iser, W.: Der Akt des Lesens. Theorie ästhetischer Wirkung. München:
   Fink 1976

   Ivo, H.: Lehrer korrigieren Aufsätze. Beschreibungen eines Zustands
   und Überlegungen zu Alternativen. Frankfurt / Berlin / München:
   Diesterweg 1982

② Jank, W. / Meyer, H.: Didaktische Modelle. Bielefeld: Cornelsen 1991

   Janssen, H. / Stammerjohann, H. (Hrsg.): Handbuch der Linguistik.
   Allgemeine und angewandte Sprachwissenschaft. München: Nym-
   phenburger 1975

   Jensen, A. u. W. Lamszus: Unser Schulaufsatz ein verkappter Schundli-
   terat. 1910, 1922, 4. Aufl.

   Jokisch, W.: Steiner Spielkartei. Münster: Ökotopia 1987

   Kaminski, W.: Einführung in die Kinder- und Jugendliteratur. Literarische Phantasie und gesellschaftliche Wirklichkeit. München: Juventa 1987

→ Karmann, G.: Humanistische Psychologie und Pädagogik. Bad Heilbrunn: Klinkhardt 1987

   Kegan, R.: Die Entwicklungsstufen des Selbst. München: Kindt 1986

   Kelber, M. (Hrsg.): Schwalbacher Spielkartei. Mainz: Grünewald
   1988, 15. Aufl.

   Keysell, P.: Pantomime mit Kindern. Ravensburg: Maier 1985

→ Klein, H.-P.: Umgang mit Gebrauchstexten. In: Hopster, 1984, S. 178-
   204

   Klein, I.: Gruppenleiten ohne Angst. München: Pfeiffer 1984

   Kliewer, H.-J.: Elemente und Formen der Lyrik. Ein Curriculum für
   die Primarstufe. Hohengehren: 1974

   Klingberg, G.: Kinder- und Jugendliteraturforschung. Eine Einführung. Wien / Köln / Graz: Böhlau 1973

   Klotz, P.: Schulgrammatik. Alltagssprachliche Wege zu Sprachwissen
   und Sprachbewußtsein. In: Osnabürcker Beiträge zur Sprachtheorie
   40, 1989, S. 97-115

   Klotz, P.: Grammatisches Grundwissen und Schulgrammatik – am Beispiel des deutschen Modalsystems. In: Diskussion Deutsch 121,
   1991, S. 494-509

   Kluckhuhn, R.: Rollenspiel in der Hauptschule. Braunschweig: Westermann 1978

   Kluge, F.: Etymologisches Wörterbuch der deutschen Sprache. Bearb.:
   Walther Mitzka Berlin: de Gruyter 1989, 22. Aufl.

Kluge, N. (Hrsg.): Spielpädagogik. Bad Heilbrunn: Klinkhardt 1980

Koch, H. (Leiter des Autorenkollektivs): Literatur und Persönlichkeit. Berlin-DDR: Volk und Wissen 1986

Koch, H. H. / Pielow, W.: Schreiben und Alltagskultur. Baltmannsweiler: Schneider 1984

Kochan, B. (Hrsg.): Rollenspiel als Methode sprachlichen und sozialen Lernens. Kronberg/Ts.: Scriptor (1974), 1981

Kochan, B.: Szenisches Spielen. In: Praxis Deutsch (1976) H. 10, S. 10–18

Kochan, D. C. / Wallrabenstein, W. (Hrsg.): Ansichten eines kommunikationsbezogenen Deutschunterrichts. Kronberg/Ts.: Scriptor 1974

Kochan, D. C.: Schreiben für sich und über sich. Basisartikel. In: Praxis Deutsch 26/1977, S. 11–17

König, W.: Atlas zur deutschen Sprache. Tafeln und Texte mit Mundartkarten. München: Deutscher Taschenbuchverlag 1978

→ Köpf, G. (Hrsg.): Rezeptionspragmatik. München: Fink 1981

Kosch, W.: Deutsches Literatur-Lexikon. Ausgabe in einem Band. Bearb.: Bruno Berger. Bern / München: Francke 1963.

Köster, H. L.: Geschichte der deutschen Jugendliteratur. 1906. 4. Aufl. 1927 Nachdruck: Berlin / Pullach: Verlag Dokumentation 1971

Krappmann, L.: Entwicklung und soziales Lernen im Spiel. In: Flitner 1988, S. 168–183

Krappmann, L.: Lernen durch Rollenspiel. In: Klewitz / Nickel: Kindertheater und Interaktionspädagogik. Stuttgart 1972

Kreft, J. / Ott, G.: Lesebuch und Fachcurriculum. Düsseldorf: Schwann (1971) 1976, 3. Aufl.

Kreft, J.: Grundprobleme der Literaturdidaktik. Eine Fachdidaktik im Konzept sozialer und individueller Entwicklung und Geschichte. Heidelberg: Quelle & Meyer (1977), 1982, 2. Aufl.

Krejci, M.: Fachdidaktik Deutsch als Wissenschaft. In: Blätter für den Deutschlehrer. Heft 3, 1975, S. 83–92

Krejci, M. / Schuster, K. (Hrsg.): Literatur, Sprache, Unterricht. Festschrift für J. Lehmann. Bamberg: Bayerische Verlagsanstalt 1984

Kreter, K.-H.: Kinder- und Jugendbücher – ein noch nicht ausgeschöpftes Potential des Literaturunterrichts. Basisartikel. In: Praxis Deutsch 29, 1978, S. 12 ff.

→ Kreuzer, K. J. (Hrsg.): Handbuch der Spielpädagogik. Düsseldorf: Schwann 1983/84, 4 Bde.

Krywalski, D. (Hrsg.): Handlexikon der Literaturwissenschaft. München: Ehrenwirth 1976, 2. Aufl.

→ Kübler, H.-D.: Umgang mit Medien. In: Hopster, 1984, S. 226-280

Kügler, H.: Literatur und Kommunikation. Stuttgart: Klett 1975, 2. Aufl.

Laas, E.: Der deutsche Unterricht auf höheren Lehranstalten. Berlin: 1872, 2. Aufl. 1886

Landherr, K.: Das Kinder- und Jugendbuch in der Schule. Unterrichtsmodelle für Grund- und Hauptschule. Donauwörth: Auer 1984

○ Lange, G. / Neumann, K. / Ziesenis, W. (Hrsg.): Taschenbuch des Deutschunterrichts. Grundfragen und Praxis der Sprach- und Literaturdidaktik. Begr. von Erich Wolfrum. 2 Bde. Baltmannsweiler: Schneider (1986) 1990, 4. Aufl.

Lange, G.: Trivialliteratur und ihre Didaktik. In: Lange, G. u.a. (Hrsg.), 1990, S. 727–749

Lehmann, J. (Hrsg.): Deutsche Novellen von Goethe bis Walser. 2 Bde. Königstein: Scriptor 1980

Lehmann, J. (Hrsg.): Deutsche Romane von Grimmelshausen bis Walser. 2 Bde. Königstein: Scriptor 1986, 3. Aufl.

Lehmann, J. / Stocker, K. (Hrsg.): Deutsch, 2 Bde. München: Oldenbourg (1981), 1987, 2. Aufl.

→ Lehmann, J.: Schriftliche Kommunikation. In: Lehmann / Stocker, 1981, S. 32–43

Lehmann, J.: Wo steht der Deutschunterricht heute? Kommunikation als mögliches Prinzip. In: Pädagogische Welt, 1975, Heft 9, S. 515–526

Leibfried, E.: Fabel. Bamberg: Buchner 1984

Lermen, B. H.: Das traditionelle und neue Hörspiel im Deutschunterricht. Strukturen, Beispiele und didaktisch-methodische Aspekte. Paderborn: Schöningh 1975

Lewandowski, Th.: Linguistisches Wörterbuch. 3 Bde. Heidelberg: Quelle & Meyer, 4. neubearb. Aufl. 1984

Liedtke, M. / Schreiner, H. (Hrsg.): Ökologie und Schule. Nürnberg: Bundesministerium für Bildung und Wissenschaft o. J.

Link, H.: Rezeptionsforschung. Stuttgart 1976.

Lohr, S. / Ludwig, O.: Gefühle – ein Thema für den Deutschunterricht? Basisartikel. In: Praxis Deutsch 43/1980, S.11 ff.

Lowen, A.: Verrat am Körper. Hamburg: Rowohlt 1982

Ludwig, O.: Der Schulaufsatz. Seine Geschichte in Deutschland. Berlin / New York: De Gruyter 1988

Ludwig, O. u. a.: Schülertexte als Unterrichtstexte. Einleitung. In: Praxis Deutsch 45/1981: S. 13 ff.

Ludwig, O. / Menzel, W.: Schreiben. Basisartikel. In: Praxis Deutsch 9/1975: S. 10 ff.

Maier, K. E.: Jugendliteratur. Formen, Inhalte, pädagogische Bedeutung. 8. neubearb. Aufl. von „Jugendschrifttum". Bad Heilbrunn: Klinkhardt 1980

Malok, W.: Thema: Sexualität & Partnerschaft. Saarbrücken: Kreisel 1986

④ Marquardt, M.: Einführung in die Kinder- und Jugendliteratur. München: Bardtenschlager 1986, 6. Aufl.

Mattenklott, G.: Literarische Geselligkeit. Schreiben in der Schule. Mit Texten von Jugendlichen und Vorschlägen für den Unterricht. Stuttgart: Metzler 1979

Mattenklott, G.: Zauberkreide. Kinderliteratur seit 1945. Stuttgart: Metzler 1989

Matussek, P.: Kreativität als Chance. München 1979, 3. Aufl.

② Mayring, Ph.: Einführung in die qualitative Sozialforschung. München: Psychologie Union 1990

Meckling, I.: Fragespiele mit Literatur. Übungen im produktiven Umgang mit Texten. Frankfurt a. M.: Diesterweg 1985

Melzer, H.: Das Lesebuch in der Sekundarstufe I. In: Baurmann / Hoppe, 1985, S. 221–242

Melzer, H. / Seifert, W.: Theorie des Deutschunterrichts. München: Ehrenwirth 1976

Melzer, H.: Unterhaltung in den Medien. München: Oldenbourg 1980

Menzel, W.: Didaktik des Rechtschreibens. In: Lange, G. u. a. (Hrsg.), 1990, S. 282–303

Menzel, W.: Die deutsche Schulgrammatik. Paderborn: Schöningh 1975, 3. Aufl.

Menzel, W.: Grammatikunterricht. In: Baurmann / Hoppe, 1985, S. 339–361

Menzel, W.: Rechtschreibunterricht. Praxis und Theorie. Aus Fehlern lernen. Beiheft zu Praxis Deutsch 69/1985

Merkelbach, V.: Korrektur und Benotung im Aufsatzunterricht. Frankfurt / Berlin / München: Diesterweg 1986

→ Merkelbach, V.: Studienbuch: Aufsatzunterricht. Paderborn / München / Wien / Zürich: Schöningh 1982.

② Meyer, H.: Leitfaden zur Unterrichtsvorbereitung. Königstein/Ts.: Scriptor 1986

② Meyer, H.: Unterrichtsmethoden. 2 Bde. Frankfurt: Scriptor 1987

Miller, N. / Riha, K. (Hrsg.): Kasperletheater für Erwachsene. Frankfurt: Insel 1978

Minsel, W.-R. (Hrsg.): Curriculum und Lehrplan. München: Urban & Schwarzenberg 1978

Mittermair, F.: Körpererfahrung und Körperkontakt. München: Kösel 1985

Mogel, H.: Psychologie des Kinderspiels. Berlin: Springer 1991

Molcho, S.: Körpersprache. München: Mosaik 1984

Molter, H. / Billerbeck, Th.: Verstehst du mich, versteh' ich dich. Würzburg: Arena 1978

Moreno, J. L.: Gruppenpsychotheapie und Psychodrama. Stuttgart: Thieme 1973, 2. Aufl.

→ Morris, D.: Der Mensch, mit dem wir leben. München: Knaur 1984, 6. Aufl., zitiert nach 1978

→ Morris, D.: Körpersignale. Bodywatching. München: Heyne 1985

Müller, E. P.: Lesen in der Grundschule. Grundlegung und Praxis. München: Oldenbourg 1978

Müller, L.: Vom Deutschunterricht in der Arbeitsschule. 1921, 7. Aufl. u. d. T. Der Deutschunterricht. Bad Heilbrunn: Klinkhardt 1960

→ Müller, W.: Körpertheater und Commedia dell'arte. München: Pfeiffer 1984

→ Müller, W.: Pantomime. Eine Einführung für Schauspieler, Laienspieler und Jugendgruppen. München: Pfeiffer 1979, 2. Aufl. 1981

Müller, W.: Auf die Bühne, fertig los! München: Pfeiffer 1988

Müller-Michaels, H.: Dramatische Werke im Deutschunterricht. Stuttgart: Klett (1971), 1975, 2. Aufl.

Nerius, D. (Hrsg.): Deutsche Orthographie. Leipzig: VEB Bibliographisches Institut 1987

Nerius, D. / Scharnhorst, J. (Hrsg.): Theoretische Probleme der deutschen Orthographie. Berlin (DDR): Akademie Verlag 1980

Niemeyer, A. H.: Grundsätze der Erziehung und des Unterrichts. Zweiter Teil: Vom deutschen Sprachunterricht, in seinem Anfang und Fortgang bis zu höheren Bildung des Styls. 1787, 8. Aufl. 1825, Nachdruck (Darmstadt) 1971

→ Nietsch, M. (Hrsg.): Wenn ich schreibe ... Empirische Studien zu Schreibanregung, Motivation, Blockaden, Textarbeit und -deutung. Berlin: Schelsky/Jeep 1990

Nündel, E. u. a.: Sozialintegrative Aspekte des Deutschunterrichts. Donauwörth: Auer 1979

Nündel, E. / Schlotthaus, W.: Angenommen: Agamemnon. Wie Lehrer mit Texten umgehen. München: Beltz 1978

Nündel, E.: Kompendium Didaktik Deutsch. München: Ehrenwirth 1980

Nündel, E.: Zur Grundlegung einer Didaktik des sprachlichen Handelns. Kronberg/Ts.: Scriptor 1976

→ Nusser, P.: Umgang mit Trivialliteratur. In: Hopster, 1984, S. 142-177

Orlick, T.: Kooperative Spiele (und Neue Kooperative Spiele). Weinheim: Beltz 1982 u. 1985

Payrhuber, F.-J.: Das Drama im Unterricht. Rheinbreitbach: Dürr 1991

Payrhuber, F.-J. (Hrsg.): Praxis des Aufsatzunterrichts in der Sekundarstufe. Freiburg / Basel / Wien: Herder 1982

Payrhuber, F.-J.: Drama: Lesen – verstehen – inszenieren. München: Oldenbourg 1983

Perls, F.: Grundlagen der Gestalt-Therapie. München: Kösel 1976

Peterßen, W. H.: Handbuch Unterrichtsplanung. Grundfragen, Modelle, Stufen, Dimensionen. München: Ehrenwirth 1982, 3. Aufl. 1988

→ Petzold, H. / Orth, I. (Hrsg.): Poesie und Therapie. Poesietherapie, Bibliotherapie, literarische Werkstätten. Paderborn: Junfermann 1985

Petzold, H.: Psychodrama-Therapie. Paderborn: Junfermann 1985

Philipps, I.: Körpersprache der Seele. Wuppertal: Hammer 1989

Piaget, J. / Inhelder, B.: Das symbolische Spiel. In: Flitner, 1988, S. 130–132

Piirainen, I. T.: Handbuch der deutschen Rechtschreibung. Bochum: Kamp 1981

Portmann, P. R.: Kommunikation als Problem der Sprachdidaktik. Untersuchungen zur Integration kommunikationstheoretischer Modelle in einigen neueren Theorien des Sprachunterrichts. Tübingen: Niemeyer 1981

Prange, K.: Bauformen des Unterrichts. Eine Didaktik für Lehrer. Bad Heilbrunn: Klinkhardt 1983, 1986, 2. Aufl.

Pschibul, M.: Mündlicher Sprachgebrauch. Verstehen und Anwenden gesprochener Sprache. Donauwörth: Auer 1980

Purschke, H. R.: Über das Puppenspiel und seine Geschichte. Frankfurt: Puppen & Masken 1983

Radlmaier, S.: Beschaulichkeit und Engagement. Die zeitgenössische Dialektlyrik in Franken. Bamberg: Bayer. Verlagsanstalt 1981

Reger, H.: Literatur- und Aufsatzunterricht in der Grundschule. Baltmannsweiler: Schneider 1984

→ Reger, H.: Kinderlyrik in der Grundschule. Baltmannsweiler: Schneider 1990

Renk, H.-E.: Dramatische Texte im Unterricht. Vorschläge, Materialien und Kursmodelle für die Sekundarstufen I und II. Stuttgart: Klett (1978), 1986, 3. Aufl.

Renk, H.-E.: Theaterdidaktik und Spiel. In: Baurmann / Hoppe (Hrsg.), 1985, S. 393-426 (mit ausführlicher Bibliographie)

Reuschling, G.: Sprachbücher für die Grundschule: 1920–1978. Ein Beitrag zur Geschichte des Sprachbuchs. München: Fink 1981

⑤ Rico, G. L.: Garantiert schreiben lernen. Sprachliche Kreativität methodisch entwickeln – auf der Grundlage der modernen Gehirnforschung. Reinbek: Rowohlt 1984

→ Riehme, J.: Probleme und Methoden des Rechtschreibunterrichts. Berlin (DDR): Volk und Wissen, 5. Aufl. 1981 Neuausgabe 1987: Rechtschreibunterricht – Probleme und Methoden. (Lizenzausgabe: Frankfurt a. M.: Diesterweg 1987)

Robinsohn, S. B.: Bildungsreform als Revision des Curriculum. Neuwied: Luchterhand (1967) 1975, 5. Aufl.

→ Rogers, C. R.: Lernen in Freiheit. München: Kösel 1974

→ Rolfes, B. / Schalk, G.: Schreiben befreit. Bonn: Verlag Kleine Schritte 1986

③ Rosenbusch, H. S. / Schober, O. (Hrsg.): Körpersprache in der schulischen Erziehung. Pädagogische und fachdidaktische Aspekte nonverbaler Kommunikation. Baltmannsweiler: Schneider 1986

Roth, J.: Themenzentrierte Interaktion. Chancen für eine reflektierende Gesprächshaltung. In: Pädagosiche Welt, Heft 8, 1977, S. 482–490.

Rötzer, H. G. (Hrsg.): Märchen. Bamberg: Buchner 1982

Rötzer, H. G. (Hrsg.): Sage. Bamberg: Buchner 1982

Rubin, R. J.: Bibliotherapie – Geschichte und Methoden. In: Petzold, H. / Orth, I., 1985, S. 103–134

Rückert, G.: Wege zur Kinderliteratur. Freiburg/Br.: Herder 1980

Rudloff, H.: Produktionsästhetik und Produktionsdidaktik. Opladen: Westdeutscher Verlag 1991

Sahr, M.: Wirkung von Kinderliteratur. Baltmannsweiler: Schneider 1981

Sahr, M.: Problemorientierte Kinderbücher im Unterricht der Grundschule. Baltmannsweiler: Schneider 1987

Sahr, M.: Von Anderland nach Wunderland. Phantastische Kinderbücher im Unterricht der Grundschule. Baltmannsweiler: Schneider 1990

Sahr, M. / Born, M.: Kinderbücher im Unterricht der Grundschule. Baltmannsweiler: Schneider 1990, 2. Aufl.

Sanner, R.: Aufsatzunterricht. Theoretische Grundlegung – Hinweise für die Praxis. München: Kösel 1975

Sanner, R.: Textbewertung und Schulaufsatz. Baltmannsweiler: Schneider 1988, 2. Aufl.

Sanner, R.: Aufsatzunterricht. In: Lange, G. u. a. (Hrsg.), 1990, S. 219–242

Sauter, H.: Modelle des schriftsprachlichen Sprachgebrauchs in der Grundschule. (1978) Donauwörth: Auer 1983, 3. Aufl.

Sauter, H. / Pschibul, M.: Vom Aufsatzunterricht zur sprachlichen Kommunikation in der Sekundarstufe I. Donauwörth: Auer 1974

→ Schau, A. (Hrsg.): Von der Aufsatzkritik zur Textproduktion. Baltmannsweiler: Schneider 1974

Scheller, I. / Schumacher, R.: Das szenische Spiel in der Hauptschule. Uni Oldenburg: Zentrum für päd. Berufspraxis 1984

Scheller, I.: Wir machen unsere Inszenierungen selber. Uni Oldenburg: Zentrum für pädagogische Berufspraxis 1989, 2 Bde

Scherer, K. R.: Vokale Kommunikation. Nonverbale Aspekte des Sprachverhaltens. Weinheim: Beltz 1982

Scherer, K. R. / Wallbott, H. G. (Hrsg.): Nonverbale Kommunikation. Forschungsberichte zum Interaktionsverhalten. Weinheim / Basel: Beltz 1979

Scherf, W.: Strukturanalyse der Kinder- und Jugendliteratur. Bauelemente und ihre psychologische Funktion. Bad Heilbrunn: Klinckhardt 1978

→ Scheuerl, H. (Hrsg.): Theorien des Spiels. Weinheim 1975, 10. Aufl.

Scheuerl, H.: Das Spiel. Untersuchungen über sein Wesen, seine pädagogischen Möglichkeiten und Grenzen. Weinheim: Beltz 1977, 10. Aufl.

→ Schiefele, H. / Stocker, K.: Literatur-Interesse. Ansatzpunkte einer Literaturdidaktik. Weinheim / Basel: Beltz 1990

Schiffler, H.: Schule und Spielen. Ravensburg: Maier 1976

Schneider, M. / Steininger, E.: Spielmodelle. Wien: Österreichischer Bundesverlag 1987

Schober, O. (Hrsg.): Funktionen der Sprache. Stuttgart: Reclam 1977

④ Schober, O.: Studienbuch Literaturdidaktik. Neuere Konzeptionen für den schulischen Umgang mit Texten. Analysen und Materialien. Kronberg/Ts.: Scriptor 1977

Schober, O. (Hrsg.): Text und Leser. Zur Rezeption von Literatur. Stuttgart: Reclam 1979

→ Schober, O. (Hrsg.): Sprachbetrachtung und Kommunikationsanalyse. Beispiele für den Deutschunterricht. Königstein/Ts.: Scriptor 1980

Schober, O.: Dialekt im Unterricht. Basisartikel. In: Praxis Deutsch 27/ 1978: 12 ff.

Schober, O.: Zur Orientierung heutiger Literaturdidaktik an der Rezeptionstheorie. In: Köpf, G., 1981

→ Schober, O.: Zur Körpersprache von Jungen und Mädchen. In: Praxis Deutsch 12 (1985), Heft 73, S. 53–57

Schober, O.: Deutschunterricht. In: Hierdeis, H. (Hrsg.) 1986, Bd. 2, S. 103–115

⑤ Schober, O.: Themen gegenwärtiger Aufsatzdidaktik. In: Blätter für den Deutschlehrer, Jg. 32, 1988, S. 97–110

→ Schober, O.: Die Emotionalität des Schülers im Deutschunterricht. In: Beckmann, H.-K. / Fischer, W. (Hrsg.): Herausforderung der Didaktik. Bad Heilbrunn: Klinkhardt 1990

Schrader, M.: Epische Kurzformen. Theorie und Didaktik. Königstein/ Ts.: Scriptor 1980

③ Schulz von Thun, F.: Miteinander reden: Störungen und Klärungen. Psychologie der zwischenmenschlichen Kommunikation. Reinbek: Rowohlt 1981, 1988, 2. Aufl.

→ Schuster, K.: Literaturunterricht unter kommunikativem Aspekt. Baltmannsweiler: Schneider 1978

Schuster, K.: Arbeitstechniken Deutsch. Bamberg: Buchner 1982

Schuster, K.: Trivialromane. Bamberg: Buchner 1982

Schuster, K.: Drama – Theater – Kommunikation. Bamberg: Buchner 1985a

Schuster, K.: Erschließen poetischer Texte. Bamberg: Buchner 1991, 5. Aufl.

Schuster, K.: Lehrziel „Kommunikationsfähigkeit" und die Deutschlehrerausbildung. In: Die Anregung 24 (1978). S. 393 ff.

Schuster, K.: Aspekte einer pragmatischen Dramendidaktik. In: Blätter für den Deutschlehrer, H. 2, Juni 1979, S.33–41

→ Schuster, K.: Inhalts- und Beziehungsaspekt von Kommunikation als Gegenstand des Sprachunterrichts. In: Schober, O. (Hrsg.), 1980

Schuster, K.: Neuere Aspekte von Theorie und Praxis des Rollenspiels im Deutschunterricht. In: Blätter für den Deutschlehrer, H. 2, 1985b, S. 42–50

Schuster, K.: Das Spiel im Deutschunterricht der Sekundarstufe I und II unter besonderer Berücksichtigung interaktionistischer Formen. In: Spanhel, Dieter (Hrsg.), 1985, S. 118–137

→ Schuster, K.: Interaktionistische Spielformen in Schule und Theater. In: Gerdzen, R. / Wolff, J. (Hrsg.), 1987, S. 812–840

Schuster, K.: Lyrik in der Hochschule oder wie fängt man es nur an, von sich selbst und der „Welt" zu schreiben. In: InN. Nr. 10, Zeitschrift für Literatur. März 1987, S. 54–56

→ Schuster, K.: Zur Theorie und Praxis des literarischen Rollenspiels. In: Blätter für den Deutschlehrer, H. 2, 1988, S. 33–46

Schuster, K.: Das Rollenspiel im Unterricht. In: unterrichten und erziehen. 1991, Heft 1, S. 7–13

Schuster, K.: Ausgewählte Aspekte der Humanistischen Psychologie und deren Bedeutung für die Deutschdidaktik. In: LUSD, H. 4, 1992, S. 7-29

③ Schwäbisch, L. / Siems, M: Anleiten zum sozialen Lernen für Paare, Gruppen und Erzieher. Kommunikations- und Verhaltenstraining. Hamburg: Rowohlt (1974), 1989

Seidel, B.: Schüler spielen mit Sprache. Sprachunterricht vom 1. bis 10. Schuljahr. Stuttgart: Kohlhammer 1983.

Seidel, B.: Wörter im Sprachbewußtsein. Sprachkunde in der Sekundarstufe I. Hannover: Schroedel 1989.

Seidl, E. / Pohl-Mayerhöfer, R. (Hrsg.): Rollenspiele für Grundschule und Kindergruppen. München: bsv 1976

→ Seifert, Th. / Waiblinger, A. (Hrsg.): Therapie und Selbsterfahrung. Stuttgart: Krenz 1986

Seiffert, H.: Einführung in die Wissenschaftstheorie. München: Beck, Bd. I 1983, 10. Aufl.; Bd. II 1983, 8. Aufl.; Bd. III 1985

Sennlaub, G. (Hrsg.): Heimliches Hauptfach Rechtschreiben. Düsseldorf: Bagel 1979

→ Sennlaub, G.: Spaß beim Schreiben oder Aufsatzerziehung? Stuttgart: Kohlhammer 1980

Sitta, H. / Tymister, H. J.: Linguistik und Unterricht. Stuttgart: Niemeyer 1978

→ Spanhel, D. (Hrsg.): Das Spiel bei Jugendlichen. Ansbach: Verlagsgesellschaft 1985

→ Spinner, K. H. (Hrsg.): Identität und Deutschunterricht. Göttingen: Vandenhoeck u. Ruprecht 1980

Spinner, K. H.: Moderne Kurzprosa in der Sekundarstufe I. Hannover: Schroedel 1984

→ Spinner, K. H.: Umgang mit Lyrik in der Sekundarstufe I. Baltmannsweiler: Schneider 1984

Spinner, K. H.: Eigene Erfahrungswelt als Deutungsfolie. In: Westermanns Päd. Beiträge 30, 1978, S. 472–474

Spinner, K. H.: Die Bedeutung der ästhetischen Dimension im Deutschunterricht. In: Mitteilungen des Deutschen Germanisten-Verbandes 26 (1979), H. 1, S. 1–12

Spinner, K. H.: Identitätsgewinnung als Aspekt des Aufsatzunterrichts. In: Spinner, K. (Hrsg.), 1980, S. 67–80

Spitta, G.: Kinder schreiben eigene Texte: Klasse 1 und 2. Frankfurt: Cornelsen 1988

Spitta, G. u. a.: Rechtschreibunterricht. Braunschweig: Westermann 1977

Spitta, G.: Schreibkonferenzen in Klasse 3 und 4. Ein Weg vom spontanen Schreiben zum bewußten Verfassen von Texten. Bielefeld: Cornelson/Skriptor 1992

Stadler, B.: Sprachspiele in der Grundschule. Donauwörth: Auer 1986

Stadler, B.: Sprachspiele in der Hauptschule. Donauwörth: Auer 1986

Steffens, W.: Das Gedicht in der Grundschule. Düsseldorf: Hirschgraben 1973

Steffens, W.: Spielen mit Sprache. Aspekte eines kreativen Sprach- und Literaturunterrichts im 1. bis 6. Schuljahr. Frankfurt a. M.: Hirschgraben 1981

Stein, P. (Hrsg.): Wieviel Literatur brauchen Schüler? Kritische Bilanz und neue Perspektiven des Literaturunterrichts. Stuttgart: Metzler 1980

Stocker, K. (Hrsg.): Taschenlexikon der Literatur- und Sprachdidaktik. Kronberg/Ts. / Frankfurt/M.: Scriptor u. Hirschgraben (1976), 2. Aufl. 1987

→ Stocker, K.: Wege zum kreativen Interpretieren: Lyrik. Sekundarbereich. Baltmannsweiler: Schneider 1993

Stöcklin-Meier, S.: Sprechen und Spielen. Ravensburg: Maier 1980

→ Stolla, G.: Schriftlicher Sprachgebrauch. Neuere Ansätze zur Förderung des Lernens in einem schwierigen Lernbereich. In: unterrichten und erziehen, 1989, Heft 3, S. 7–12.

Syme, Chr.: Kreatives Schreiben. Mühlheim an der Ruhr: Verlag an der Ruhr 1990

Theiß, W.: Schwank. Bamberg: Buchner 1985

Thurn, B.: Mit Kindern szenisch spielen. Entwicklung von Spielfähigkeiten; Pantomimen, Stegreif- und Textspiele. Bielefeld: Cornelson/ Skriptor 1992

→ Tischer, H.: Rechtschreibunterricht. Baltmannsweiler: Schneider 1981

→ Ulshöfer, R.: Methodik des Deutschunterrichts. Bd. 1 Unterstufe (1963), (zitiert nach der 2. Aufl. 1965), 8. Aufl. 1978; Bd. 2 Mittelstufe I (1952), 11. Aufl. 1980, Bd. 3 Mittelstufe II (1957), 2. Aufl. 1978, Stuttgart: Klett

Valtin, R. / Jung, U. O. H. / Scheerer-Neumann, G.: Legasthenie in Wissenschaft und Unterricht. Darmstadt: Wiss. Buchgesellschaft 1981

Vopel, K. W. u. a.: Interaktionsspiele für Kinder. 4 Teile. Hamburg: Isko Press 1980

Vopel, K. W.: Anwärmspiele. Hamburg: Isko Press 1981

Vopel, K. W.: Interaktionsspiele für Jugendliche. Hamburg: Isko Press 1980

Wagner, A. C. (Hrsg.): Schülerzentrierter Unterricht. München: Urban & Schwarzenberg 1976

Wagner, E.: Das fränkische Dialektbuch. München: Beck 1987

Wahrig, G. (Hrsg.): Wörterbuch der deutschen Sprache. München: Deutscher Taschenbuchverlag 1978

→ Waldmann, G.: Literatur zur Unterhaltung. 2 Bde. Reinbek: Rowohlt 1980

→ Waldmann, G.: Produktiver Umgang mit Lyrik. Baltmannsweiler: Schneider Verlag 1988, 1992, 2. Aufl.

④ Waldmann, G.: Grundzüge von Theorie und Praxis eines produktionsorientierten Literaturunterrichts. In: Hopster, 1984, S. 98–141

Waldmann, G.: Produktive literarische Differenzerfahrung. Skizze eines literaturtheoretischen Konzepts – am Beispiel Lyrik. In: Wirkendes Wort, (1987) H. 1, S. 32–45

Wallrabenstein, W.: Sprechen als kommunikatives Handeln in der Grundschule. Kronberg/Ts.: Scriptor 1976.

Warm, U.: Rollenspiel in der Schule. Tübingen: Niemeyer 1981

⑥ Watzke, O.: Rechtschreibunterricht in der Sekundarstufe I. München: List, 1977, 4. Aufl.

Watzke, O. (Hrsg.): Bildergeschichten und Comics in der Grundschule. Unterrichtsvorschläge. Donauwörth: Auer 1980.

⑥ Watzke, O. / Strank, W.: Theorie und Praxis des Rechtschreibunterrichts in der Grundschule. Donauwörth: Auer (1984), 1990, 2. Aufl.

③ Watzlawick, P. u. a.: Menschliche Kommunikation. (1969) Bern: Huber, 1990, 8. Aufl.

Weber, D. (Hrsg.): Deutsche Literatur der Gegenwart in Einzeldarstellungen. Stuttgart: Kröner, 1976f., 3. überarb. Aufl.

→ Weihs, A.: Freies Theater. Hamburg: Rowohlt 1981

⑤ Werder, L. v.: Kreatives Schreiben in den Wissenschaften: für Schule, Hochschule und Erwachsenenbildung. Berlin/Milow: Schibri 1992

⑤ Werder, L. von: … triffst Du nur das Zauberwort. Eine Einführung in die Schreib- und Poesietherapie. München: Urban & Schwarzenberg 1986

Werder, L. von: Schreiben als Therapie. München: Pfeiffer 1988

⑤ Werder, L. von: Lehrbuch des kreativen Schreibens. Berlin: ifk 1990

⑤ Werder, L. v. / Mischon, K. / Schulte-Steinicke, B.: Kreative Literaturgeschichte. Berlin/Milow: Schibri 1992

Wermke, J.: „Hab a Talent, sei a Genie!" Kreativität als paradoxe Aufgabe. Weinheim: Deutscher Studienverlag 1989

Wild, R. (Hrsg.): Geschichte der deutschen Kinder- und Jugendliteratur. Stuttgart: Metzler 1990

Wilkending, G.: Kinder- und Jugendbuch. Bamberg: Buchner 1987

Wilkending, G.: Volksbildung und Pädagogik „vom Kinde aus". Eine Untersuchung zur Geschichte der Literaturpädagogik in den Anfängen der Kunsterziehungsbewegung. Weinheim / Basel: Beltz 1980

Willenberg, H. u. a.: Zur Psychologie des Literaturunterrichts. Frankfurt/M.: Diesterweg 1987

Wilpert, G. von (Hrsg.): Lexikon der Weltliteratur. Autoren, Werke. 2 Bde. Stuttgart: Kröner 1975, 1980, 2., völlig neu bearb. Aufl.

Wilpert, G. von: Sachwörterbuch der Literatur. Stuttgart: Kröner, 1989, 7. Aufl.

Windels, J.: Eutonie mit Kindern. München: Kösel 1984

Wolfersdorf, P.: Darstellendes Spiel und Theaterpädagogik. Baltmannsweiler: Schneider 1984

Wolff, G.: Sprechen und Handeln. Pragmatik im Deutschunterricht. Königstein/Ts.: Scriptor 1980

Wolfrum, E. (Hrsg.): Kommunikation. Aspekte zum Deutschunterricht. Baltmannsweiler: Schneider 1975

Wolgast, H.: Das Elend unserer Jugendliteratur. 1896, 4. Aufl. 1919, 7. Aufl. 1950

→ Wormser, R.: Sensitiv Spiele. München: Mosaik 1976

Wygotski, L. S.: Denken und Sprechen. Frankfurt: Fischer 1977

→ Zalfen, W.: Spiel-Räume. Mainz: Grünewald 1988, 2. Aufl.

Zander, S. (Hrsg.): Deutschunterricht in der Grundschule. Bad Heilbrunn: Klinkhardt 1977

Ziegler, J.: Kommunikation als paradoxer Mythos. Weinheim: Beltz
1977

Ziehe, Th.: JUGENDKULTUREN – angesichts der Entzauberung der
Welt – Veränderte Möglichkeitshorizonte und kulturelle Suchbewegungen. In: Gerdsen / Wolff (Hrsg.), 1985

Zimmer, H.: Bedingungen und Tendenzen der Entwicklung des Deutschunterrichts im 19.–20. Jh. In: Mannzmann, A. (Hrsg.): Geschichte der Unterrichtsfächer I. München: Kösel 1983, S. 35–64

Zinker, J.: Gestalttherapie als kreativer Prozeß. Paderborn: Junfermann 1984

Sachregister

HARALD REGER

Kinderlyrik in der Grundschule

Literaturwissenschaftliche Grundlegung – Schülerorientierte Didaktik. 1990. XI, 284 Seiten. Kt. ISBN 3871164488. FPr. DM 32,—

„Ein Literaturdidaktiker wendet sich der Kinderlyrik zu und erschließt dieses facettenreiche Metier dem Grundschullehrer – vom Abzählvers bis zur konkreten Poesie. Die theoretische Darstellung bezieht geschickt z.T. in der (hochschulbegleitenden) Praxis erprobte Texte ein. Nichts wird bloß wissenschaftlich erörtert und erläutert, alles ist mit Beispielen belegt und belebt. Aufbau und Inhalt dieses rezenten, einmaligen Werkes zur Kinderlyrik-Didaktik sind dazu angetan, dem Primarstufenlehrer Hilfen für einen reflektierten und kindgerecht in vorhandene Lehrpläne einzupassenden „Umgang" mit Gedichten an die Hand zu geben. ... Für alle (Lehrer- Bibliotheken ein Muß."

ekz-Informationsdienst

MICHAEL SAHR

Von Anderland nach Wunderland

Phantastische Kinderbücher im Unterricht der Grundschule. 1990. VIII, 276 Seiten. Kt. ISBN3871164461. FPr. DM 32,—

„Auch wenn es sich längst herumgesprochen hat, daß man Bücherlesen nicht über Lesebücher lernt, greift der Verfasser diese These anfangs auf und klärt den „Stellenwert" der Kinder- und Jugendliteratur im Unterricht. Anhand von 5 ausgewählten, teils (welt)berühmten, im Original bzw. in Übersetzungen lieferbaren Kinderbüchern zeigt er – modellartig, exemplarisch – Gehalt, Entstehung, Rezeptionsspezifika, Wirkungen und literarästhetische Bezüge phantastischer Kinderliteratur im Grundschulunterricht auf: „Findefuchs", „Pinocchio", „Alice", Gernhardts „Der Weg durch die Wand" und Sommer-Bodenburgs „Moorgeister". Es gelingt eine aus der Schulpraxis erwachsene Didaktik der einschlägigen Literatur für die Primarstufe in wohl bisher einmaliger Weise. Die Modelle vertiefen literaturkundliches Wissen und schärfen den Blick für Umsetzungsmöglichkeiten „großer" phantastischer Kinderliteratur. – Für Pädagogen, Bibliothekare, Germanisten."

ekz-Informationsdienst

Schneider Verlag Hohengehren
Wilhelmstr. 13; 7066 Baltmannsweiler

GÜNTER WALDMANN

Produktiver Umgang mit Lyrik

Eine systematische Einführung in die Lyrik, ihre produktive Erfahrung und ihr Schreiben

Für Schule (Sekundarstufe I und II) und Hochschule sowie zum Selbststudium

2. Auflage, 1992. VIII, 279 Seiten. Kt. ISBN 387116456X. FPr. DM 36,—

„Günter Waldmann hat nun für die Gattung Lyrik ein Buch vorgelegt das sich als systematische Einführung in diesen unterrichtlich oft schwer zu vermittlenden Beeich der Literatur versteht und die Gattung Lyrik nicht von ihren abstrakten literarischen Formen, sondern von der aktiv-produktiven Rezeption des Lesers her erfahrbar werden läßt. Behandelt werden u.a. Metrum, Rhythmus, Lautsymbolik, Alliteration, Reim, Wortwiederholung, Leitmotiv, Mehrdeutigkeit, Metapher, Allegorie, Symbol, Enjambement, Inversion, Parallelismus, Strophe. Mit mehrfach erprobten Arbeitsanregungen versehen, bietet der Autor, viele detaillierte Vorschläge für die einzelnen Klassenstufen (5. Klasse bis Leistungskurs), Hinweise, die auch für das Selbststudium und die Arbeit in Schreibseminaren und -workshops interessant sind. Ziel für den Lyrikunterricht ist dabei nicht eine Art lyrische Schreibschule, die kleine bzw. junge Dichter hervorbringen soll, sondern ein Einführung in die Lyrik, die über produktive Erfahrung und ein 'learning by doing' erfolgt.

Auch wenn der Deutschlehrer vielleicht nicht alle 135 Arbeitsaufgaben verwirklichen kann, so hat er mit diesem Buch doch ein didaktisch gut aufbereitetes Arbeitsmittel, mit dessen Hilfe den Schülern ein deutlich leichteres und dabei intensiveres literarisches Lernen, aber auch ein weitaus lustvollerer Umgang mit Lyrik als üblich ermöglicht wird."

Das Gymnasium in Bayern

Schneider Verlag Hohengehren
Wilhelmstr. 13; 7066 Baltmannsweiler